KB053907

증여 상속 최고의 수업

아는 만큼 돈 버는 40가지

증여상속 최고의 수업

유찬영 세무사 지음

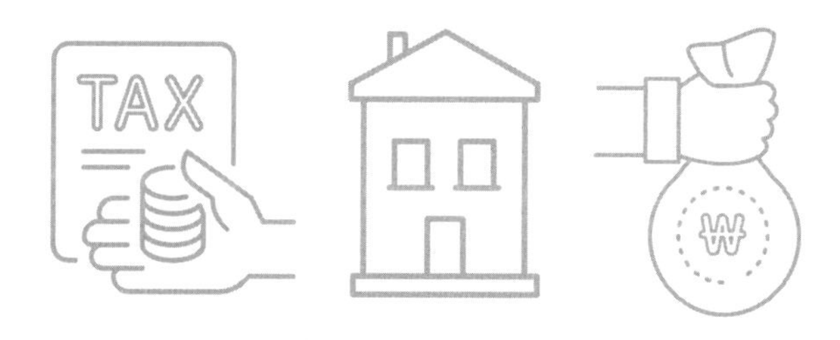

매일경제신문사

일러두기

1. 법령용어는 대한민국 법령용어 표기법 그대로 사용했습니다.
2. '상속·증여세법'은 줄여서 '상증법', '상속과 증여'는 '상속·증여'로 표현합니다.

들어가며

요즘 젊은이들은 아무리 열심히 노력해도 미래가 불안한 저성장 시대에 살고 있다. 열심히 노력해서 얻어야 하는 것 중 가장 기본적인 것은 돈이다. 자본주의 사회에서 돈은 생존을 보장하고 나아가 종족 번식의 토대를 이루는 데 매우 중요한 요소다.

돈을 얻는 방법으론 자수성가해서 돈을 벌거나 부모로부터 물려받는 것이 대표적이다. 하지만 저성장 시대인 요즘 자수성가해서 본인과 가족의 앞날을 대비할 수 있는 기회가 적다 보니 상대적으로 많은 부를 축적한 부모로부터 재산을 물려받는 일에 많은 관심을 가지게 된다.

인간의 수명은 한 시대 만에 비약적으로 연장되어 오늘날 '100세 시대'에 이르게 됐다. 상속의 관점에서 볼 때 100세 시대는 자녀 세대와 부모 세대 간 갈등의 주원인이다. 자수성가로 스스로 재산을 축적하기가 어려운 자녀 세대는 부모의 재산을 물려받아야 재산 축적을 하고 이를 통해 생존과 종족 번식의 기회를 가질 수 있다. 부모 세대가 100세까지 살다 죽으면서 재산 상속이 이루어진다면 상속받는 자녀의 나이는 70세가 되어 노인이 노인에게 상속하는 '노노상속'이 되고 만다. 노인이 되어 상속받을 경우 투자와 소비는 힘들어지고 그 순간부터 본인이 경험했듯이 재산을 언제 물려줄 것인지로 자녀들과의 갈등이 시작된다. 이러한 세대 간 갈등을 해결하는 방법은 부모 세대의 부를 자녀들에게 이전시키는 것인데 상속으로 이전하는 종전의 방법으로는 노노상속이 되어 세대 간 갈등이 더욱 심화될 것이 분명하므로 상속이 아닌 생전 증여로 해결하는 게 바람직하다.

이 책은 증여에 관한 세법의 내용을 주로 다루고 있다. 증여는 재산을 무상으로 이전하는 행위이므로 개인의 형편과 상황에 따라 각기 다른 결정을 내릴 수도 있지만 증여를 결정하는 데 가장 큰 고민은 세금이다. 하지만 증여는 민법상 계약 행위이며 가족 간의 형평성 문제도 고려해야 하고 향후 상속 시 상속인들 간에 발생할 수 있는 분쟁에도 대비해야 하는 등 세법 이외에 고민할 부분이 상당히 많고 복잡하다. 따라서 세법의 내용뿐 아니라 민법의 내용도 일부 다루었다.

세법상 증여는 민법상 증여보다 훨씬 확장된 개념을 가지고 있으면서도 추상적인 개념이 많다. 그래서 가족 간의 다양한 거래에 대해 증여인지를 판단하는 문제에 부딪히게 되는데 이러한 판단의 기준이 납세자와 과세관청 간에 다른 경우가 있어 혼란스럽다. 이러한 문제에 부딪혔을 때 납세자는 과세관청의 행정과 법률해석을 참고해 의사결정을 할 수밖에 없다. 따라서 이 책에서는 과세관청의 행정과 법률해석을 최대한 반영하려고 했다.

이 책은 그동안 내가 강의와 상담을 하면서 경험했던 내용들을 토대로 일반인들이 알았으면 좋겠다고 생각되는 것들을 중심으로 저술했다. 현장에서 상담하다 보니 많은 분들이 전문가 못지않게 상당한 지식을 갖고 계시다는 것을 알게 됐다. 따라서 이 책에서 나는 시중에서 회자되는 상속·증여의 기본적인 내용에 그치지 않고 매우 깊은 내용들까지 다루었다. 그리고 이해를 돕기 위해 상황별로 비교·분석할 수 있도록 하나의 주제에 대해 다양한 사례들을 계산식으로 제공했다. 그러다 보니 이 책은 일반인들의 상식보다는 조금 높은 수준이며 전문가들에게는 조금 낮은 수준의 책이라고 생각된다.

그리고 세법에서 정한 다양한 규정들을 하나도 빠짐없이 반영해 사례를 들다 보면 내용이 길어지고 복잡해질 수 있다고 판단돼 숫자의 단위나 각종 공제·감면 등의 내용들은 과감하게 삭제하고 큰 줄기만으로 계산식을 제공했다. 그러므로 사례로 제공한 계산식에 대해서는 흐름을 이해하는 정도로 참고해주시기 바란다.

증여와 상속 대상 재산의 종류는 매우 다양하지만 일반인들에게 해당되는 대부분의 경우는 부동산이므로 부동산을 위주로 다루었다. 그리고 최근 법인을 통한 우회증여에 대해 관심 갖는 분들이 많아서 이 부분에 대해서도 기본적인 내용들을 다루었다.

또한 이 책을 읽으시는 독자께서 처음부터 끝까지 모든 내용을 참고하실 수도 있겠지만 어떤 특정한 주제에 대해서만 관심을 가지실 수도 있겠다고 생각되어 몇몇 내용들은 다른 글과 중복되는 내용들을 일부 포함해 기술했다.

강의와 상담을 통한 경험을 전달하려다 보니 나의 개인적인 판단과 생각이 많은 부분에서 반영됐고 문체나 법률용어도 전문서적과는 다르게 표현됐다. 이러한 부분에 대해 불편하신 분들도 있을지 모른다는 걱정이 앞선다. 이 부분에 대해서는 저자의 생각이라고 너그럽게 생각해주시기를 바랄 뿐이다.

차례

부동산 증여 절세전략 PART. 3

자녀법인을 이용한 절세전략 PART. 4

PART. 1

증여 상속 최고의 수업

가장 궁금한
상속·증여세

1. 꼭 증여나 상속으로만 재산을 물려줄 수 있는 것은 아니다

재산을 자녀나 배우자 등에게 물려주는 방법으로 많은 사람이 증여나 상속을 해주는 것만 알고 있지만 실제로는 그 외에도 다양한 방법이 있다.

증여나 상속은 민법에 규정된 대로 무상으로 재산을 물려주는 방법이다. 하지만 지금의 복잡하고 다양한 경제 환경 속에서 민법상의 증여나 상속은 아주 단순하면서도 기본적인 방법일 뿐이다.

오래전부터 머리가 좋은 사람들은 민법상 계약의 형태인 증여나 사망을 원인으로 하는 상속의 방법이 아닌 다양한 방법으로 자녀들에게 부를 승계해왔다. 그리고 이러한 행위에 대한 과세 규정이 마련되어 있지 않다 보니 세금 없는 부의 대물림이 가능했다.

이러한 행위의 결과로 엄청난 부가 세금 없이 자녀들에게 승계되는 것을 본 국세청이 그러한 행위들을 세법상 증여로 규정하여 증여세를 과세하기 시작했다. 하지만 그러한 행위가 점점 더 교묘해지고 복잡해지면서 세법이 이를 다 막을 수 없는 지경에 이르게 됐다.

그래서 2004년부터는 포괄증여의 개념을 도입하여 어떤 방법이든 타인에게 무상으로 재산 또는 이익을 이전하거나 재산가치를 증가시켜주거나 낮은 가액으로 매매함으로써 상대에게 이익을 주는 모든 행위를 증여세 과세 대상으로 규정하여 증여세를 과세하기 시작했다.

상증법 제2조(정의)

6. "증여"란 그 행위 또는 거래의 명칭·형식·목적 등과 관계없이 직접 또는 간접적인 방법으로 타인에게 무상으로 유형·무형의 재산 또는 이익을 이전(현저히 낮은 대가를 받고 이전하는 경우를 포함한다)하거나 타인의 재산가치를 증가시키는 것을 말한다.

상증법을 자세히 살펴보면 자녀 등에게 재산을 물려주는 방법으로 민법상 증여나 상속이 아닌 방법들에 대해 자세히 알 수 있다. 대표적인 방법들을 열거해보면 다음과 같다.

① 재산을 매매로 이전하는 방법으로서 시가보다 높은 가격으로 사주거나 낮은 가격으로 파는 방법

② 부모의 재산을 무상 또는 저가로 이용하게 하는 방법

③ 자금을 저리의 이자를 받고 빌려주거나 무이자로 빌려주는 방법

④ 담보를 제공해주어 대출을 저리로 받게 해주는 방법

⑤ 일감을 몰아주어 돈을 벌게 해주는 방법

⑥ 사업 기회를 제공해 안정적으로 돈을 벌 수 있게 하는 방법

⑦ 재산가치가 증가할 것이 확실한 재산을 미리 증여해 개발사업의 이익 등을 얻게 하는 방법

⑧ 법인을 이용한 다양한 증여 방법들

이러한 방법들은 재산을 무상으로 자녀 등에게 물려주는 민법상 증여는 아니지만 가족이 아니면 취하지 않을 행동이다. 그래서 이러한 행위의 결과로 자녀 등이 많은 혜택을 얻거나 돈을 벌 수 있게 됨을 알 수 있다. 세법은 이러한 행위들에 대해 증여세를 물리고 있다.

그런데 세법상 과세하는 방법을 보면 일정 기준을 설정하고 그 범위를 벗어나는 경우에만 증여세를 과세하는 방식이다. 따라서 세법에서 증여세 과세 대상으로 규정하고 있는 것들 중 본인이 선택할 수 있는 방법을 선택하고, 과세 대상에서 제외하는 일정 범위를 활용하는 것이 좋은 절세 방법이다.

예를 들어 당신이 9억 원짜리 부동산을 누군가에게 처분하려고 한다. 그러면 당신은 그에게서 9억 원을 다 받으려고 할 것이다. 하지만 대상이 당신의 자녀라면? 되도록 시가보다 저렴하게 처분하려고 할 것이다. 세법은 특수관계자 간에 부동산을 매매할 경우 시가보다 저가로 매매할 시 저가로 매수한 자에게 증여세를 과세하는 규정을 두고 있다.

하지만 시가보다 낮은 가액으로 거래했다고 해서 무조건 시가보다 낮은

가액으로 매수한 차액에 대해 증여세를 과세하는 것은 아니다. 시가의 30%와 3억 원 중 적은 금액의 차액에 대해서는 저가매매로 보지 않고 정상가액으로 인정해 증여세를 물리지 않는다. 따라서 세법에서 정한 일정 범위 내의 가액으로 거래하면 매우 좋은 절세전략이 되는 것이다.

위 사례에서 시가 9억 원짜리 부동산을 자녀에게 저가로 매매한다면 시가의 30%인 2.7억 원과 기준금액인 3억 원 중 적은 금액인 2.7억 원까지는 저가로 매매해도 증여세를 물리지 않는다. 따라서 자녀는 9억 원짜리 부동산을 시가보다 2.7억 원이나 싼 6.3억 원에 매수해 이익을 보게 되지만, 그 2.7억 원에 대해서는 증여세를 내지 않아도 되는 것이다.

이미 많은 사람이 자녀들에게 재산을 물려주는 여러 방법들을 써왔다. 그러한 방법들 중 실질적 증여에 해당하는 행위에 대해 증여세를 과세하기 위해 세법은 아주 자세히 그 방법과 과세 기준을 입법으로 규정해놓았다. 그렇기 때문에 세법에서 규정하고 있는 다양한 증여 방법에 대한 과세 기준을 숙지한다면 가장 효과적인 절세 방법을 취할 수 있고 만족스러운 결과를 얻을 수 있을 것이다.

최근 들어 자녀법인을 설립해 그 자녀법인 명의로 부동산을 취득하고 사업하게 함으로써 실질적으로 부모가 자녀들에게 재산이나 소득을 넘겨주는 방법을 많이 사용하고 있다. 보통 부모와 자녀 간에 앞에서 언급한 다양한 거래가 행해지면 증여세를 과세하지만, 부모와 자녀법인 간의 거래라면 똑같은 거래라도 자녀법인에는 증여세를 과세하지 않는다. 왜냐하면 영리법인은 증여세 납세의무가 없기 때문이다. 그 대신 자녀법인의 주주에게 증여세를 과세하는데 이 과세 기준이 개인 간의 증여세 과세 기준과 차이가 있고 그 차이가 개인보다는 법인 주주에게 더 유리하기 때문이기도 하다.

2. 국가가 절반을 빼앗아가는 상속세

영철이의 부친은 통장에 예금된 돈은 없고 20억 원짜리 단독 주택 한 채가 전 재산인데 요즘 몸이 좋지 않아 상속을 대비해야 하는 상황이다. 영철이는 형제들과의 상속 지분에 대한 갈등 문제도 있지만 50%나 되는 상속세를 어떻게 내야 하는지 걱정이 돼 잠을 못 이룰 지경이다.

혹시 상속세를 줄일 수 있는 방법이 있는지 알아보기 위해 상속·증여 전문 세무사인 유세무사를 찾아갔다. 유세무사는 상속세로 50%를 내야 하는 것은 아니라면서 그 이유를 자세히 설명해줬다.

2022년 별세한 넥슨 창업주 김정주의 상속인들은 수조 원에 달하는 상속세를 납부할 현금이 없었다. 그래서 어쩔 수 없이 상속받은 재산 중 넥슨의 지주회사인 NXC의 주식을 상속세로 물납했다. 그 결과로 정부가 NXC의 2대주주가 된 황당한 일이 발생한 것이다.

우리나라의 상속세와 증여세의 최고세율은 50%이기 때문에 재산을 증여하거나 상속하는 경우 절반을 빼앗긴다는 인식이 널리 퍼져 있다.

통계청에 따르면 2022년 사망자 수는 37만 2,800명인데 이 중 상속세를 신고한 사람의 수는 1만 9,506명이다. 전체 사망자 중 5.23% 정도만 상속세 신고를 한 것이다. 전체 사망자 중 5% 정도만 상속세를 신고·납부한 것이므로 상속세는 상위 5%의 사람들에게만 과세하는 세금인 것이다. 따라서 서민들은 상속세를 걱정할 정도는 아니다.

하지만 최근 부동산 가격이 급격하게 상승하면서 상속세를 내야 하는 사람들이 크게 증가하고 있다. 참고로 2018년에는 전체 사망자 수가 29만 8,800명이었으며 이 중에서 상속세를 신고한 사람은 8,449명으로 전체 사망자 중 2.83%만 상속세를 신고·납부했다.

상속세는 상속재산을 금전으로 환산한 후에 각종 공제금액을 차감한 뒤 산출된 상속세 과세표준에 상속세율을 적용해 계산한다.

상속세 간략 산출 방법

① 상속재산을 확정한 후 상속재산을 금액으로 환산한 가액 - ② 기본공제(일괄공제)와 배우자공제 등 ――――――――――― = ③ 상속세 과세표준 × ④ 누진 상속세율 ――――――――――― = ⑤ 상속세 산출세액 - ⑥ 상속세 신고세액 공제 ――――――――――― = ⑦ 최종적으로 납부할 상속세

1. 상속재산을 확정하는 방법

상속세 산출의 기초가 되는 상속재산은 상속 당시에 사망자가 남겨놓은 재산으로만 알고 있는 사람들이 의외로 많은데 실제로는 그렇지 않다. 상속세의 과세 대상이 되는 상속재산에는 사망 전에 증여한 재산가액도 포함된다. 그렇다고 평생 증여한 모든 재산이 합산되는 것은 아니고 사망 전 10년 이내에 증여한 재산만 합산하고 있다. 그리고 예외적으로 상속인이 아닌 자에게 증여한 경우에는 사망 전 5년 이내에 증여한 재산만 합산한다. 물론 남으로부터 빌린 돈이나 임대를 하면서 받은 임대보증금 등 채무는 상속재산에서 차감한다.

상증법 제13조(상속세 과세가액)

① 상속세 과세가액은 상속재산의 가액에서 제14조에 따른 것을 뺀 후 다음 각 호의 재산가액을 가산한 금액으로 한다. 이 경우 제14조에 따른 금액이 상속재산의 가액을 초과하는 경우 그 초과액은 없는 것으로 본다.

1. 상속개시일 전 10년 이내에 피상속인이 상속인에게 증여한 재산가액
2. 상속개시일 전 5년 이내에 피상속인이 상속인이 아닌 자에게 증여한 재산가액

위 규정을 정리해보면 상속세가 과세되는 금액은 다음과 같이 계산한다.

상속 당시에 남아 있는 재산가액
+ 상속일로부터 소급하여 10년(5년) 내 증여한 재산가액
– 상속 당시에 존재하는 채무의 가액

= 상속세 과세가액

위 법률 규정을 보면 상속인이 아닌 자에게 생전증여를 한 경우 상속세 과세가액에 합산하는 증여는 상속개시일로부터 소급하여 10년이 아니고 5년이라고 나와 있다. 상속인이 아닌 자란 가족이면서도 상속인에 포함되지 않는 사위나 며느리 그리고 손자녀가 대부분이며 그 외 가족이나 타인 또는 비영리기관 등을 말한다.

요즘은 재혼 가정이 많다 보니 친아버지가 아닌 새아버지(계부)로부터 재산을 물려받아야 하는 경우도 발생한다. 입양 등을 하지 않으면 상속인

에 해당하지 않기 때문에 법정 상속을 받을 수 없고 유언이나 생전증여를 통해 상속받을 수 있다. 이렇게 생전에 계부로부터 증여를 받는다면 상속인이 아닌 자에게 증여한 것이 되어 증여 후 5년이 경과하면 상속재산에 합산하지 않는다.

10년(5년) 내 증여재산을 상속재산가액에 합산하는 방법은 다음과 같다.

① 과거에 증여한 재산이므로 상속 당시에는 그 가액이 변동됐을 가능성이 높은데 상속세 과세가액에 합산하는 금액은 상속 당시의 가액이 아니라 종전에 증여할 때 세무서에 신고했거나 신고해야 할 가액을 합산하게 된다.

② 이렇게 사전증여를 상속재산에 합산하여 상속세를 산출할 경우에는 과거에 증여받을 때 산출됐던 증여세만큼은 상속세에서 차감한다.

③ 사전증여를 하면서 증여세를 신고·납부하지 않았다가 상속세 조사 시 적발된 경우 당초 증여에 대해 증여세와 가산세를 합쳐 증여세를 매기고 그 증여재산가액을 상속재산에 합산하여 상속세를 과세한다. 이런 경우 증여세와 상속세를 두 번 부담하게 되므로 추징한 증여세를 상속세에서 차감한다. 하지만 추징한 세금 전액이 아닌 가산세를 제외한 본세 부분만 기납부세액으로 차감하는 방식으로 상속세를 과세한다.

2. 상속재산을 금액으로 평가하는 방법

상속재산 중 금전 이외의 재산에 대해 상속세를 과세하기 위해서는 그 재산을 금전으로 평가해야 한다. 이를 상증법에서는 '시가'로 평가한다고 규정하고 있다.

> **상증법 제60조(평가의 원칙 등)**
> ① 이 법에 따라 상속세나 증여세가 부과되는 재산의 가액은 상속개시일 또는 증여일(이하 "평가기준일"이라 한다) 현재의 시가(時價)에 따른다.

시가란 재산의 시장가격을 의미하지만 특정 재산의 경우 파는 사람과 사는 사람의 입장이 다르기 때문에 세금을 산출할 때 그 가액을 정확히 결정하는 것은 불가능하다. 따라서 누군가가 얼마짜리라고 하는 것은 세법상으로는 의미가 없는 가액이다.

세법은 시가를 산정하는 방법을 법으로 정해놓고 있다. 세금을 내기 위해서는 세법에서 규정한 방법으로 산정된 시가만 인정된다. 만약 어떤 재산을 소유한 자가 자기 재산의 가치를 20억 원이라고 주장하더라도 세법상의 시가는 20억 원이 안 될 수도 있고 더 될 수도 있다.

세법에서는 시가를 산정하는 방법을 자세히 규정하고 있지만 실무에서 시가를 산정하는 일은 그리 쉬운 일이 아니다. 동일한 부동산의 경우에도 특정한 상황에 따라 시가가 달라질 수 있다.

대부분 자기 부동산의 가치를 "제3자와 거래한다면 받고 싶은 가액"으로 말하는데 재산의 종류에 따라 실제로 세법에 규정된 방법으로 평가해보면 본인이 생각하는 가치보다는 낮은 가액으로 평가되는 경우가 많다.

동일한 20억 원 가치가 있는 아파트와 단독주택을 비교해 예를 들면, 아파트는 인근 유사거래가액이 존재할 가능성이 많기 때문에 인근 유사부동산의 거래가액인 20억 원 정도가 시가가 될 수 있다.

하지만 단독주택은 인근 유사부동산이 존재할 가능성이 희박할 뿐 아니라 있더라도 거래가 빈번하게 이뤄지지 않기 때문에 인근 유사부동산의 거래가액을 적용할 여지가 별로 없다. 따라서 단독주택은 기준시가로 평가될 수 있다. 시장에서는 동일한 가치의 부동산이지만 아파트는 20억 원으로 평가되고 단독주택은 기준시가로 평가될 수 있다는 의미다.

영철이의 아버지가 소유한 단독주택은 시장에서 언급되는 시가는 20억 원이지만 인근 유사부동산의 거래가액이 없어 기준시가로 평가해야 한다. 영철이의 아버지가 소유한 단독주택의 기준시가가 14억 원이라면 상속재산 가액은 14억 원이다.

시가에 관한 설명은 26장 '세금 결정에 결정적인 역할을 하는 시가'에서 자세히 다루겠다. 그리고 부동산 이외의 자산에 대한 평가 방법도 상증법에 규정하고 있지만 우리나라 사람들 대부분의 소유 재산이 금전과 부동산이므로 이 부분만 다루기로 한다.

3. 상속공제

상속재산이 확정된 이후에는 여러 가지 공제금액을 계산해 상속재산가액에서 차감하는데, 이번 글에서는 기초공제(일괄공제)와 배우자공제에 대해 다루겠다.

기초공제(일괄공제)

상속공제의 기초가 되는 기초공제는 2억 원이며 여기에 가족들의 인적공제가 추가된다.

인적공제는 다음과 같다.

① 자녀공제는 연령의 제한이 없이 태아를 포함한 자녀 1인당 5천만 원
② 상속인 및 형제자매를 포함한 동거가족(배우자는 제외) 중 미성년자가 있는 경우에는 만 19세가 될 때까지의 잔여 연수에 1천만 원을 곱한 금액
③ 상속인 및 형제자매를 포함한 동거가족(배우자는 제외) 중 만 65세 이상인 사람에 대해서는 1인당 5천만 원
④ 상속인 및 형제자매를 포함한 동거가족(배우자 포함) 중 장애인은 상속개시일로부터 기대여명까지의 연수에 1천만 원을 곱한 금액

한편 기초공제 2억 원과 가족 등에 대한 인적공제를 합한 금액이 5억 원에 미달하면 5억 원을 공제할 수 있다. 이를 일괄공제라고 한다.

대가족이 아니라면 기초공제 2억 원과 인적공제를 합하여 5억 원을 초과하는 경우가 거의 없기 때문에 대부분의 상속인들은 5억 원의 일괄공제

를 받는다.

다만 자녀도 없고 부모도 없어 배우자가 단독으로 상속받는 경우에는 5억 원의 일괄공제는 받을 수 없고 기초공제 2억 원과 인적공제 중 해당하는 항목을 합친 금액을 공제받는다.

배우자가 다른 상속인이 존재하지 않아 단독으로 상속받는 경우가 아니라면 상속세의 기본공제는 최저한도가 5억 원(배우자공제 최저한도액 5억 원을 포함하면 10억 원)이므로 상속재산(상속세 과세가액)이 5억 원에 미달하는 경우 일괄공제만으로도 과세할 금액에 미달해 내야 할 상속세는 없다.

배우자공제

상속공제 중 가장 큰 공제는 배우자 상속공제다.

배우자 상속공제는 최저 5억 원에서 최고 30억 원을 한도로 상증법에서 규정하고 있는 '배우자공제의 한도금액'을 공제하고 있다.

> 배우자 상속공제의 한도금액 : 최저 5억 원 < 배우자공제의 한도금액 < 30억 원

상증법에서 규정하고 있는 '배우자 상속공제의 한도금액'은 배우자가 실제 상속받은 금액을 말한다. 그러나 배우자가 법정 상속지분보다 더 많은 금액을 상속받은 경우에는 법정 상속지분가액까지만 공제하는 것을 말한다. 그리고 법정 상속지분가액이 30억 원이 넘는 경우에는 30억 원까지만 공제한다.

또한 배우자가 상속받은 금액이 없거나 5억 원 미만이면 최저한도액인 5억 원을 공제한다.

앞서 본 표에서 언급한 배우자공제의 한도금액은 다음과 같이 계산한다.

배우자공제의 한도금액 = (① - ② + ③) × ④ - ⑤
① 상속 당시 재산가액 - 채무가액
② 상속인이 아닌 자에게 유언에 의해 상속한 가액
③ 상속인에게 상속일 전 10년 이내에 증여한 재산가액
④ 민법상 배우자의 법정 상속지분율
⑤ 10년 내 배우자가 증여받은 재산가액 중 배우자 증여공제 금액인 6억 원을 초과하는 금액

배우자가 얼마나 상속받을지는 두 가지 방법으로 결정된다. 첫째는 민법에서 정한 법정 상속지분율대로 상속을 받는 것이고, 둘째는 상속인들 간 상속재산 분할 협의에 의해 법정 상속지분과 다르게 결정될 수 있다. 물론 사전증여나 유증에 의해 받는 경우도 있다.

따라서 배우자는 상속인들 간의 협의에 의해 법정 상속지분보다 많이 받을 수도 있고, 적게 받을 수도 있다.

배우자가 얼마나 상속받는가에 따라 배우자 상속공제 금액이 달라지고 그 결과 상속세의 부담액이 달라진다. 따라서 배우자의 상속 금액을 결정하는 일은 상속세의 부담액을 결정하는 데 매우 중요한 일이므로 신중하게 판단하고 결정해야 한다. 앞에서 표와 글로 설명했지만 좀 더 이해하기 쉽도록 사례를 들어 설명해보겠다.

사례 1

상속재산이 20억 원이고 배우자와 자녀 3명이 상속인인 경우 배우자 상속공제액은

① 최저한도는 5억 원이고 최고한도는 30억 원이다.

② 배우자의 법정 상속지분가액은 20억 원 × $\frac{1.5}{4.5}$ = 6.66억 원이다.

③ 상증법상 배우자 상속공제의 한도액은 20억 원 × $\frac{1.5}{4.5}$ = 6.66억 원이다.

④ 배우자가 실제 상속받은 금액이

❶ 4억 원일 경우 배우자 상속공제액은 최소한도인 5억 원을 공제한다.

❷ 6억 원일 경우 배우자 상속공제 한도액인 6.66억 원보다 적으므로 6억 원을 공제한다.

❸ 7억 원일 경우 배우자 상속공제 한도액인 6.66억 원을 초과해 상속받았기 때문에 한도액인 6.66억 원을 공제한다.

사례 2

상속재산이 20억 원이고 배우자가 상속일 9년 전에 10억 원의 아파트를 증여받았으며 이 아파트가 상속일 현재 20억 원이 됐다면

① 상속세 과세가액은 상속재산 20억 원과 사전증여재산 10억 원을 합해 30억 원이다.

② 법정 상속재산 지분액은 사전증여 재산가액을 합산해 계산하는데 상속세 과세가액에 합산하는 기준은 증여 당시의 가액이지만, 법정 상속지분가액을 계산할 때는 증여가액을 상속 당시의 시가인 20억 원으로 합산한다. 따라서 40억 원의 $\frac{1.5}{4.5}$ 인 13.33억 원이다.

③ 상증법상 배우자공제의 한도금액은 다음과 같이 계산한다.

(상속재산 20억 원 + 사전증여재산 10억 원) × $\frac{1.5}{4.5}$ – 사전증여재산 과세가액 4억 원 = 6억 원

* 사전증여재산 과세가액 4억 원 → 사전증여 10억 원 중 배우자공제금액 6억 원을 초과하는 금액

④ 따라서 배우자공제금액은 최저 5억 원에서 최고 6억 원 사이에서 실제로 상속받은 금액이 되는데 실제로 상속받은 금액이 0원(상속 당시 받은 금액)이므로 최저한도인 5억 원이 배우자상속공제액이 된다.

사례 3

상속재산이 100억 원이고 사전증여재산이 없는 경우

① 최저한도는 5억 원이고 최고한도는 30억 원이다.

② 배우자의 법정 상속지분가액은 $\frac{1.5}{4.5}$인 33.3억 원이다.

③ 상증법상 배우자 상속공제의 한도액은 법정 상속지분가액이 30억 원을 초과하므로 30억 원이 한도가 된다.

④ 배우자가 실제 상속받은 금액이

❶ 협의에 의해 하나도 안 받는 경우 배우자 상속공제액은 최소한도인 5억 원을 공제한다.

❷ 20억 원일 경우 배우자 상속공제 한도액인 30억 원보다 적으므로 20억 원을 공제한다.

❸ 법정 상속지분인 33.3억 원일 경우 배우자 상속공제 한도액인 30억 원을 초과하여 상속받았기 때문에 한도액인 30억 원을 공제한다.

4. 상속·증여세율

우리나라의 상속세율은 다음과 같이 5단계의 누진세율로 되어 있다. 증여세율도 동일하다.

상속·증여세율표

과세표준 구간	적용세율	누진공제액
1억 원 미만	10%	
1억 원 ~ 5억 원	20%	1천만 원
5억 원 ~ 10억 원	30%	6천만 원
10억 원 ~ 30억 원	40%	1.6억 원
30억 원 이상	50%	4.6억 원

우리나라의 상속·증여세율은 과세표준의 구간별로 10%씩 높은 세율을 적용한다. 여기서 세율을 적용하는 과세표준이란 상속재산가액에서 상속공제(일괄공제, 배우자공제 등)를 차감한 후의 가액을 말한다.

간혹 사람들은 상속세 과세표준이 4.9억 원이면 전체 금액에 대해 20%의 세율을 적용하지만 5.1억 원이 되면 전체 금액에 대해 30%의 세율을 적용하는 것으로 오인해 어떻게든 이 구간을 안 넘기고 싶어한다. 하지만 실제로는 구간별로 다른 세율을 적용하기 때문에 구간을 넘어선다고 해서 갑자기 세율이 높아지는 것은 아니다. 예를 들어 상속세 과세표준이 29억 원일 경우 다음처럼 구간별로 계산된 세금을 합해 산출한다.

1억 원까지는 10% = 1천만 원
1억 원부터 5억 원까지 4억 원에 대해서는 20% = 8천만 원
5억 원부터 10억 원까지 5억 원에 대해서는 30% = 1.5억 원
10억 원에서 29억 원까지 19억 원에 대해서는 40% = 7.6억 원

29억 원에 대한 상속세 = 1천만 원 + 8천만 원 + 1.5억 원 + 7.6억 원 = 10억 원

이렇게 복잡하게 세금을 계산하기보다는 앞의 상속·증여세율표에 나온 누진공제액을 적용하면 간단하게 세금을 계산할 수 있다.

상속세 과세표준 29억 원 × 상속세율 40% - 누진공제액 1.6억 원 = 10억 원

누진공제 방법으로 계산한 결과와 구간별로 계산해 합산한 결과가 동일한 것을 알 수 있다. 이런 세율적용 방법은 증여세도 동일하다.

상속세 신고세액공제

상속세는 상속일(사망일)이 속하는 달의 말일로부터 6개월 이내에 신고해야 한다. 만약 이렇게 기한 내에 상속세를 신고할 경우 납부할 상속세의 3%를 공제받는다.

개인별로 납부할 상속세

우리나라 상속세는 상속재산 총액을 기준으로 세금을 계산하는 유산세

방식이기 때문에 일단 피상속인이 남긴 재산 총액을 기준으로 앞에서와 같이 상속세를 계산한 후 상속인들이 개인별로 실제 상속받은 지분율을 곱해 각자가 부담할 상속세를 산출한다.

5. 상속세 납부세액의 계산 사례

사례 1

상속재산은 100억 원, 상속인은 배우자와 자녀 3명, 배우자는 법정 상속지분을 상속할 경우

상속세
= 상속재산 100억 원
− 일괄공제(기본공제) 5억 원
− 배우자공제 = 100억 원 × $\frac{1.5}{4.5}$ = 33.3억 원이지만 30억 원이 최고한도이므로 30억 원 공제

= 상속세 과세표준 65억 원
× 상속세율 50%
− 누진공제액 4.6억 원

= 상속세 산출세액 27.9억 원
− 상속세 신고세액 공제 3% 0.8억 원

= 상속세 납부세액 27.1억 원

상속재산이 100억 원일 경우 상속세가 50%인 50억 원이 아니라 27.1억 원임을 알 수 있다.

사례 2

상속재산은 20억 원, 상속인은 배우자와 자녀 3명일 경우

① 배우자가 재산상속을 받지 않는 경우 상속세

= 상속재산 20억 원
- 일괄공제 5억 원
- 배우자공제 5억 원(상속을 5억 원 이하로 받을 경우 최소한도인 5억 원을 공제함)

= 상속세 과세표준 10억 원
× 상속세율 40%
- 누진공제액 1.6억 원

= 상속세 산출세액 2.4억 원
- 상속세 신고세액 공제 3% 720만 원

= 상속세 납부세액 2억 3,280만 원

② 배우자가 법정 상속지분인 6.66억 원 이상을 받는 경우 상속세

= 상속재산 20억 원
- 일괄공제 5억 원
- 배우자공제 6.6억 원(상속을 6.6억 원 이상으로 받을 경우 한도인 6.6억 원을 공제함)

= 상속세 과세표준 8.4억 원
× 상속세율 30%
- 누진공제액 6천만 원

= 상속세 산출세액 1.92억 원
- 상속세 신고세액 공제 3% 576만 원

= 상속세 납부세액 1억 8,624만 원

위의 계산 사례를 보면 배우자가 상속받지 않거나 5억 원 이하를 받는 경우 부담할 상속세는 2억 3,280만 원이지만 배우자가 법정 상속지분인 6.6억 원 이상을 받는 경우 부담할 상속세는 1억 8,624만 원으로 4,656만 원의 차이가 남을 알 수 있다.

3. 부모님 재산이 10억 원 이하라면 미리 증여받지 마세요

영철이 부모님의 재산은 10억 원이다. 둘째 아들이 사업에 실패하여 생활이 곤란해지자 부친은 그를 도와주기로 했다. 하지만 다른 자녀들과의 형평성을 고려하여 삼형제에게 각 2억 원씩 나눠주기로 결정했다.

그러나 막내 영철이는 아버지의 건강이 안 좋아 언제 돌아가실지 모르는 상황에서 재산을 미리 받는 것이 세금 측면에서 불리하지는 않는지 궁금해서 유세무사를 찾아갔다.

유세무사는 재산을 미리 줄지 말지는 부모님과 형제들 간의 일이기 때문에 상황에 맞게 잘 판단하여 결정을 해야겠지만 이렇게 미리 증여하는 것은 세금 측면에서는 손해라고 알려

주었다. 왜냐하면 상속공제와 상속공제한도에 관한 규정 때문이다.

1. 사전증여를 하지 않는 경우의 상속세

상속세는 기본공제(일괄공제)가 5억 원이며 배우자가 생존한 경우에는 배우자공제로 최소 5억 원을 공제받게 된다. 따라서 영철이 부친이 사망할 경우 상속재산이 10억 원인데 일괄공제와 배우자공제를 합치면 10억 원을 공제받을 수 있기 때문에 내야 할 상속세는 없게 된다.

상속재산 10억 원
- 기본공제(일괄공제) 5억 원
- 배우자공제 최소액 5억 원

= 상속세 과세표준 0원
= 상속세 0원

2. 사전증여할 경우 증여세와 상속세

삼형제가 2억 원씩 균등하게 미리 증여받는다고 가정하면 증여받을 때 부담할 증여세 6천만 원과 상속 시 부담할 상속세 2천만 원을 합쳐 총 8천만 원의 세금을 내게 된다. 사전증여를 받지 않는 경우 내지 않아도 되는 세금을 사전증여받음으로써 세금 8천만 원을 납부하게 되어 손해를 보게 된다.

① 증여세

1인당 증여세 : (2억 원 - 5천만 원) × 20% - 1천만 원 = 2천만 원

3인의 증여세 합계 : 2천만 원 × 3인 = 6천만 원

② 10년 내 상속세

상속재산가액 : 상속 당시 잔여재산 4억 원 + 사전증여재산가액 6억 원 = 10억 원

상속공제 한도액 : 10억 원 - (2억 원 - 5천만 원) × 3인 = 5.5억 원

* 상속공제는 일괄공제 5억 원과 배우자 최소 공제 5억 원을 합쳐 10억 원을 공제받을 수 있지만 사전증여를 받았기 때문에 상속공제액이 줄어들어 5.5억 원만 공제받는다.

상속세 과세표준 : 10억 원 - 5.5억 원 = 4.5억 원

상속세 산출세액 : 4.5억 원 × 20% - 1천만 원 = 8천만 원

기납부증여세 차감 : 2천만 원 × 3인 = 6천만 원

최종적으로 납부할 상속세 2천만 원

③ 총 부담세액 = ① 증여세 6천만 원 + ② 상속세 2천만 원 = 8천만 원

상속재산가액이 5억 원 이하인 경우에는 상속공제 한도 규정을 적용하지 않는다. 이런 경우 어차피 상속세는 일괄공제로 인해 내야 할 세금이 없지만 이미 납부한 증여세를 환급해주지 않기 때문에 불리해진다.

3. 상속재산이 10억 원 이상이라면 사전증여가 유리한가

사전증여가 유리한지 불리한지는 상속재산의 크기와 상속공제금액의 크기에 따라 판가름 난다. 왜냐하면 상속공제는 상속세과세가액(상속재산가액 + 사전증여재산가액)에서 사전증여한 재산가액을 차감한 금액을 한도로 하기 때문이다.

상속공제의 한도 : 상속재산가액 – 10년(상속인이 아닌 자의 경우 5년) 내 사전증여재산가액

사례 1

상속재산이 20억 원이고 배우자와 자녀 2명이 상속인이며 배우자는 법정 상속지분만큼 상속을 받는 경우 배우자의 법정 상속지분가액은 8.57억 원이다. 상속재산 중 10억 원을 두 자녀에게 각 5억 원씩 증여한 후 10년 내에 상속이 발생한 경우

① 증여 없이 상속한 경우 상속세

(상속재산 20억 원 – 일괄공제 5억 원 – 배우자공제 8.57억 원) × 30% – 누진공제액 6천만 원 = 1억 3,290만 원

② 10억 원을 두 자녀에게 5억 원씩 사전증여할 시

❶ 증여세

(5억 원 – 자녀공제 5천만 원) × 20% – 누진공제액 1천만 원 = 8천만 원

자녀 2인의 증여세 합계 = 8천만 원 × 2인 = 1.6억 원

❷ 증여 후 10년 내 상속 시 상속세

{(상속재산 10억 원 + 사전증여재산 10억 원) – 상속공제액 11억 원} × 30% – 누진공제액 6천만 원 – 사전증여세 납부액 1.6억 원 = 5천만 원

> * 상속공제 한도액 = (상속재산 10억 원 + 사전증여재산 10억 원) – (사전증여재산과세표준 9억 원) = 11억 원
>
> 일괄공제 5억 원과 배우자공제액 8.57억 원을 합하면 13.57억 원을 공제받아야 하지만 한도액이 11억 원이므로 11억 원만 공제한다.

③ 세부담 비교

증여 없이 상속할 경우 세부담 = 상속세 1억 3,290만 원

사전증여 후 상속 시 세부담 : 증여세 1.6억 원 + 상속세 5천만 원 = 2.1억 원
따라서, 사전증여할 경우 세부담이 늘어난다.

사례 2

두 자녀에게 2.5억 원씩 5억 원만 사전증여를 한 경우

① 증여할 때의 증여세 부담액은 6천만 원이다.
{(2.5억 원 - 5천만 원) × 20% - 1천만 원} × 2인 = 6천만 원
② 증여 후 10년 내 상속 시 상속세는 5천만 원이다.
{(상속재산 15억 원 + 사전증여재산 5억 원) - 상속공제액 13.57억 원} × 30% - 누진공제액 6천만 원 - 사전증여세 납부액 6천만 원 = 7,290만 원

* 상속공제한도액 : (상속재산 15억 원 + 사전증여재산 5억 원) - (사전증여재산과세표준 4억 원) = 16억 원
배우자공제를 법정 상속지분으로 받는 경우 배우자공제액은 8.57억 원으므로 일괄공제 5억 원과 합치면 13.57억 원이 되고 이 금액은 상속공제 한도액인 16억 원에 미달하므로 전액 공제가 가능해진다.

③ 세부담 비교
증여 없이 상속할 경우 세부담 : 상속세 1억 3,290만 원
사전증여 후 상속 시 세부담 : 증여세 6천만 원 + 상속세 7,290만 원 = 1억 3,290만 원

위 사례를 보면 사전증여를 했을 때와 안 했을 때 총 부담세금은 동일하다. 따라서 사전증여를 5억 원씩 할 때와 2.5억 원씩 할 때의 유불리가 달라짐을 알 수 있다.

상속재산이 10억 원이 넘는 상태에서는 사전증여액을 차감한 금액이 상속공제액을 초과하는 경우에는 사전증여를 하는 것과 안 하는 것의 세금 차이는 없다.

앞서 본 내용은 사전증여 후 10년 내 상속이 이루어진 경우를 전제로 한 것인데 상속재산이 10억 원을 초과한다면 사전증여를 하고, 10년이 경과한 이후에 상속이 이루어진다면 사전증여의 절세효과는 상당히 크다.

사례 3

총재산이 30억 원이고 두 자녀에게 각 5억 원씩 10억 원을 상속일 10년 이전에 사전증여한 경우

① 증여 없이 상속한 경우 상속세
(30억 원 - 5억 원 - 12억 8,571만 원) x 40% - 1.6억 원 = 3억 2,571만 원
② 사전증여 시 증여세
{(5억 원 - 5천만 원) x 20% - 1천만 원} x 2인 = 1.6억 원
③ 10년 이후 상속 시 상속세
(20억 원 - 5억 원 - 8억 5,714만 원) x 30% - 6천만 원 = 1억 3,285만 원
④ 세부담 비교
증여 없이 상속할 경우 세부담 = 상속세 3억 2571만 원
사전증여 후 10년 경과 후 상속 시 세부담 : 증여세 1.6억 원 + 상속세 1억 3,285만 원 = 2억 9,285만 원
따라서 증여 없이 상속하는 것보다는 사전증여를 하는 것이 세부담이 줄어드는 것을 알 수 있다. 다만 사전증여는 상속재산의 크기에 따라 그리고 사전증여액의 크기에 따라 유불리가 달라질 수 있다.

4. 사전증여의 판단 기준

사전증여에 대한 판단은 세금 측면에서만 고려할 문제는 아니다. 상속인들 간의 상속재산에 대한 분쟁이 염려되거나 자녀의 급한 사정에 의해 사전증여가 이루어져야만 하는 사정이 발생할 수도 있다.

어떤 경우든 세금부담 측면에서 판단을 하기 위해서는 상속재산의 크기, 그중에서도 배우자가 생존할 경우 10억 원 이하, 부재할 경우 5억 원 이하일 때 사전상속의 세부담이 늘어나는 것을 알 수 있다.

앞의 사례에서는 사전증여 후 상속 시점까지 증여재산의 가치가 상승하지 않는다는 전제하에 설명을 했지만 대부분의 재산은 시간이 흐르면서 가치가 상승하기 때문에 이 부분도 고려하여 판단해야 한다.

또한 상속재산이 10억 원을 초과한 경우 상속공제의 한도 규정이 적용됨에 따라 사전증여가 불리해질 수 있다. 따라서 상속공제의 한도를 계산할 때 상속재산가액에서 차감하는 사전증여재산가액은 상속일로부터 10년 이내에 증여한 재산가액만을 공제하는 것이므로 증여 후 10년이 경과한 이후에 상속이 이루어지는 경우에는 상속공제한도액 계산 시 한도액에서 차감하지 않기 때문에 이 점도 고려해야 한다.

상속인이 증여를 받는 경우에는 10년 이내의 증여가액을 차감하지만 손자녀 등 상속인이 아닌 자가 증여받은 경우에는 5년 이내의 증여재산가액을 차감한다.

상속공제를 적용할 때 한도액의 대상이 되는 상속공제액에는 일괄공제와 배우자공제를 포함하며 그 밖의 공제인 금융재산상속공제, 가업상속공제, 영농상속공제, 재해손실공제, 동거주택상속공제액도 모두 포함된다. 앞에서 언급한 사례는 상속공제로 일괄공제와 배우자공제만을 전제로 설명한 것이다.

4. 현금 뽑아 금고에 쌓아둬봐야 소용없다. 상속세 과세된다

영철이의 부친 방에는 금고가 하나 있다. 부친은 오래전부터 시간이 날 때마다 은행에서 5만 원권을 찾아다가 금고에 쌓아 뒀다. 가끔 손자녀들이 할아버지를 찾아오면 금고에서 돈을 꺼내 용돈을 주곤 했지만 금고에 돈이 얼마나 쌓여 있는지는 아무도 모른다.

화폐환수율이란 특정 기간에 한국은행이 발행한 화폐 액수 대비 다시 한국은행으로 돌아온 화폐의 비율을 의미한다. 2023년 상반기 5만 원권의 환수율은 77.8%로 2009년 6월에 5만 원권이 발행된 이후 가장 높은 기록이었다.

코로나19가 극심했던 지난 2020년과 2021년에는 24.1%까지 떨어졌다. 이유는 최근 이자율이 높아져 투자 수익률을 고려해 금고에 숨겨둔 5만 원권 현금이 은행 등으로 향했기 때문으로 추측된다.

그동안 5만 원권이 발행된 이후로 금고의 판매량이 급증했다는 소식도 언론에서 쉽게 찾아볼 수 있다. 5만 원권을 금고에 쌓아두는 현상은 일반화되어 있다. 온라인에서는 국세청에 안 걸리면서 은행에서 현금을 찾는 방법에 대해 자세히 알려주는 유튜브 영상이 셀 수도 없이 많다. 그러다 보니 번거롭게도 소액을 여러 번에 걸쳐 인출해야 하는 수고도 마다하지 않고 현금인출기를 찾아다니는 분들이 많다고 한다.

이렇게 5만 원권을 은행에서 인출해 금고에 쌓아두는 이유는 여러 가지가 있겠지만 가장 중요한 이유는 은행에 쌓아두고 상속이 발생하면 몽땅 상속세를 내야 하는 반면, 인출해서 금고에 쌓아두면 상속세를 내지 않아도 된다거나 자녀들에게 생활비 등을 보조해주면서도 증여세를 내지 않을 수 있다고 생각하기 때문이다.

1. 재산을 어디에 숨기셨어요?

어느 중년 남성이 재산 20억 원을 자녀들에게 상속하지 않고 여러 기관에 전부 기부했다. 기부를 마칠 즈음에 돌연 세상을 떠났는데, 장례가 치뤄지고 난 후에야 자녀들은 아버지의 전 재산이 기부된 것을 알게 됐다. 자녀들은 받은 재산이 없었으므로 상속세는 생각도 안 했는데 얼마 후 세무서에서 연락이 왔다. 상속일로부터 2년 이내에 인출한 현금은 그 돈을 어디에 사용했는지를 상속인이 밝혀야 하며 상속인이 밝히지 못하면 상속재산을 숨겨둔 것으로 추정해 상속세를 내야 한다는 것이다.

아버지가 익명으로 기부했기 때문에 자녀들로서는 어디에 사용했는지를 알 수가 없었다. 결국 세무서는 두 자녀에게 상속세 3.6억 원과 상속세 신고를 안 한 가산세 7,200만 원에 1년간 이자 2,890만 원을 합해 총 4.6억 원의 세금 고지서를 발송했다.

위 사례는 픽션이다. 그러나 이 사례에서 강조하고 싶은 것은 상속일을 기준으로 2년 내에 인출한 재산에 대해 상속으로 추정하는 세법상 규정이다. 상속으로 추정한다는 것은 피상속인이 인출한 자금을 어디에 사용했는지를 상속인이 입증해야 한다는 의미다. 만약 상속인인 자녀들이 입증하지 못하면 국세청은 그 돈이 어디에 쓰였는지에 대한 조사도 없이 상속재산으로 보고 상속세를 매긴다는 것이다.

이런 일들은 흔한 사례는 아니지만 부친이 현금을 인출해 경마나 카지노 등에서 도박을 했다거나 딴 살림을 차리고 내연녀에게 재산을 주었거나 또는 특정한 자녀에게만 몰래 재산을 증여한 경우에 이런 일이 발생한다. 간혹 개인사업을 하면서 계산서 없이 또는 계산서와 달리 현금을 주고 거래하는 경우에 발생하기도 한다.

2. 어디에 사용했는지 우리가 어떻게 알아?

상증법 제15조 제1항에는 다음과 같이 규정하고 있다.

① 피상속인이 재산을 처분하였거나 채무를 부담한 경우로서 다음 각호의 어느 하나에 해당하는 경우에는 이를 상속받은 것으로 추정하여 제13조에 따른 상속세 과세가액에 산입한다.

1. 피상속인이 재산을 처분하여 받은 금액이나 피상속인의 재산에서 인출한 금액이 상속개시일 전 1년 이내에 재산 종류별로 계산하여 2억 원 이상인 경우와 상속개시일 전 2년 이내에 재산 종류별로 계산하여 5억 원 이상인 경우로서 대통령령으로 정하는 바에 따라 용도가 객관적으로 명백하지 아니한 경우
2. 피상속인이 부담한 채무를 합친 금액이 상속개시일 전 1년 이내에 2억 원 이상인 경우와 상속개시일 전 2년 이내에 5억 원 이상인 경우로서 대통령령으로 정하는 바에 따라 용도가 객관적으로 명백하지 아니한 경우

상속인이 밝혀야 하는 대상은 다음 세 가지다.

① 피상속인이 재산을 처분하고 받은 금액.

② 피상속인이 금융계좌에서 인출한 금액. 인출 후에 재입금이 됐다면 재입금된 금액을 차감한 금액.

③ 피상속인이 부담한 채무(대출금이나 세입자로부터 받은 임대보증금 등).

상속일로부터 소급하여 1년 또는 2년 이내에 위 세 가지 행위가 발생한 경우에는 그 자금을 어디에 사용했는지를 상속인들이 밝혀야 한다. 만약 상속인들이 밝히지 못하면 그 금액은 상속재산을 은닉한 것으로 보아 상속세를 과세하게 된다.

이때 용도가 객관적으로 명백하지 않은 경우는 영수증이나 계좌이체 등

의 기록이 없어 지출한 사실을 확인할 수 없거나 인출한 자금으로 다른 재산을 취득한 사실 등이 없는 경우를 말한다.

다만 위 세 가지 금액이 다음과 같이 일정 금액 이상인 경우에만 이 규정을 적용한다.

① 상속개시일 전 1년 이내에 처분 또는 인출한 금액이 각각 2억 원 이상인 경우

② 상속개시일 전 2년 이내에 처분 또는 인출한 금액이 각각 5억 원 이상인 경우

예를 들어 2023년 12월 31일에 사망한 경우,

① 2023년에 인출한 금액이 1.5억 원이고 2022년에 인출한 금액 2.5억 원으로 사용처가 객관적으로 명백하지 않은 경우, 상속일 직전 1년 내에 인출한 금액이 1.5억 원으로 2억 원에 미달하기 때문에 괜찮다. 그리고 상속일 직전 2년간 인출한 금액이 1.5억 원과 2.5억 원을 합쳐 4억 원인데, 이 금액은 소급하여 2년 내 5억 원 이상에 미달하기 때문에 상속인들이 그 사용처를 밝혀야 할 의무가 없다. 상속인들이 밝혀야 할 의무가 없다는 것은 상속인들이 사용처를 밝히지 못한다고 해서 그 사실만으로는 상속세를 과세할 수 없다는 의미이며, 만약 이 금원에 대해 상속세를 과세하려면 과세관청이 그 금원이 어디로 흘러갔는지를 입증해야 가능하다. 즉, 입증 책임이 과세관청에 있게 된다.

② 2023년에 인출한 금액이 1.5억 원이고 2022년에 인출한 금액이 3.6

억 원일 경우, 2023년에 인출한 금액에 대해서는 2억 원에 미달하므로 상속인이 입증할 필요가 없다. 하지만 소급하여 2년간의 인출액 1.5억 원과 3.6억 원을 합치면 5.1억 원이 되므로 기준금액인 5억 원을 초과하기 때문에 상속인들은 부친이 2년간 인출한 5.1억 원을 어디에 사용했는지를 밝혀야 한다.

이 규정에서 1년 내 2억 원, 2년 내 5억 원의 금액 기준은 다음의 재산 종류별로 각각 계산한다.

① 현금, 예금 및 유가증권(상품권포함)

② 부동산 및 부동산에 관한 권리

③ 그 외 기타자산

3. 밝히지 못하면 숨겨놓은 것으로 본다

사망인이 생전에 자금을 사용하면서 은행을 통해 자금을 이체했다면 금융거래 내역 등으로 확인이 가능하지만 현금으로 인출해 사용했다면 상속인들이 그 사용처를 밝히는 것이 쉽지 않다.

물론 앞 사례처럼 익명으로 기부한 경우를 제외하고는 대부분 금고에 쌓아두거나 자녀들에게 현금으로 증여했을 확률이 매우 높은 것이므로, 사용처를 밝히지 못한다는 것은 상속재산을 숨겨두었거나 현금으로 미리 증여했을 가능성이 높은 것으로 보기 때문에 이런 규정을 두고 있는 것이다.

상속인의 사용 내역을 확인하지 못했다고 해서 확인하지 못한 금액 전체를 상속재산으로 추정하는 것은 아니다. 확인하지 못한 금액이 재산의 처분 대가 또는 인출한 금액이나 부담한 채무 금액의 20%와 2억 원 중 적은 금액보다 적으면 전체를 확인한 것으로 보아 상속재산으로 추정하지 않는다. 그리고 확인하지 못한 금액이 20% 또는 2억 원 중 적은 금액보다 많은 경우에도 20% 또는 2억 원 중 적은 금액을 차감한 금액만 상속재산으로 추정한다.

사례

2년 내 인출한 금액이 20억 원인 경우

① 확인한 금액이 18.5억 원인 경우, 미확인 금액 1.5억 원은 20억 원의 20%인 4억 원과 기준금액인 2억 원 중 적은 금액인 2억 원보다 적으므로 미확인된 1.5억 원에 대해서는 상속재산으로 추정하지 않는다.

② 확인된 금액이 16억 원인 경우, 미확인된 금액은 4억 원으로 20억 원의 20%인 4억 원과 기준금액인 2억 원 중 적은 금액인 2억 원을 초과하기 때문에 4억 원에 대해서는 상속재산으로 추정해야 하는데 세법은 20%인 4억 원과 기준금액인 2억 원 중 적은 금액인 2억 원을 차감한 금액만 상속재산으로 추정한다. 따라서 미확인된 금액은 4억 원이지만 제외 금액 2억 원을 차감한 2억 원만 상속재산으로 추정해 상속세를 부과한다.

위 사례처럼 20억 원의 상속재산을 사망인이 어디에 기부했는지 확인할 수 없는 경우 20억 원을 상속재산으로 추정하는 것이 아니라 20억 원의 20%인 4억 원과 기준금액 2억 원 중 적은 금액인 2억 원을 차감한 18억 원에 대해서만 상속재산으로 추정하는 것이다.

따라서 상속 추정재산 18억 원에서 기본공제(일괄공제) 5억 원을 차감한 13억 원에 대해 상속세가 과세된다. 상속재산이 13억 원인 경우 상속세를 신고·납부하지 않았기 때문에 상속세 본세와 이에 가산되는 가산세의 계산은 다음과 같다.

상속세 : (18억 원 – 5억 원) × 40% – 1.6억 원 = 3.6억 원
무신고 가산세 : 3.6억 원 × 20% = 7,200만 원
1년간 납부지연 가산세 : 3.6억 원 × 8.03% = 2,890만 원(추징하는 시점에 따라 달라짐)

총 추징세금 = 4.6억 원

현금으로 인출한 금액이 1년 내 2억 원 또는 2년 내 5억 원을 초과하는 경우 상속인들은 그 사용처를 밝히기 위해 노력해야 하며, 밝히지 못한 경우 받지도 않은 재산에 대해 상속세를 부담해야 하는 일이 발생하게 된다. 따라서 현금으로 인출한 내역이 상속세를 적게 내기 위한 고의가 아니라면 현금을 인출할 때마다 그 사용처를 상세히 기록해야 상속인들의 수고를 덜어줄 수 있다.

4. 금융자산 상속공제

금융기관에 예금한 금액에서 금융채무를 차감한 순 금융자산을 상속하는 경우, 순 금융자산의 20%와 2억 원 중 적은 금액을 상속재산가액에서 공제해주고 있다.

예를 들어 은행예금이 10억 원이고 대출금은 없다면, 금융자산 10억 원은 상속재산에 해당되지만 10억 원의 20%와 2억 원 중 적은 금액인 2억 원을 금융자산 상속공제로 공제해주기 때문에 금융자산 10억 원을 상속하는 경우 상속세 과표는 8억 원이 된다.

만약 금융자산 10억 원을 전액 현금으로 인출하여 금고에 쌓아두고 상속한 경우, 상속인들은 인출한 자금의 사용처를 밝혀야 하지만 금고에 쌓아두었다고 신고할 리는 없으므로 상속 추정에 의해 2억 원을 차감한 8억 원을 상속세 과표에 산입하게 된다. 마찬가지로 10억 원을 금융기관에 예입한 상태에서 상속을 하더라도 2억 원을 공제한 후 8억 원만 상속세 과표에 산입하게 된다. 개인 상황에 따라 유불리는 달라지겠지만 어떤 경우는 열심히 현금인출하는 행위가 헛수고가 될 수도 있다.

5. "어머니가 돌아가시면 또 상속세를 내야 하니 이번에는 상속받지 마세요." 이러면 상속세 폭탄 맞는다

영철이의 어머니는 80대로 건강이 좋지 않다. 영철이의 아버지는 35억 원의 재산을 남기고 먼저 돌아가셨는데 아들 삼형제는 부친의 상속재산을 어떻게 배분할 것인지를 두고 의견이 분분하다.

둘째 아들은 조금이라도 재산을 더 많이 상속받고 싶은 마음에 "어머니도 건강이 안 좋아서 얼마나 사실지 모르는데 지금 어머니께 재산이 상속되면 나중에 돌아가실 때 또 상속세를 내야 하잖아. 그러니 그냥 이번에 우리 형제들만 나누어 가지는 게 상속세를 절세하는 거야"라는 주장을 했다.

하지만 장남은 "그렇지 않아도 아버지께서 돌아가셔서 슬프고 외로우실 텐데 재산마저 우리가 다 가지고 가면 어머니 마음이 얼마나 더 힘드시겠니. 더 많이 드리지는 못하더라도 법정 상속지분만큼은 드리는 게 맞아"라고 했다. 결국 삼형제는 상속세 신고에 대한 조언을 듣기 위해 유세무사를 찾아갔다.

유세무사는 어머니가 상속재산을 조금 받거나 안 받게 하는 것은 오히려 세금을 더 많이 내는 방법이기 때문에 세금만 고려한다면 어머니가 법정 상속지분만큼을 받는 것이 가장 좋다고 설명했다. 왜냐하면 상속세를 합법적으로 절세할 수 있는 가장 확실한 방법이 배우자공제 제도이며, 단기간에 모친이 사망을 하더라도 단기상속공제 제도를 통해 일정 부분 공제가 가능하기 때문이다.

1. 상속세 절세는 배우자공제가 결정한다

상속세를 절세하기 위해서는 배우자공제를 잘 활용해야 한다. 배우자가 재산을 얼마만큼 상속받느냐에 따라 상속세가 달라지기 때문이다.

예를 들어 배우자와 세 자녀가 상속인인 경우 35억 원 재산 중 배우자의 법정 상속지분가액은 전체 상속재산의 1.5/4.5인 11억 6,666만 원이다. 이때 상속세를 계산할 때 배우자의 상속공제금액은 최저 5억 원에서 최고는 법정 상속지분가액인 11억 6,666만 원이며, 이러한 최저와 최고 금액 사이에서 실제로 배우자가 상속받은 금액이 된다.

1. 만약 배우자가 한 푼도 안 받거나 5억 원 이하의 재산을 상속받는 경

우, 배우자의 상속공제액은 5억 원이다. 이 경우 상속세는 8억 4,000만 원이다.

{35억 원 - (기본공제 5억 원 + 배우자공제 5억 원)} × 40% - 누진공제 1.6억 원 = 8억 4,000만 원

2. 배우자가 8억 원을 상속받는다면 배우자상속공제액은 위 최저와 최고금액 사이에서 실제로 상속받은 금액이기 때문에 8억 원을 공제한다. 따라서 상속세는 7.2억 원이 된다.

{35억 원 - (기본공제 5억 원 + 배우자공제 8억 원)} × 40% - 누진공제 1.6억 원 = 7억 2,000만 원

배우자가 5억 원 이하를 상속받는 1번의 경우보다 상속세가 1.2억 원이 줄어들게 된다.

3. 그런데 배우자가 법정 상속지분인 11억 6,666만 원을 상속받거나 그 이상을 상속받는다면 배우자공제금액은 11억 6,666만 원이 되어 부담해야 할 상속세는 5억 7,333만 원이 된다.

{35억 원 - (기본공제 5억 원 + 배우자공제 11억 6,666만 원)} × 40% - 누진공제 1.6억 원 = 5억 7,333만 원

따라서 5억 원 이하를 상속받는 1번의 경우보다 상속세가 2억 6,666만 원이 절세된다. 동일한 재산이라고 하더라도 배우자가 얼마만큼 상속받느냐에 따라 부담해야 할 상속세가 크게 달라지므로 상속세를 절세하기 위해서는 배우자에게 법정 상속지분만큼을 상속하는 것이 유리하다.

2. 상속받은 후 단기간에 돌아가시면 이미 냈던 상속세는 공제된다

그런데 둘째 아들의 의견처럼 모친이 11억 6,666만 원을 상속받은 후 얼마 지나지 않아 사망하면 또 상속세를 내야 하니까 지금 상속세를 조금 더 내더라도 상속세를 두 번 내는 것보다는 유리하다는 주장이 있다. 현행 상속세법에서는 단기간에 재상속이 이루어지면 단기상속공제를 통해 재상속에 대한 상속세부담액을 줄여주고 있다.

단기상속공제는 부친이 사망했을 때 부담했던 상속세 총액 5억 7,333만 원 중 모친이 상속받은 지분(1.5/4.5)에 해당하는 상속세지분액 1억 9,111만 원에 대해 1년 내 재상속이 이루어지면 100%, 2년 내 재상속이 이루어지면 90%, 이런 식으로 1년이 경과할 때마다 10%씩 감해서 10년 내 재상속이 이루어지면 부친 사망 시 부담했던 상속세의 10%를 공제한다.

예를 들어 모친이 상속받은 금액 11억 6,666만 원을 한 푼도 안 쓰고 2년 내에 그대로 상속한다고 가정할 경우 상속세는 마이너스 3,200만 원이 된다.

{(11억 6,666만 원 - 기본공제 5억 원) × 30% - 누진공제 6천만 원} - 단기상속공제(1억 9,111만 원 × 90%) = -3,200만 원

따라서 위 경우처럼 법정 상속지분대로 배우자가 상속을 받은 후에 단기간 내에 재상속이 이루어진다고 해도 추가로 부담해야 할 상속세 부담은 없으므로 전에 부담한 상속세 5억 7,333만 원만 부담하게 되어 앞서 본 경우처럼 모친에게 한 푼도 상속하지 않는 경우 부담해야 할 상속세 8.4억과 비교하면 2억 6,667만 원이 절세됨을 알 수 있다.

6. 상속이냐 증여냐? 어느 방법이 좋을까?

명절이 되자 모처럼 영철이네 부모님 집에 온 가족이 모였다. 한편 영철이는 마냥 기쁘지만은 않다. 왜냐하면 둘째 형이 사업하다 힘들어져 부모님께 재산을 미리 달라고 했기 때문이다.

둘째 형은 담당 세무사로부터 재산을 미리 받아야 상속세를 절세할 수 있다는 이야기를 들었다면서 부모님께 재촉하는 상황이다. 영철이는 둘째 형의 주장이 맞는지 알아보기 위해 유세무사를 찾아갔다.

죽을 때까지 어떻게 먹고사는가를 걱정해야 하는 부모는 생전에 자녀에게 재산을 물려줄 엄두도 못 내지만, 먹고살 수 있는 재산이 충분히 있는 부모들은 어차피 언젠가는 자녀에게 넘겨줘야 할 재산이기 때문에 가장 적절한 시간을 택해 재산을 물려주

려고 할 것이다.

하지만 증여란 무상으로 재산을 넘겨주는 것이기 때문에 많은 고민이 따른다. 증여자 본인의 문제일 수도 있고, 자녀들의 문제일 수도 있고, 둘 사이 관계의 문제일 수도 있다.

증여를 쉽게 실행하지 못하는 가장 큰 고민거리는 엄청난 세금 부담이다. 왜냐하면 우리나라의 증여세와 상속세의 최고세율이 50%이기 때문이다. 그러니까 100억 원을 물려준다면 세금을 무려 50억 원이나 내야 하는 셈이다(상속공제를 적용하면 이보다 훨씬 적은 세금을 내게 되지만 편의상 상속공제가 없다고 가정하고 50%의 상속세율을 적용해 계산했다).

세금과 경제적인 측면을 고려해 증여와 상속 중 어느 방법이 유리한지 살펴보자. 상속세와 증여세는 과세 방법이 다르기 때문에 어떤 방법을 선택하느냐에 따라 유불리가 결정되는데 이 방법도 각자의 사정에 따라 다르므로 어떤 방법이 더 유리하다고 단정 지을 수는 없다.

1. 누진세율의 적용

첫 번째로 고려해야 할 사항은 누진세율이다. 누진세율 적용하에서는 부모의 총재산 중 증여는 수증자가 개인별로 받은 재산가액에 대해 세율을 적용하지만 상속은 상속재산 전체에 대해 세율을 적용하기 때문에 증여보다 과세표준이 높아지므로 높은 세율을 적용받게 된다.

상속·증여세율표

과세표준	상속·증여세율	누진공제액
1억 원 이하	10%	0
1억 ~ 5억 원	20%	1천만 원
5억 ~ 10억 원	30%	6천만 원
10억 ~ 30억 원	40%	1.6억 원
30억 원 초과	50%	4.6억 원

2. 공제액의 차이

두 번째 고려사항은 공제액의 차이인데 증여공제보다는 상속공제액이 더 크다. 증여는 개인별로 배우자는 6억 원, 자녀는 5천만 원만 공제되는데 반해 상속공제는 일괄공제가 5억 원이며 배우자공제도 최저 5억 원에서 최대 30억 원까지로 증여공제보다 많은 금액을 공제해주고 있다.

일반적으로 재산이 많다면 상속보다는 일부 재산을 사전에 증여하는 것이 유리하다.

예를 들어 재산이 40억 원이고 상속공제가 10억 원인 경우, 네 자녀에게 10억 원씩 사전증여한다고 치자. 그러면 자녀 1인당 5천만 원씩 총 2억 원이 공제되고 각 증여금액에서 공제금액 5천만 원을 차감한 9.5억 원에 대해 30%의 세율이 적용되지만, 증여하지 않고 전부 상속한다면 상속공제 10억 원을 차감한 30억 원에 대해 50%의 세율이 적용되기 때문에 적용세율만 보더라도 사전증여가 유리하다.

그러나 재산이 10억 원밖에 안 된다면 이를 네 자녀에게 2.5억 원씩 사전증여하면 20%의 증여세를 부담하게 되지만 전부 상속하게 되면 10억 원의 상속공제를 받아 한 푼도 내지 않아도 되기 때문에 증여가 불리하다.

3. 상속공제의 한도

사전증여가 유리하다지만 그렇다고 전 재산을 사전증여하고 상속재산을 한 푼도 안 남겨두는 경우에는 상속세 폭탄을 맞을 수도 있다. 왜냐하면 '상속공제 한도'라는 규정 때문이다. 상속공제 한도에 관한 내용은 11장의 '사전증여 잘못하면 세금폭탄 맞는다'에서 자세히 설명하겠다.

상속공제는 일괄공제가 5억 원이고 배우자공제 금액은 법정 상속지분가액의 범위 내에서 실제로 상속받은 금액만큼을 공제받는데 그 금액이 5억 원 이하인 경우에는 5억 원을 공제하며 30억 원을 초과하는 경우에는 30억 원을 한도로 공제한다. 따라서 상당히 많은 금액을 공제받게 되는데, 한편 이러한 상속공제는 사망 시 남겨진 재산을 한도로 공제한다.

예를 들어 재산이 40억 원인 부친이 전 재산을 생전에 배우자를 제외한 네 자녀에게 10억 원씩 사전증여하고 10년 내 사망했는데 상속 시 남은 재산이 없다면 상속세 과표는 사전증여재산 40억 원에서 일괄공제와 배우자공제로 10억 원을 공제한 후 30억 원에 대해 상속세가 과세돼야 하는 것이 원칙처럼 보인다. 하지만 재산을 전부 사전증여한 경우에는 상속공제 금액은 남은 재산인 0원을 한도로 하기 때문에 공제금액이 0원이 되어 상속세 과세표준이 40억 원이 되면서 상속세 폭탄이 터지게 된다. 이 점을 유의해 자녀들은 부모님께 전 재산을 미리 다 증여하고 가시라는 망언은 하지 말아야 한다.

4. 사전증여의 합산과세

앞에서 상속세는 누진세율을 적용하기 때문에 재산을 사전증여로 분할하면 낮은 세율의 적용이 가능하다고 했다. 하지만 사망일로부터 소급해 10년 이내에 증여한 재산은 상속재산에 합산되기 때문에 상속재산의 분할을 통한 낮은 세율의 적용이 불가능한 것처럼 보인다. 그럼에도 불구하고 사전증여가 유리한 이유는 재산가치가 상승한다고 가정할 경우, 사전증여 재산을 상속재산에 합산한다고 해도 사전증여 당시의 증여가액으로 합산하기 때문이다.

예를 들어 10억 원짜리 부동산을 사전증여하고 나서 5년 만에 상속이 이뤄졌는데 사전증여한 부동산의 가치가 상속일 현재 20억 원이라면, 상속일로부터 10년 이내에 증여한 부동산의 가액은 상속재산에 합산해야 한다. 이때 합산하는 금액은 5년 전 증여한 10억 원을 상속재산가액에 합산한다.

반면에 사전증여하지 않았다면? 상속일 현재의 가치인 20억 원으로 상속재산가액을 계산해야 한다. 그러므로 사전증여를 하면 사전증여일 이후 상승한 재산가치 금액인 10억 원만큼에 대한 상속세 부담이 줄어들게 된다.

사전증여를 하게 되면 증여일로부터 상속일까지의 재산가치 증가분과 증여받은 부동산에서 발생하는 임대 수익 등에 대해서 상속세의 부담 없이 물려받을 수 있어 이 부분도 이점이다.

또한 손자녀나 며느리 또는 사위 등은 상속인이 아니기 때문에 상속으로는 재산을 물려줄 수 없는데(물론 유언을 통해 물려줄 수는 있다) 그보다는 사전증여를 하면 재산을 물려줄 수 있게 된다.

이렇게 손자녀 등에게 증여한 재산도 상속재산에 합산되어 상속세를 계산하지만, 손자녀 등 상속인이 아닌 자에게 사전증여한 재산은 상속일로부터 소급해 5년 이내에 증여한 재산만 합산하는 이점도 있다.

5. 기타 경제적, 사회적 요인

요즘을 100세 시대라고 한다. 죽을 때까지 재산을 움켜쥐고 있다가 100세에 재산을 물려주면 받는 자녀의 나이가 이미 70대가 되어 있다. 그러면서 노인이 노인에게 재산을 물려주는 노노상속이 발생하게 된다. 이렇게 노노상속이 이뤄지면 노인이 된 자녀가 상속받은 재산으로 투자나 소비를 하지 않고 장롱 속 깊숙이 재산을 넣어뒀다가 또다시 이후에 자녀와 갈등하게 되는 비극이 발생하게 된다.

젊은 세대로의 부의 이전을 통해 부모와 자녀 간 세대 갈등을 해소하고, 국가와 사회의 경제 발전에도 도움되는 사전증여를 적극적으로 하는 부모세대가 되길 바란다.

사례

전 재산이 60억 원이고, 배우자와 세 자녀가 있는 경우 상황별로 발생하는 세 부담 비교 사례(단, 증여일 이후 재산가치가 변동되지 않는다고 가정함)

1. 전 재산이 60억 원이고 배우자가 생존 시 사전증여 없이 재산을 상속할 경우 상속세
   ① 상속재산 60억 원
   ② 배우자공제(법정한도액을 상속받은 경우) 60억 원 × $\frac{1.5}{4.5}$ = 20억 원
   ③ 일괄공제 5억 원
   ④ 상속세 과세표준 60억 원 – 20억 원 – 5억 원 = 35억 원
   ⑤ 상속세 : 상속 과세표준 35억 원 × 상속세율 50% – 누진공제액 4.6억 원 = 상속세 12.9억 원
2. 전 재산이 60억 원이고 배우자가 이미 사망했을 시 사전증여 없이 재산을 상속할 경우 상속세
   ① 상속재산 60억 원
   ② 배우자공제 0원
   ③ 일괄공제 5억 원
   ④ 상속세 과세표준 : 상속재산 60억 원 – 기본공제 5억 원 = 55억 원
   ⑤ 상속세 : 55억 원 × 50% – 누진공제액 4.6억 원 = 22.9억 원
3. 전 재산 60억 원을 사전증여로 배우자와 세 자녀에게 동일하게 15억 원씩 증여 후 10년이 경과된 이후에 상속이 발생한 경우 세부담
   ① 배우자의 증여세 : (증여금액 15억 원 – 배우자공제 6억 원) × 30% – 6천만 원 = 2.1억 원
   ② 자녀 1인의 증여세 : (증여금액 15억 원 – 증여공제 5천만 원) × 40% – 1.6억 원 = 4.2억 원
   ③ 3인의 증여세 : 1인의 증여세 4.2억 원 × 3인 = 12.6억 원
   ④ 총 증여세 = 2.1억 원 + (4.2억 원 × 3인) = 14.7억 원
   ⑤ 상속세 : 상속재산 0원 = 상속세 0원

4. 전 재산 60억 원을 사전증여로 배우자와 세 자녀에게 동일하게 15억 원씩 증여 후 10년 이내에 상속이 발생한 경우 세부담

- 증여세
  - ① 배우자의 증여세 : (증여금액 15억 원- 배우자공제 6억 원) × 30% - 6천만 원 = 2.1억 원
  - ② 자녀 1인의 증여세 : (증여금액 15억 원 - 증여공제 5천만 원) × 40% - 1.6억 원 = 4.2억 원
  - ③ 3인의 증여세 : 1인의 증여세 4.2억 원 × 3인 = 12.6억 원
  - ④ 총 증여세 = 2.1억 원 + (4.2억 원 × 3인) = 14.7억 원
- 상속세
  - ① 상속재산가액 : 0원
  - ② 상속공제 : 0원(상속공제 한도는 상속 당시 잔존재산가액을 한도로 함)
  - ③ 상속세 과세가액 : 상속재산가액 0원 + 사전증여재산가액 60억 원 - 상속공제액 0원 = 60억 원
  - ④ 상속세 : 60억 원 × 50% - 4.6억 원 = 25.4억 원
  - ⑤ 기증여재산에 대한 기납부증여세 공제액 14.7억 원
  - ⑥ 증여세를 차감한 상속세 부담액 : 25.4억 원 - 14.7억 원 = 10.7억 원
- 증여세와 상속세의 합계

  사전증여세 14.7억 원 + 상속세 10.7억 원 = 25.4억 원

5. 총재산 60억 원 중 4인에게 5억 원씩 사전증여하고 증여 후 10년이 경과된 이후에 상속이 발생한 경우로 배우자가 생존한 경우

- 증여세
  - ① 배우자의 증여세 : (증여금액 5억 원- 배우자공제 6억 원) = 과세 미달로 증여세 없음
  - ② 자녀 1인의 증여세 : (증여금액 5억 원 - 증여공제 5천만 원) × 20% - 1천만 원 = 8천만 원
  - ③ 3인의 증여세 : 1인의 증여세 8천만 원 × 3인 = 2.4억 원

④ 총 증여세 = 0원 + (8천만 원 × 3인) = 2.4억 원

• 상속세

증여 후 40억 원을 상속하는 경우 상속세(자산가치가 증가하지 않았다고 가정)

① 상속재산 40억 원

② 배우자공제 40억 원 × $\frac{1.5}{4.5}$ = 13.3억 원(법정 상속지분액을 상속받은 경우)

③ 일괄공제 5억 원

④ 상속세 과세표준 40억 원 − 13.3억 원 − 5억 원 = 21.7억 원

⑤ 상속세 : 21.7억 원 × 40% − 1.6억 원 = 7.08억 원

• 증여세와 상속세의 합계

사전증여 총액 2.4억 원 + 상속세 7.08억 원 = 9.48억 원

6. 총재산 60억 원 중 4인에게 5억 원씩 사전증여하고 증여 후 10년 이내에 상속이 발생한 경우로 배우자가 생존한 경우

• 증여세

① 배우자의 증여세 : (증여금액 5억 원 − 배우자공제 6억 원) = 과세 미달로 증여세 없음

② 자녀 1인의 증여세 : (증여금액 5억 원 − 증여공제 5천만 원) × 20% − 1천만 원 = 8천만 원

③ 3인의 증여세 : 1인의 증여세 8천만 원 × 3인 = 2.4억 원

④ 총 증여세 = 0원 + (8천만 원 × 3인) = 2.4억 원

• 상속세

증여 후 40억 원을 상속하는 경우 상속세(자산가치가 증가하지 않았다고 가정)

① 상속재산 40억 원 + 기증여재산 20억 원 = 60억 원

② 배우자공제 60억 원 × $\frac{1.5}{4.5}$ = 20억 원

③ 일괄공제 5억 원

④ 상속세 과세표준 60억 원 − 20억 원 − 5억 원 = 35억 원

⑤ 상속세 : 35억 원 × 50% − 4.6억 원 = 12.9억 원

⑥ 기증여재산에 대한 기납부증여세 공제액 2.4억 원
⑦ 증여세를 차감한 상속세 부담액 = 12.9억 원 – 2.4억 원 = 10.5억 원

- 증여세와 상속세의 합계
사전증여 총액 2.4억 원 + 상속세 10.5억 원 = 12.9억 원

7. 총재산 60억 원 중 4인에게 5억 원씩 사전증여하고 증여 후 10년이 경과된 이후에 배우자가 사망한 상태에서 상속이 발생한 경우

- 증여세
① 배우자의 증여세 : (증여금액 5억 원 – 배우자공제 6억 원) = 과세 미달로 증여세 없음
② 자녀 1인의 증여세 : (증여금액 5억 원 – 증여공제 5천만 원) × 20% – 1천만 원 = 8천만 원
③ 3인의 증여세 : 1인의 증여세 8천만 원 × 3인 = 2.4억 원
④ 총 증여세 = 0원 + (8천만 원 × 3인) = 2.4억 원

- 배우자의 상속세
배우자가 증여받은 금액은 5억 원이며 배우자 사망 시 기본공제 금액 5억 원과 배우자공제 최소 금액 5억 원을 합쳐 상속공제 금액이 10억 원이므로 배우자의 사망으로 인해 납부할 상속세는 없다.

- 부친의 상속세(증여일 이후 재산가치가 증가하지 않았다고 가정)
① 상속재산 40억 원
② 배우자공제 0원
③ 일괄공제 5억 원
④ 상속세 과세표준 40억 원 – 5억 원 = 35억 원
⑤ 상속세 : 35억 원 × 50% – 4.6억 원 = 12.9억 원

- 증여세와 상속세의 합계
사전증여세 총액 2.4억 원 + 상속세 12.9억 원 = 15.3억 원

8. 총재산 60억 원 중 4인에게 5억 원씩 사전증여하고 증여 후 10년이 경과되지 않고 배우자가 이미 사망한 상태에서 상속이 발생한 경우

• 증여세

① 배우자의 증여세 : (증여금액 5억 원 - 배우자공제 6억 원) = 과세 미달로 증여세 없음

② 자녀 1인의 증여세 : (증여금액 5억 원 - 증여공제 5천만 원) × 20% - 1천만 원 = 8천만 원

③ 3인의 증여세 : 1인의 증여세 8천만 원 × 3인 = 2.4억 원

④ 총 증여세 = 0원 + (8천만 원× 3인) = 2.4억 원

• 배우자의 상속세

배우자가 증여받은 금액은 5억 원이며 배우자 사망 시 기본공제 금액 5억 원과 배우자공제 최소 금액 5억 원을 합쳐 상속공제 금액이 10억 원이므로 배우자의 사망으로 인해 납부할 상속세는 없다.

• 상속세(증여일 이후 재산가치가 증가하지 않았다고 가정)

- 증여 후 10년 내 상속이 발생하는 경우에는 기증여재산가액을 상속재산가액에 합산하여 상속세를 계산한 이후에 증여받을 때 납부했던 증여세를 공제해준다.
- 단, 사전증여를 받은 자가 상속일 전에 사망한 경우에는 사망한 자의 사전증여재산가액은 상속재산에 합산하지 않는다.

① 상속재산 40억 원 + (기증여재산 20억 원 - 배우자 증여재산 5억 원) = 55억 원

② 배우자공제 0원

③ 기본공제 5억 원

④ 상속세 과세표준 55억 원 - 5억 원 = 50억 원

⑤ 상속세 : 50억 원 × 50% - 4.6억 원 = 20.4억 원

⑥ 기증여재산에 대한 기납부증여세 공제액 2.4억 원

⑦ 증여세를 차감한 상속세 부담액 : 20.4억 원 - 2.4억 원 = 18억 원

• 증여세와 상속세의 합계

사전증여 총액 2.4억 원 + 상속세 18억 원 = 20.4억 원

• 사례별 세부담 비교

상황	상속세	증여세	합계
1. 배우자 생존, 전액 상속	12.9억 원		12.9억 원
2. 배우자 사망, 전액 상속	22.9억 원		22.9억 원
3. 전액 사전증여, 10년 이후 상속	0	14.7억 원	14.7억 원
4. 전액 사전증여, 10년 이내 상속	10.7억 원	14.7억 원	25.4억 원
5. 20억 원 증여, 배우자 생존, 10년 이후 상속	7.08억 원	2.4억 원	9.48억 원
6. 20억 원 증여, 배우자 생존, 10년 이내 상속	10.5억 원	2.4억 원	12.9억 원
7. 20억 원 증여, 배우자 사망, 10년 이후 상속	12.9억 원	2.4억 원	15.3억 원
8. 20억 원 증여, 배우자 사망, 10년 이내 상속	18억 원	2.4억 원	20.4억 원

앞서 본 사례를 통해 동일한 재산을 어떤 방법으로 물려주는가에 따라 부담할 세금에 상당한 차이가 나는 것을 확인할 수 있다. 모든 사람이 이 사례와 동일한 조건이 아니기 때문에 각자의 형편과 사정을 고려해 증여전략을 수립해야 절세가 가능하다.

7. 막장으로 가는 상속 전쟁

영철이의 아버지는 평택의 땅 부자다. 영철이는 삼형제중 막내이고, 맏형은 미국에서 안정적으로 직장생활을 하고 있으며, 둘째 형은 사업하다 망해서 신용불량자 신세가 됐다.

20여년 전 영철이가 고등학생 때 아버지가 농지를 팔아서 큰형에게 유학비를 대주면서 영철이에게도 일부 농지를 증여해주었다. 그때만 해도 영철이는 '큰형한테는 엄청난 돈을 주시면서 나에게는 쓸모없는 농지는 왜 주시지' 하고 불평했다. 그런데 최근 평택에 개발 붐이 일면서 땅값이 엄청나게 뛰었다. 20여 년 전에 1억 원도 안 됐던 농지 값이 지금은 100억 원이 넘어간 것이다.

그리고 바로 엊그제 삼형제를 위해 그 많던 재산을 다 처분하셨던 영철이 아버지가 세상을 떠났다.

아버지가 남긴 시내 3층짜리 상가빌딩의 가격은 30억 원이다. 영철이는 1/3씩 즉 10억 원씩 나누어 가지면 되겠다고 생각했다.

큰형은 본인이 장남이기도 하고 제사도 지내야 하기 때문에 당연히 재산을 더 받아야 한다고 생각하고 있었는데 막내가 똑같이 나누자고 하니 막내가 괘씸하다고 여겨졌다.

둘째 형 역시 본인은 사업하다 망해서 지금 살기가 힘든 상황인데 "형과 동생은 살만하잖냐"고 하면서 어려운 자신이 조금 더 가져야 한다고 주장한다.

상속세 신고를 위해 영철이는 유세무사를 찾아갔고, 뜻밖의 이야기를 접하게 됐다.

영철이가 고민한 이유는 크게 두 가지다. 첫째는 상속분의 계산 방법 때문이고, 두 번째는 유류분가액의 산정 방법 때문이다.

1. 재산 상속은 아버지 마음대로… 그러니까 잘해!

민법상 법정 상속지분은 형제의 경우 동일하게 1/n 지분으로 나누어 갖도록 규정되어 있다.

민법 제1009조

① 동순위의 상속인이 수인인 때에는 그 상속분은 균분으로 한다.
② 배우자의 상속분은 직계비속과 공동으로 상속하는 때에는 직계비속의 상속분의 5할을 가산하고…

1960년 이전까지는 장남이 재산의 전부를 상속받는 장자상속이라는 관습법이 있어 대부분의 재산을 장남이 상속받았다. 그러다가 1960년 이후 형제들도 재산을 상속받을 수 있는 법으로 개정됐지만 여전히 장남은 다른 형제자매들보다 월등히 많은 재산을 상속받을 수 있었다. 1979년 민법 개정으로 그 차이가 조금씩 줄어들기는 했지만 그래도 장남의 상속 지분 우대는 계속됐다. 이후 1991년의 민법 개정으로 비로소 모든 형제자매가 동일한 상속지분을 보장받게 됐다.

법정 상속지분의 변천 과정

관계	구관습	60~78년	79~90년	91년 이후
배우자	0	0.5	1.5	1.5
장남	1	1.5	1.5	1
차남	0	1	1	1
미혼녀	0	0.5	1	1
출가녀	0	0.25	0.25	1

위에서 살펴본 대로 민법에서 법정 상속지분을 모든 형제자매가 균분으로 한다고 규정하고 있기 때문에 많은 사람이 모든 형제자매에게 재산을

동일하게 나눠줘야 한다고 생각하고 있다.

하지만 이는 오해다. 왜냐하면 민법 제1009조에 규정하고 있는 법정 상속지분은 피상속인인 부모가 아무런 조치도 하지 않고 사망했을 경우 상속인들끼리 협의에 의해 재산을 분할해야 하는데, 그런 협의가 안 되면 어쩔 수 없이 재산을 균등하게 나누어 가지게 된다는 의미이기 때문이다.

재산 상속은 다음 방법의 순서대로 결정된다.

1순위	생전증여 또는 유언에 의한 증여
2순위	상속인들 간의 협의 분할
3순위	법정 상속지분대로 분할
예외	유류분

법정 상속지분보다 우선인 것은 생전증여 또는 유언에 의한 증여다. 즉, 누군가에게 다른 자녀보다 더 많이 주고 싶다면 생전에 증여하거나 유언을 통한 증여를 해야 한다.

결국 법정 상속지분과 무관하게 부모의 생각과 전략대로 재산을 차별해 상속할 수 있다는 것이다. 다만 자기 지분의 1/2 이하로 상속받은 상속인은 더 많이 받은 상속인에게 지분을 요구할 수 있는데, 그게 유류분제도다. 현재 이 유류분제도는 피상속인의 재산 처분 자유를 제한한다고 해서 헌법소원 중이다.

상속은 매우 중요한 생존전략이다. 상속을 어떻게 받느냐에 따라 본인과 후손의 운명이 달라지기 때문이다. 부모의 입장에서는 생존에 가장 필요한 재산을 후손들에게 물려주었을 때 가장 효율적이고 생산적으로 관리돼 후손들의 풍요로운 삶이 영위되길 기원하면서 상속해주는 것일진대 상속받은 자녀가 그 재산을 지키지 못하고 탕진해버릴 수밖에 없다면 그런 자녀에게 상속하는 것은 전략적으로 피하고 싶을 것이다. 재산을 성공적으로 이전시키기 위해서는 세밀한 증여나 유언으로 상속의 전략을 수립해야 한다.

아버지의 상속전략으로 전 재산을 막내에게만 주기로 했다면 상속 분쟁은 일어날 수밖에 없게 된다. 유류분을 청구하기 위한 법정 소송으로 간다면 아버지의 바람대로 '전 재산을 막내에게로'는 이룰 수 없고 괜한 법정 분쟁만 벌어지게 된다. 따라서 상속전략은 유류분을 고려해 수립하는 것이 현명하다.

가령 아버지가 가진 재산이 10억 원인데 배우자는 없고 자녀만 4명인 경우, 법정 상속지분대로 받는다면 네 자녀는 각각 1/4씩인 2.5억 원을 상속받을 수 있다. 그러나 아버지가 전 재산을 막내에게 상속하고 나머지 형제들에게는 한 푼도 주지 않았다면 나머지 형제들은 막내를 상대로 자기 지분의 1/2인 1.25억 원을 내놓으라고 소송을 제기할 수 있다. 소송을 제기하면 막내는 꼼짝없이 줘야 한다.

물론 막내에게 다 주고 다른 형제들에게 소송이나 싸움을 하지 말라고 부탁할 수는 있겠지만, 유류분 소송은 부모가 돌아가신 후의 일이기 때문에 부모가 관여할 수 있는 일이 아니다. 그리고 부모님이 살아계실 때 자녀들을 모아놓고 각서를 써놓는다고 해도 상속재산과 관련한 각서 등은 상속이 이루어진 다음에 작성된 것이 아니라면 아무런 효력이 없는 종잇조각에 불과하다. 왜냐하면 상속재산의 분할은 상속인들의 권한이기 때문이다.

자식들이 법정 싸움을 벌이는 것을 염려하는 아버지라면 적어도 유류분 소송은 벌어지지 않게끔 재산을 분배하는 게 바람직하다.

즉 유류분 소송이 일어나지 않게 하려면 다른 형제들에게 법정 상속지분의 1/2인 1.25억 원을 분배하고 나머지 6.25억 원을 막내에게 분배하면 된다.

부동산을 상속받을 때 가장 힘든 부분이 공동상속이다. 자녀들이 사이좋게 부동산을 공동으로 상속받는다면야 괜찮지만 분쟁으로 다툼이 있는 상태에서 부동산을 공동으로 상속받게 되면 많은 고통이 뒤따르게 된다.

따라서 부동산은 단독명의로 상속하거나 또는 받고 싶은 것이 대부분의 피상속인과 상속인들의 마음이다. 물론 다른 부동산은 없고 규모가 큰 부동산만 하나 있는 경우에는 부동산의 지분 상속이 불가피하겠지만 되도록 부동산을 공동상속하는 것은 피하는 것이 좋다고 생각한다.

상속재산이 하나의 부동산 이외에 다른 재산이 별로 없는 경우로서 상속인 간 분쟁이 필연적이라고 생각된다면 유류분을 전제로 한 상속전략을 잘 수립해야 한다.

지금까지 살펴보았듯이 재산을 상속할 때 어떻게 나누어줄 것인가는 전적으로 피상속인 즉, 부모의 마음에 달렸다. 똑같이 나눈다고 하는 민법 규정을 오해하면 안 된다. 그러니 부모님이 살아계실 때 잘해야 한다.

2. 옛날에 받은 걸 왜 따져?

상속재산을 분할할 때 가장 기본이 되는 것은 상속재산가액의 확정이다. 상속재산가액이 확정돼야 내가 받을 가액도 확정할 수 있으며 유류분 청구 금액도 확정할 수 있기 때문이다.

많은 사람이 상속 당시 남아 있는 재산을 나누면 되는 줄로 잘못 알고 있다. 어떤 경우에는 상속 분쟁이 염려된다면서 세금을 더 내더라도 죽기 전에 사전증여를 하겠다는 사람들도 있다. 즉, 증여를 해버리면 상속 당시에는 재산이 없기 때문에 재산 분할을 안 해도 되는 것으로 착각하는 사람들이 많다.

상속재산을 분할하거나 다른 상속인을 대상으로 유류분을 청구할 때 기초가 되는 상속재산가액은 다음과 같이 계산한다.

상속분 계산 시 기초가 되는 상속재산가액

> 사전증여 재산가액 + 유증한 재산가액 + 상속 당시 남은 재산가액 중 유증액을 제외한 가액

사전에 증여한 재산이 있다면 그 재산가액은 미리 상속받은 것으로 보는 것이기 때문에 분할대상 총 상속재산가액에 포함하게 된다.

사전에 증여받은 재산가액을 민법에서는 '특별수익'이라고 하는데, 이 특별수익이 문제가 되는 것은 첫 번째로, 상속일로부터 소급해 10년 이내

에 증여한 재산가액만 합산하는 것이 아니고 언제 증여했든 기간과 관계없이 생전에 증여한 재산가액을 모두 합산한다는 것이며, 두 번째로는 상속 당시의 가액으로 평가하는 평가의 방법 때문이다.

25년 전 1억 원짜리를 증여받았는데 그 재산이 지금 100억 원이 됐다면 이미 100억 원을 상속받은 것이 되는 것이다.

영철이는 25년 전 1억 원짜리 부동산을 증여받았는데 지금 그 부동산 가격은 100억 원이다. 부친은 시내 상가 건물만 남기고 사망했는데 그 상가의 가격은 30억 원이다. 부친이 남긴 유언은 없었다. 영철이는 25년 전 1억 원을 받은 것이니까 그리고 형들은 그때 현금으로 더 많은 재산을 받았으니까 대충 공평하다고 생각했고 이제는 아버지가 남긴 시내 건물을 1/3로 분할하면 되겠지라고 생각했지만 형들의 생각은 달랐다. 그때 형들이 받은 현금은 지금 증명할 방법이 없다. 물론 변호사를 통해 일부 인정을 받을 수는 있겠지만 영철이의 경우에는 등기 이전 내용이 확실해 빠져나갈 방법이 없다.

만약 형들에게 준 현금을 입증하지 못한다고 가정할 경우 남아 있는 재산 30억 원은 이렇게 분배된다.

① 분할 대상 총 상속재산 : 사전증여 재산 100억 원 + 남긴 재산 30억 원 = 130억 원
② 삼형제의 법정 상속지분가액 : 130억 원 × 1/3 = 43.3억 원
③ 영철이의 상속 상태 : 원래 43.3억 원을 받아야 하는데 이미 100억 원을 받아 56.7억 원을 더 받은 상태

이 경우 영철이는 더 받은 56.7억 원을 두 형에게 돌려줘야 하는지에 대해 살펴보겠다.

사전증여란 특별수익으로 영철이가 남아 있는 재산 30억 원에 대한 상속을 포기하면 돌려줄 의무는 사라지게 된다. 따라서 영철이는 아버지가 남기고 간 시내 상가에 대해서는 상속 지분을 포기할 수밖에 없다.

하지만 한 가지 더 따져야 하는 것이 있는데 바로 유류분이다. 유류분은 사전증여한 재산에도 적용된다. 따라서 영철이는 형들이 유류분을 주장할 수 있는지 따져봐야 한다.

두 형이 받을 수 있는 법정 상속재산가액은 43.3억 원인데 영철이가 상속을 포기함으로써 두 형은 아버지가 남긴 30억 원 짜리 상가 건물을 둘이 나누어 가지게 된다. 그런데 둘이 나눈다고 해도 30억 원의 1/2인 15억 원밖에 되지 않는다. 법정 상속지분인 43.3억 원의 1/2인 21.65억 원에 미달한다. 따라서 두 형은 영철이에게 유류분을 청구할 수 있다.

두 형은 영철이에게 "우리가 받을 법정 상속지분가액은 43.3억 원이고 유류분은 1/2인 21.65억 원인데 최종적으로 우리가 받은 재산가액은 15억 원밖에 안 되니 우리 둘에게 각자 6.65억 원씩 돌려달라"고 할 수 있는 것이다.

유류분 청구액 : 유류분 한도액 21.65억 원 – 상속재산 분배액 15억 원 = 청구액 6.65억 원

3. 상속 분쟁의 화룡점정인 유류분

재산을 어떻게 처분할지는 소유자의 자유다. 하지만 상속재산의 경우 피상속인이 아무리 주고 싶지 않은 자녀가 있더라도 그렇게 할 수 없는 유류분제도가 있다.

유류분제도는 피상속인의 재산 처분 자유를 일부 제한하면서 상속인의 최소한의 생활을 보장하기 위해 제정된 법률이다. 하지만 아무리 불효를 한 자녀라도 재산 상속을 받을 수 있도록 한 법률이기에 일명 '불효자 양성법'이라는 오명도 가지고 있다. 유류분제도는 1977년 민법 개정으로 도입돼 시행되고 있는데 현재는 헌법재판소의 위헌 여부 판단을 기다리고 있는 상황이다.

유류분은 상속인에게 주어진 권리이므로 유언을 했더라도 유류분이 침해된 사실이 밝혀지면 반환할 수밖에 없다. 따라서 상속전략 수립 시 가장 중요하게 고려해야 할 사항이다.

장남에게 더 주고 싶은 부모, 더 많이 받고 싶은 자녀, 적게 받아서 억울한 자녀 이 세 가지 유형의 상속 관련인들 모두에게 유류분은 매우 예민한 부분이다. 각자 자기에게 유리하게 적용하려고 하기 때문에 분쟁이 격화되고 결국 법원으로 달려갈 수밖에 없다.

영철이는 두 형들에게 각각 6.65억 원을 유류분으로 반환해야 한다. 그런데 영철이가 받은 증여재산이 평택의 토지이기 때문에 현금으로 6.65억 원을 주는 것이 아니라 토지의 지분으로 6.65억 원에 해당하는 지분을 넘겨주는 게 원칙이다.

두 형들과 합의한 결과 가액으로 받겠다고 하면 가액으로 줄 수도 있지만 반대한다면 원물, 즉 토지의 지분으로 반환해야 한다. 100억 원 중 형들의 지분은 각 6.65억 원으로 지분율은 6.65%에 해당한다.

형들과 영철이가 사이가 좋다면 지분으로 소유하는 게 큰 문제가 없겠지만 만약 사이가 안 좋다면(유류분 청구까지 했다면 사이가 좋을 리 만무) 부동산의 운용에 큰 장애가 발생하게 된다. 따라서 만약의 경우 유류분 청구가 제기된다고 해도 부동산에 대한 원물 반환이 이루어지지 않도록 상속 전략을 수립할 필요가 있다.

8. 유류분이 무서운 이유는 이 세 가지 때문이다

유류분은 민법에서 규정한 몇 가지 규정 이외에도 세법상 문제까지 겹치면서 대단히 복잡한 문제다. 이번 글에서는 유류분과 관련된 쟁점들을 살펴보려고 한다.

1. 유류분 산정에 포함되는 생전증여의 시기

민법 제1114조에는 "증여는 사망일 전 1년간 행한 증여만 유류분가액으로 산정한다. 단 쌍방이 다른 상속인에게 손해를 가할 것을 알고 한 증여는 1년 이전에 증여한 것도 포함하여 산정한다"고 규정하고 있다.

이와 관련해 대법원 1996.2.9.선고95다17885 판결에서 "공동상속인이 받은 생전증여는 1년, 또는 악의와 상관없이 모든 증여를 포함한다"고 결정했기 때문에 공동상속인에게 한 생전증여는 증여 시기와 관계없이 모두 포함해 유류분가액을 산정하게 된다.

위 판례를 풀어보면 원칙적으로 유류분은 상속일로부터 소급해 1년 이내에 증여한 재산에만 적용되는 것이다. 예외적으로 상속인에게 증여한 재산은 증여 시기와 관계없이 모든 증여 재산이 유류분 청구 대상에 포함된다. 하지만 상속인이 아닌 손자녀나 사위, 며느리 또는 학교나 교회 등 공익법인 같은 대상에게 증여한 재산은 원칙이 적용돼 상속일로부터 1년 이전에 증여한 재산에 대해서는 유류분 청구를 할 수 없다.

하지만 상속인이 아닌 자에게 사전증여한 재산이 1년이 경과했다고 유류분 청구를 절대 할 수 없는 것은 아니다. 대법원은 공동상속인이 아닌 제3자에 대한 유류분 청구 기준을 다음과 같이 판시했다.

"유류분 청구의 대상이 되는 사전증여의 시점은 제한이 없으나 공동상속인이 아닌 제3자에 대한 증여는 원칙적으로 상속개시 전의 1년간에 행한 것에 한하여 유류분 청구를 할 수 있고, 다만 당사자 쌍방이 증여 당시에 유류분권자에 손해를 가할 것을 알고 증여한 때에는 상속개시 1년 전에 한 것에 대해서도 유류분 반환 청구가 허용된다. 이때 공동상속인이 아닌 제3자에 대한 증여가 유류분권리자에게 손해를 가할 것을 알고 행한 것이라고 보기 위해서는, 당사자 쌍방이 증여 당시 증여재산의 가액이 증여하고 남은 재산의 가액을 초과한다는 점을 알았던 사정뿐만 아니라, 장래 상속개시일에 이르기까지 피상속인의 재산이 증가하지 않으리라는 점까지 예견하고 증여를 행한 사정이 인정돼야 하고 이러한 당사자 쌍방의 가해의 인

식은 증여 당시를 기준으로 판단하여야 한다."(대법원 선고2010다50809, 2012년 5월 24일)

즉, 상속인이 아닌 자에게 사전증여한 재산에 대해 유류분 청구를 하려면 상속개시일로부터 1년 이내에 행한 증여에 대해서만 청구가 가능하지만 만약 위와 같이 유류분권자에게 손해를 가할 것을 알고 한 증여에 대해서는 증여 시기에 관계없이 유류분 청구를 할 수 있다는 뜻이다.

상속인이 아닌 자라면 손자녀 또는 사위나 며느리도 해당이 되므로 이런 자들에게 적당한 사전증여를 하고 1년 이후에 상속이 발생한다면 유류분 청구 소송이 발생하지 않으면서도 상속전략을 수립할 수 있을 것이다.

2. 유류분 산정에 포함되는 생전증여재산의 평가

유류분 산정에 포함하는 생전증여재산의 경우 그 증여재산의 가치는 증여 당시의 가액이 아니라 상속개시 당시의 가액으로 평가한 가액을 기준으로 한다.

예를 들어 30년 전 1억 원의 농지를 장남에게 증여했는데 지금은 주변이 개발돼 농지 가격이 100억 원이 됐다면, 유류분가액을 산정할 때는 생전증여를 1억 원이 아니라 현재의 가격인 100억 원으로 한다는 것이다.

유류분 청구 시 청구가액의 기준이 되는 증여재산의 평가 방법 중 몇 가지는 다음과 같다.

금전을 증여했을 경우

상속개시 당시의 화폐가치로 환산한 가액을 기준으로 한다.

즉, 10년 전 10억 원을 증여했다면 그 10억 원에다 상속개시 시점까지의 물가상승률을 감안해 상속개시 당시의 현재가치로 환산한 금액을 기준으로 산정한다.

부동산 등

증여 당시의 가액이 아니라 상속개시일 현재의 객관적인 거래가격으로 평가한 가액을 기준으로 산정한다.

앞에서 예를 든 것처럼 과거에 농지를 자식에게 증여했는데 지금은 주변이 개발돼 농지 가격이 올랐다면 유류분 가액을 산정할 때 생전증여를 당시 가액이 아니라 현재 가격으로 매긴다는 것이다.

형질변경 등 개발된 경우 가치평가

증여받은 부동산이 개발되거나 형질변경이 되어 가치가 증가한 경우에는 증여받을 당시의 상태를 기준으로 해 상속개시 당시의 가액을 환산한다.

예를 들어 30년 전 임야였던 부동산이 현재 두 배 가격이 됐지만 부동산이 임야에서 대지로 형질변경이 된 것이라면, 해당 부동산에 대해 형질변경이 되지 않고 상속일까지 임야 상태로 계속 있었다고 가정을 한 상태에서 유류분 가액을 산정하게 된다.

증여받은 부동산 등을 처분한 경우

상속인이 상속일 이전에 증여받은 부동산을 처분한 경우라도 유류분 산정을 할 때에는 상속당시의 시가로 평가하는 것이 원칙이지만 대법원판례는 처분가액을 기준으로 상속 시점까지의 물가변동률을 감안하여 산정한다고 판결한다.(대법원 2019다222867)

멸실·훼손된 경우

부동산을 증여받았는데 증여받은 이후에 그 부동산이 멸실되거나 훼손된 경우에는 증여 당시의 성상을 기준으로 즉, 멸실 또는 훼손되지 않았다고 가정한 후 그 형상이 현재까지 그대로 있다고 가정한 후 현재의 가치로 평가한 가액을 기준으로 산정한다. 다만 자연적으로 멸실된 경우에는 그 부동산의 가치는 '0'으로 한다.

수증자의 노력으로 가치가 상승된 경우

증여를 받은 후에 수증자의 노력으로 가치가 상승한 경우에는 수증자가 증여받았을 당시의 상태를 기준으로 한 후, 그 재산을 현재가치로 평가한 가액을 기준으로 산정한다.

3. 유류분의 반환은 원물반환이 원칙이다

유류분의 반환은 당초 증여받은 재산 즉 원물로 반환해야 한다. 다만 원물반환이 불가능한 경우에는 가액으로 반환이 가능하다. 또한 유류분권자와 유류분 반환의무자가 가액반환에 대해 합의할 경우에는 가액반환을 할 수 있지만 양자 간 합의가 안 될 경우에는 원물로 반환해야 한다.

예를 들어 형제가 5명인데 그중 장남이 부친 소유 부동산을 혼자 증여받은 경우, 다른 상속인 4명 중 한 명인 막내가 유류분 반환을 요구하면 막내의 유류분권리는 법정 상속지분인 1/5의 1/2인 1/10이 된다. 이 경우 장남과 막내가 가액으로 반환하는 것에 합의한다면 그 부동산 가액의 1/10에 해당하는 가액으로 반환할 수 있다.

하지만 장남과 막내 중 어느 한 사람이라도 가액반환을 거부하면 원물로 반환해야 한다. 이 경우 장남 소유 부동산은 장남의 지분이 9/10가 되고, 1/10은 막내 소유가 된다.

장남과 막내가 사이가 좋다면 지분 소유에 큰 문제가 없겠지만 만약 사이가 안 좋다면(유류분 청구까지 했다면 사이가 좋을 리 없을 것으로 추정) 그 부동산 운용에는 큰 장애가 발생한다. 왜냐하면 부동산과 관련한 중요한 의사결정에는 두 사람 의견이 일치해야 하기 때문이다. 따라서 만약을 대비해 유류분 청구가 제기된다고 해도 부동산에 대한 원물반환이 이루어지지 않도록 전략을 수립할 필요가 있다.

9. 재산이 적어서 상속세가 안 나오는 경우 상속세 신고를 통해 양도세를 절세하는 방법

영철이는 얼마 전 고향 친구인 철수의 부친 장례식에 다녀왔다. 철수 부친은 사망 전 주택은 소유하고 있지 않았지만 서울 근교에 공장 건물을 임대 중이었다. 그 공장 땅은 그에게 유일한 재산이었고, 근처에 대규모 아파트 단지가 들어설 예정이어서 한창 땅값이 들썩였다. 철수는 상속세를 신고하려고 알아보니 그 공장용 토지와 건물의 시가는 10억 원이지만 기준시가가 6억 원이고 모친이 살아계셔서 상속세 일괄공제 5억 원과 배우자공제 5억 원을 합치면 공제금액이 더 커서 상속세가 없다고 했다.

상속재산을 평가하는 방법에 따라 상속세 부담액이 달라지며 상속 후 양도할 경우 양도세에도 큰 영향을 미치게 된다. 그런데 상속재산을 평가하는 방법이 한 가지로만 정해져 있는 것이 아니기 때문에 어떤 방법으로 평가하는가에 따라 상속세와 양도세의 부담액은 달라지게 된다. 이번 글에서는 자진해서 감정평가를 실행하여 상속세 신고를 함으로써 양도세를 절세할 수 있는 방법을 소개한다.

1. 상속재산의 가액을 확정하는 방법

상속세를 산출하기 위해서는 부동산인 상속재산을 가액으로 평가하는 작업이 선행돼야 한다. 따라서 상속재산인 공장용 토지와 건물을 상속세법에 규정된 방법으로 평가해야 한다. 상속재산의 평가 방법은 26장 '세금 결정에 결정적인 역할을 하는 시가'에서 자세히 다루겠다.

상증법상 평가 방법은 다음의 방법을 순차적으로 적용하면 된다.

① 제3자 간 자유롭게 이루어지는 시가

② 일정 기간 내에 이루어진 당해 부동산의 거래가액, 경공매 수용가액, 감정가액 중 상속일과 가장 가까운 시기에 이루어진 가액

③ 일정 기간 내에 이루어진 인근 유사부동산의 거래가액, 경공매 수용가액, 감정가액 중 상속일과 가장 가까운 시기에 이루어진 가액

④ 기준시가

철수 부친의 상속재산인 공장 용지와 공장 건물은 위 네 가지 가액 중

①, ②, ③의 가액이 존재하지 않았다. 그렇다면 철수는 상속일 이전에 감정평가를 받은 사실은 없지만 상속세 신고 전에 ②스스로 감정평가를 받아 상속세를 신고하는 방법과 ④기준시가로 신고하는 방법 중 유리한 것을 선택해 상속세를 신고할 수 있다.

다만 기준시가로 신고하는 경우엔 신고기한일로부터 9개월 이내에 국세청에서 감정평가를 실행해 상속세를 추징할 수 있다고 상증법에 규정돼 있다. 또한 국세청에서 감정평가를 실행하는 대상은 추정시가와 기준시가와의 차액이 10억 원 이상이거나 추정시가의 10%를 초과하는 경우라고 규정하고 있다.

2. 기준시가로 상속세 신고를 하는 경우 불이익

철수가 생각하는 상속재산의 시가는 10억 원이지만 이 시가는 호가로서 상증법에서 규정하고 있는 위 네 가지 가액에 해당하지 않는다. 따라서 이 금액은 세금을 계산하는 용도로는 사용할 수 없다.

그다음 기준시가는 6억 원이기 때문에 철수가 자진해서 감정평가를 받은 후 감정평가액으로 신고하지 않는다면 상속세는 기준시가로 신고하게 된다. 이 경우 상속세는 상속공제액에 미달해 부담할 세금이 없다.

상속세 : (상속재산 기준시가 6억 원 - 일괄공제 5억 원 - 배우자공제 5억 원) = - 4억 원(과세 미달)

기준시가로 신고한 후 만약 국세청에서 감정평가를 실행해 상속재산의 가액을 10억 원으로 평가한 후 상속세를 매길 경우에도 상속공제액을 초과하지 않아 부담할 세금은 없다.

상속세 : 상속재산 감정평가액 10억 원 - 일괄공제 5억 원 - 배우자공제 5억 원 = 0원(과세 미달)

상증법상 납세자가 기준시가로 신고한 경우 국세청에서 감정평가를 하는 행위는 강제규정이 아니라 국세행정의 범위 내에서 선택해 임의로 할 수 있는 규정이다.

상증법 시행령 제49조1항(평가의 원칙)

다만, 평가 기간에 해당하지 않는 기간으로서 상속세 신고기한으로부터 9개월까지의 기간 중에 감정평가 등이 있는 경우에 평가심의위원회의 심의를 거쳐 해당 감정가액 등의 가액을 시가로 인정하는 가액에 포함시킬 수 있다.

따라서 국세청은 비주거용 건물에 대해서는 감정평가를 실시할 수 있다면서 그 대상이 추정시가와 기준시가의 차액이 10억 원 이상인 경우 등이라고 고시했다고 앞에서 설명했다.

철수의 경우 감정가액과 기준시가의 차액이 4억 원에 불과하고, 설령 감정평가를 실시해 상속세를 산출한다고 해도 공제금액을 초과하지 않기 때문에 국세청에서 감정평가를 실행할 가능성은 제로에 가깝다.

철수의 경우 상속재산을 감정평가로 신고하든 기준시가로 신고하든 또는 기준시가로 신고했는데 국세청에서 감정평가를 실행하든, 어떤 경우에도 상속공제 금액을 초과하지 않으므로 상속세를 부담하지 않는다.

다만 철수가 감정평가를 자진해서 실행해 상속세를 신고한다면 감정평가 비용은 철수가 부담해야 한다. 현행 상증법에서는 감정평가는 두 군데 이상에서 평가받은 금액을 평균한 가액만 인정하고 있지만 기준시가가 10억 원 이하인 부동산은 한 군데에서만 받은 감정가액도 인정하고 있어 철수가 감정평가를 받는다면 한 군데에서만 받아도 가능하다.

3. 상속받은 후 나중에 양도할 때의 양도세

철수가 부친으로부터 공장 토지와 건물을 상속받은 후 5년쯤 지나 15억 원에 양도할 경우 양도세는 철수가 상속세를 어떻게 신고했는지에 따라 달라진다. 왜냐하면 상속받은 부동산의 취득가액은 상속세를 신고한 가액이기 때문이다. 따라서 철수가 기준시가로 신고한 경우와 감정평가를 한 가액으로 신고한 경우의 양도소득세는 차이가 발생한다.

기준시가로 상속세를 신고한 경우 양도소득세

{양도가액 15억 원 – 취득가액 6억 원(기준시가) – 장특공제 9천만 원(5년, 10%)} × 42% – 누진공제 3,540만 원 + 지방소득세 10% = 3억 3,528만 원

감정평가로 상속세 신고를 한 경우 양도소득세

{양도가액 15억 원 – 취득가액 10억 원(감정가액) – 장특공제 5천만 원(5년, 10%)} × 40% – 누진공제 2,540만 원 + 지방소득세(10%) = 1억 7,006만 원

따라서 상속세를 기준시가로 신고하는 것보다 감정평가로 신고하는 게 양도소득세가 1억 6,522만 원 절세된다.

철수가 상속세 신고와 관련해 선택할 수 있는 방법은 다음 세 가지 중 하나다.

① 어차피 과세 미달이므로 상속세 신고를 하지 않는다. 철수의 경우 상속세 신고를 하지 않는다고 해도 세무서에서는 감정가액으로 결정할 실익이 없으므로 상속가액은 기준시가로 결정된다.

② 기준시가로 신고한다. 이 경우에도 세무서는 감정평가를 할 실익이 없으므로 기준시가로 상속세를 결정할 것이 거의 확실하다.

그러나 위 두 가지 방법을 선택할 경우 나중에 상속받은 부동산을 처분할 때 내야 하는 양도소득세에서 취득가액은 상속세 결정가액인 기준시가

가 되기 때문에 양도소득세를 많이 부담하게 된다.

③ 감정평가 비용이 소요되지만 나중에 양도할 때의 절세를 위해 감정평가해 상속세를 신고한다. 이 경우 양도할 때 취득가액은 감정가액이 되어 양도소득세가 줄어든다.

상증법에서 규정하는 재산평가 방법 중 감정평가액은 누가 감정했는지는 따지지 않는다. 납세자가 자원해서 한 감정가액도 인정되고, 세무서에서 필요에 따라 감정한 가액도 인정되며, 심지어는 은행에서 감정한 가액도 인정된다. 따라서 상속세 또는 증여세를 산출할 때 과거 일정 기간 내에 감정평가를 한 사실이 있는지를 잘 따져보고, 향후 국세청에서 감정평가를 실행할 것인지에 대한 판단도 감안해 감정평가를 받아 신고할 것인지 아니면 기준시가로 신고할 것인지를 판단해 가장 유리한 방법을 선택하는 것이 절세의 지름길이다.

PART. 2

증여 상속 최고의 수업

절세를 위한 증여전략

10. 왜 사전증여를 해야 하는가?

코로나19가 한창 극성을 부리던 때 엄청나게 풀린 유동성으로 인해 부동산 가격이 폭등했다. 이때 주택을 여러 채 보유한 사람들에게 양도세 중과세와 종부세 폭탄이라는 형벌적인 세금이 과세됐다. 그러는 와중에 사람들은 세금을 줄여보기 위해 증여를 하기 시작했고, 결과적으로 상당히 많은 증여가 이루어졌다.

상속세나 증여세를 적게 내기 위해서는 사전증여를 하는 것이 유리하다. 재산가치가 계속 상승한다고 가정할 경우에는 절세효과가 더욱 커지게 된다. 재무적 관점에서만 봐도 사전증여를 안 할 이유가 없어 보인다. 그뿐만 아니라 100세 시대에 자녀 세대들과의 세대 간 갈등 문제를 해결하기 위해서라도 증여가 필요하다.

1. 사전증여는 상속을 미리 받은 것이므로 상속재산을 분배할 때 정산해야 한다

최근 증여가 핫이슈다. 이유는 크게 두 가지가 있다고 본다.

첫째는 수명이 갑자기 길어지면서 상속까지 기다리다 부모의 재산을 물려받게 되면 노인이 노인의 재산을 물려받게 돼 세대 간 갈등이 심화되는 문제가 발생하기 때문에 이를 해소하기 위해 사전증여를 선택하는 사람들이 많아지고 있는 것이다. 그뿐만 아니라 부동산을 많이 가지고 있으면 양도세와 종부세, 건강보험 등 부담해야 하는 세금이 많아지는데 이를 가족 간에 분산하면 세부담이 줄어들기 때문에 사전증여를 선택하는 사람들도 늘어나고 있다.

두 번째는 앞으로 부동산 가격이 계속 오를 것이라고 예상하기 때문이다. 만약 부동산 가격이 오를 것이라는 확신이 있다면 굳이 현 시점에서 처분할 이유가 없다. 이렇게 부동산을 처분하지 않고 보유하기로 한다면 이 기간에 발생하는 종부세 또는 임대소득세를 줄일 수 있으면서 언젠가는 상속해야 하기 때문에 증여를 선호하게 된다.

이렇게 생전증여를 할 경우 반드시 알아야 하는 민법의 상속 규정은 다음과 같다.

① 민법상 사전증여는 특별 수익으로 나중에 상속재산 분할 시 정산해야 한다.

② 사전증여는 유류분 청구 대상에 해당한다.

즉, 사전증여는 상속재산을 미리 받은 것이므로 본인이 받은 총 상속재산을 산출하기 위해서는 상속시점에 남겨진 재산과 합해 정산을 해야 한다.

2. 상속세를 줄이기 위해서는 반드시 사전증여를 해야 한다

재산분할로 인해 적용 세율이 낮아져서 사전증여가 절세에 유리하다

상속세와 증여세는 누진세이기 때문에 과세 대상 재산이 커지면 높은 세율을 적용받는다. 그런데 상속세는 상속재산 전체 금액에 대해 상속세율을 적용하고 증여세는 증여받은 자별로 증여받은 재산에 대해 증여세율을 적용하기 때문에 증여하면 과세되는 금액이 분할되어 세금이 적어진다. 예를 들어 공제를 감안하지 않은 상태에서 재산이 12억 원인 경우 상속세는 40%의 세율이 적용되지만 이 재산을 3명의 자녀에게 4억 원씩 증여한 경우에는 세 사람 각자에게 20%의 세율이 적용되어 내야 하는 세금이 적어진다.

10년간 증여 금액을 합산해 과세하며, 10년이 지난 증여는 합산하지 않는다

증여세는 누진세이기 때문에 증여받은 금액이 많으면 높은 세율을 적용받는다. 따라서 증여세를 적게 내려고 한다면 당연히 증여 금액을 나누어 증여하면 세금을 적게 낼 수 있다. 하지만 이러한 제도를 이용하면 증여세를 회피할 수 있기 때문에 세법에서는 10년간의 증여를 모두 합쳐 과세하는 제도를 두고 있다. 그러나 10년이 지난 후 증여하면 이전에 했던 증여가액은 합산하지 않으므로 낮은 증여세율을 적용받을 수 있다.

예를 들어 2016년에 4억 원을 증여하면서 20%의 증여세율을 적용받아 세금을 낸 후 7년 뒤인 2023년에 다시 4억 원을 증여할 경우, 10년 이전인 2016년에 증여한 4억 원과 2023년에 증여한 4억 원을 합한 8억 원에 대해 30%의 세율을 적용해 증여세를 계산한다. 물론 이 경우 2016년에 납부한 증여세는 차감해준다.

그러나 2012년에 4억 원을 증여하고 20%의 세율로 증여세를 납부한 다음에 10년이 지난 2023년 4억 원을 증여할 경우에는 2012년에 증여한 금액은 합산하지 않고 2023년에 증여받은 금액에 대해서만 과세하기 때문에 20%의 세율을 적용한 증여세만 내면 된다.

이때 합산하는 증여가액은 동일인에게 증여받은 가액만 합산하는데 동일인에는 그 배우자도 포함된다. 예를 들어 10년 내 아버지로부터 증여받은 가액과 어머니로부터 증여받은 가액은 합산해 증여세율을 적용하지만 아버지로부터 증여받은 후에 할아버지로부터 증여받은 경우에는 두 증여가액을 합산하지 않는다.

사례

자녀가 부모로부터 3억 원을 증여받는 경우

증여세는 4천만 원이다.
증여세 산출 : (증여가액 3억 원 – 자녀공제 5천만 원) × 20% – 누진공제 1천만 원 = 4천만 원
그런데 부모로부터 1억 원, 할아버지로부터 1억 원, 외할아버지로부터 1억 원을 증여받는다면 증여세는 2,950만 원이 된다.
증여세 산출 ①+②+③ = 2,950만 원
① 할아버지 증여 (1억 원 – 5천만 원) × 13% = 650만 원
② 외할아버지 증여 (1억 원 – 0원) × 13% = 1,300만 원
③ 아버지 증여 (1억 원 – 0원) × 10% = 1천만 원

직계존속으로부터 증여받는 경우 증여공제는 10년간 모두 합쳐 5천만 원을 공제받는다. 그리고 10년 이후에 다시 5천만 원을 공제받을 수 있다

증여공제는 배우자는 6억 원, 자녀는 미성년자의 경우 2천만 원, 성년자는 5천만 원을 공제하며 기타친족은 모두 합쳐 1천만 원을 공제한다. 이 금액은 10년간 모두 합쳐서 받을 수 있는 금액이다. 따라서 10년이 지나면 다시 위 금액을 공제받을 수 있다.

위 산식에서 보았듯이 할아버지, 외할아버지, 아버지로부터 각각 1억 원씩 증여받는 경우 증여세율은 각각 나누어 적용하지만 증여공제 금액은 직계존속에 대해 모두 합쳐서 10년간 5천만 원(미성년자는 2천만 원)만 공제된다. 따라서 위 산식에서 증여공제 5천만 원은 가장 먼저 증여받은 할아버

지의 증여에 대해 전액 공제받게 되고, 그다음 다른 사람으로부터 받은 증여에 대해서는 공제를 받을 수 없다.

할아버지로부터 증여받는 경우에는 다른 증여와 달리 증여세율에 30%를 할증해 과세한다. 위 산식에서 보듯이 할아버지와 외할아버지의 경우 적용 세율이 10%가 아닌 13%를 적용하는 이유는 세대생략에 대한 할증과세제도 때문이다.

이때 유의할 점은 증여공제의 경우 먼저 받는 증여로부터 순차적으로 5천만 원을 공제한다는 점이다. 위 산식은 할아버지로부터 먼저 증여를 받는 경우의 증여세 부담액인데 만약 아버지로부터 먼저 증여받았다면 증여세는 다음과 같이 산출된다.

증여세 산출 ① + ② + ③ = 3,100만 원

① 아버지 증여 (1억 원 − 5,000만 원) × 10% = 500만 원

② 할아버지 증여 (1억 원 − 0원) × 13% = 1,300만 원

③ 외할아버지 증여 (1억 원 − 0원) × 13% = 1,300만 원

증여 공제한도

증여자	10년간 공제한도	
배우자	6억 원	
직계존속(계부, 계모 포함)	성년자	5천만 원
	미성년자	2천만 원
직계비속(재혼 배우자의 직계비속 포함)	5천만 원	
6촌 이내 혈족, 4촌 이내 인척	1천만 원	

증여 후 10년이 지나면 상속재산에 합산하지 않는다

서두에서 언급했듯이 상속세는 누진세율이 적용되기 때문에 나누면 세율이 낮아져 세부담이 줄어들게 된다. 따라서 상속재산을 미리 증여하면 증여받은 금액과 나중에 상속하는 남은 재산의 크기가 작아져 낮은 세율의 적용이 가능해 전체적으로 부담해야 하는 세금이 줄어들게 된다.

그런데 사전증여와 마찬가지로 이러한 제도를 이용하면 세금을 적게 낼 수 있기 때문에 이를 방지하기 위해 상속일로부터 소급해 10년 이내에 증여한 재산은 상속재산에 합산해 상속세를 계산한다. 따라서 증여한 이후에 10년 이내에 상속이 이루어지면 세율 적용을 이용한 절세효과가 반감된다. 하지만 증여 후 10년 이후에 상속이 이뤄진다면 절세효과를 보게 된다.

사례

상속재산이 35억 원이고 상속인으로 배우자와 2자녀가 있는 경우

배우자가 법정 상속지분대로 상속받는다고 할 때 배우자공제금액은 15억 원이며 적용되는 상속세율은 40%이고 부담해야 하는 상속세는 4.4억 원이다.

상속세 산출 : (상속재산 35억 원 - 배우자공제 15억 원 - 일괄공제 5억 원) × 40% - 누진공제액 1.6억 원 = 4.4억 원
만약 이 중 5억 원을 상속일로부터 소급해 5년 전 증여한 경우에는 적용세율을 이용한 절세는 이뤄지지 않는다.
① 증여세 : (5억 원 - 5천만 원) × 20% - 누진공제 1천만 원 = 8천만 원
② 상속세 : {상속재산 30억 원 + 증여재산 5억 원) - (일괄공제 5억 원 + 배우자공제 15억 원)} × 40% - 누진공제 1.6억 원 - 기납부한 증여세 8천만 원 = 3.6억 원

③ 총 부담세액 = ① + ② = 4.4억 원

하지만 10년 이전에 성년 자녀에게 증여했다면 세부담은 다음과 같다.
① 증여세 : (5억 원 – 5천만 원) × 20% – 누진공제 1천만 원 = 8천만 원
② 상속세 : {(30억 원 + 0원) – (12.9억 원 + 5억 원)} × 40% – 누진공제 1.6억 원 = 3.24억 원
③ 총 부담세금 = ① + ② = 4.04억 원

상속재산에 합산하는 증여재산은 상속일로부터 10년 이내의 증여재산을 합산하는 것이 원칙이지만 상속인이 아닌 자에게 증여한 재산이 있는 경우에는 10년이 아니라 5년을 적용한다. 따라서 상속인이 아닌 손자녀, 사위, 며느리 등에게 사전증여한 경우에는 증여 후 5년이 지나면 상속재산에 합산하지 않는다.

10년 내 증여금액의 증여세 합산과 상속세 합산을 할 때 증여 당시의 가액으로 합산한다

경제가 성장하면 인플레이션이 발생하고 그로써 자산가격은 상승할 수밖에 없다. 따라서 사전증여를 할 경우, 증여 당시의 가액은 다음 추가 증여 당시 또는 상속 당시의 가액보다 낮게 되는데 이런 점이 절세에 도움이 된다. 왜냐하면 10년 이내에 증여한 재산을 그 이후의 증여재산에 합산하거나 상속재산에 합산한다고 해도 증여 당시의 가액 즉, 낮은 가액을 합산하기 때문에 절세효과가 매우 커질 수밖에 없는 것이다.

사례 1

현재 Ⓐ물건 5억 원을 증여하려고 할 때 사전에 증여한 Ⓑ물건의 재산가액이 증여 당시에는 5억 원이었지만 현재 10억 원으로 상승한 경우

① Ⓑ물건의 증여 없이 현재 Ⓐ, Ⓑ 두 물건을 모두 증여할 경우 증여세 부담액
(Ⓐ물건 5억 원 + Ⓑ물건 10억 원 – 증여공제 5천만 원) × 40% – 누진공제 1.6억 원 = 4.2억 원

② Ⓑ물건을 5년 전에 증여하고 현재 Ⓐ물건을 증여하는 경우 증여세 부담액
❶ 종전 증여세 : (5억 원 – 5천만 원) × 20% – 누진공제 1천만 원 = 8천만 원
❷ 현재 증여세 : (Ⓑ물건 5억 원 + Ⓐ물건 5억 원 – 5천만 원) × 30% – 누진공제 6천만 원 – 기납부 증여세 8천만 원 = 1.45억 원
❸ 총 부담세액 = ❶ + ❷ = 2.25억 원

③ Ⓑ물건을 10년 이전에 증여하고 현재 Ⓐ물건을 증여하는 경우 증여세 부담액
❶ 종전 증여세 : (5억 원 – 5천만 원) × 20% – 누진공제 1천만 원 = 8천만 원
❷ 현재 증여세 : (Ⓑ물건 5억 원 – 5천만 원) × 20% – 누진공제 1천만 원 = 8천만 원
❸ 총 부담세액 = ❶ + ❷ = 1.6억 원

상황별 세부담 비교표

구분	두 물건을 한꺼번에 증여	5년 전에 증여	10년 이전에 증여
세부담 총액	4.2억 원	2.25억 원	1.6억 원

사례 2

상속 당시 재산가액은 30억 원이며 사전증여한 재산가액 5억 원이 상속 당시 10억 원으로 가치가 상승한 경우

① 사전증여 없이 상속이 이뤄진 경우 상속세 부담액
{상속재산 40억 원 - (배우자공제 17.1억 원 + 일괄공제 5억 원)} × 40% - 누진공제 1.6억 원= 5.56억 원

② 5년 전에 증여한 경우 세부담액

❶ 사전증여 시 증여세 : (증여가액 5억 원 - 증여공제 5천만 원) × 20% - 누진공제 1천만 원 = 8천만 원

❷ 상속세 : {(상속재산 30억 원 + 사전증여재산 5억 원) - (배우자공제 15억 원 - 일괄공제 5억 원)} × 40% - 누진공제 1.6억 원 = 4.4억 원

❸ 총 부담세액 = ❶ + ❷ = 5.2억 원

③ 10년 이전에 증여가 이루어진 경우 세부담액

❶ 종전 증여세 : (증여가액 5억 원 - 증여공제 5천만 원) × 20% - 누진공제 1천만 원 = 8천만 원

❷ 상속세 : {상속재산가액 30억 원 - (일괄공제 5억 원 + 배우자공제 12.9억 원)} × 40% - 누진공제 1.6억 원 = 3.24억 원

❸ 총 부담세액 ❶ + ❷ = 4.04억 원

상황별 세부담 비교표

구분	증여 없이 상속	5년 전에 증여	10년 이전에 증여
세부담 총액	5.56억 원	5.2억 원	4.04억 원

위 사례를 살펴보면 상속재산이 많을수록 그리고 재산의 가치 상승이 클수록 사전증여의 효과가 커진다는 것을 알 수 있다.

11. 사전증여 잘못하면 세금폭탄 맞는다

상속세를 줄이기 위해 할 수 있는 방법 중 많이 알려진 것이 사전증여다. 그런데 사전증여를 하면 과연 상속세가 줄어들까? 이번 글에서는 사전증여의 단점과 유의할 점에 대해 살펴보겠다.

1. 증여 후 10년 이상 생존해야 사전증여의 효과가 커진다

사전증여를 하고 10년이 지나면 상속세 과세가액에서 제외하기 때문에 상속세의 누진세 적용 시 낮은 세율이 적용돼 절세가 된다. 이 방법으로 효과를 얻으려면 반드시 증여 후 10년 이상을 생존해야 한다. 만약 증여 후 9년째에 상속이 발생하면 증여받은 재산가액은 상속세 과세가액에 포함해 상속세를 계산하기 때문에 절세효과를 제대로 누릴 수 없다.

일본은 최근 사전증여액의 상속세 합산과세 대상 시기를 3년에서 7년으로 확대했다. 그 이유는 노인들에게 편중된 재산을 자녀 세대로 빨리 이전시키기 위한 정책 때문이었다. 즉 상속세를 적게 내려면 좀 더 일찍 증여해야 한다는 의미다. 우리나라는 그 기간이 10년으로 상속세 절세를 위해서는 (언제일지 알 수는 없지만) 상속일로부터 10년 이전에 증여를 해야 한다.

2. 상속세에 합산되더라도 증여 당시의 가액으로 합산한다

상속세 과세가액에 포함해 상속세를 계산한다고 해도 증여 당시의 가액으로 포함시키기 때문에 절세가 될 수 있다. 다만 이 방법이 효과를 누리기 위해서는 증여한 재산의 가치가 계속 상승해야만 한다.

부동산은 당분간 계속 상승할 것 같지만 단정할 수는 없다. 증여 시점과 비교해 상속 당시 부동산 가격이 상승했다면 사전증여가 절세에 도움이 된 것은 맞지만, 만약 하락했거나 정체된 상태라면 상속세의 절세는 제한적일 수밖에 없다. 따라서 사전증여를 계획한다면 당연히 향후 자산가치의 상승이 예상되는 재산을 증여하는 것이 좋다.

3. 상속재산이 상속공제 금액 이하라면 증여가 손해다

상속세를 계산할 때 공제하는 금액은 일괄공제 5억 원과 배우자공제가 최소 5억 원이므로 배우자가 생존한 상태에서 상속이 이루어지면 재산이 10억 원 이하인 경우에는 상속세를 한 푼도 안 낸다. 하지만 사전증여할 경우 자녀공제는 성년자가 5천만 원에 불과해 5천만 원 이상의 재산을 증여하면 증여세를 내야 한다.

증여 후 상속일까지 10년이 경과하든 안 하든 사전증여를 안 했으면 내지 않아도 되는 세금을 사전증여를 받음으로 인해 내야 하는 손해를 감수해야 한다.

예를 들어 사전증여 당시 부동산의 가액은 6억 원이고, 상속 당시 부동산의 가액은 10억 원인 경우, 재산이 6억 원인데 이를 큰아들에게 사전증여한 후 10년 내에 상속이 발생하면 내야 할 상속세는 1,500만 원이 되며 증여했을 당시 납부한 증여세 1억 500만 원과 합치면 총 1.2억 원의 세금을 내야 한다.

① 증여세 : (증여가액 6억 원 – 자녀공제 5천만) × 30% – 누진공제 6천만 원 = 1억 500만 원
② 상속세 : (상속재산 0 + 사전증여 재산 6억 원 – 상속공제 0) × 30% – 누진공제 6천만 원 – 증여세 기납부공제 1.05억 원 = 1,500만 원
③ 총 부담세액 = ① 증여세 1억 500만 원 + ② 상속세 1,500만 원 = 1.2억 원

만약 사전증여를 받지 않고 상속을 받았더라면 배우자 생존 시 상속공제의 최소금액은 10억 원이기 때문에 납부해야 할 상속세는 0원이 된다. 배우자가 없더라도 상속세는 9천만 원이다.

배우자 생존 시 상속세 : 상속재산 (10억 원 - 일괄공제 5억 원 + 배우자 최소공제 5억 원) = 과세표준 0 = 상속세 0
배우자 부재 시 상속세 : 상속재산 (10억 원 - 일괄공제 5억 원) × 30% - 누진공제 6천만 원 = 9천만 원

따라서 이 경우에는 배우자가 생존했을 시 안 내도 되는 1억 2천만 원의 세금을 더 내게 되는 것이며, 배우자가 없는 경우에는 3천만 원의 세금을 더 내게 되는 것이다.

한편 상속세를 계산할 때 10년 내(5년 내) 증여재산을 합해 상속세를 계산하면서 사전증여 시 납부했던 증여세는 납부할 상속세에서 공제되지만 산출된 상속세보다 더 많이 낸 증여세는 환급되지 않기 때문에 손해를 보게 된다.

4. 양도소득세가 늘어난다

상속세를 덜 낼 수는 있지만 양도소득세는 더 커지기 때문에 향후 양도를 감안하면 절세효과가 반감될 수 있다.

위 사례의 경우 큰아들이 증여받을 때 증여재산가액 6억 원에 대해 1.2억 원의 증여세를 납부했고, 이 재산을 증여받은 날로부터 10년이 지난 후에 15억 원으로 양도했다면 양도차익 9억 원에 대해 약 30%에 해당하는 2억 9,370만 원의 양도소득세(지방세 포함)를 추가로 부담해야 한다.

양도세 : {(양도가액 15억 원 - 증여가액 6억 원) × 80%(장특공제 10년 20% 적용) × 42% - 누진공제 3,540만 원} × 1.1(지방세) = 2억 9,370만 원

만약 사전증여를 받지 않고 상속으로 받은 후 처분했다면 상속세는 제로(배우자 생존 시)이고 양도세는 양도차액이 5억 원이기 때문에 1억 4,800만 원의 양도소득세(지방세 포함)만 납부하면 되는 것이다.

사전증여를 받지 않았다면 상속세는 한 푼도 안 내고 양도소득세로 1억 4,800만 원만 부담하면 되는 사안인데 사전증여로 증여세 1억 500만 원과 양도세 2억 9,370만 원을 합쳐 3억 9,870만 원의 세금을 부담했기 때문에 절세에 실패했다고 볼 수 있다.

위에서 언급한 내용들은 상속재산이 10억~20억 원 정도인 사람들에게 해당되는 내용이다. 재산이 50억 원 이상 된다면 누진세율을 적용하는 현행 세법에서는 일부 재산의 사전증여를 통해 얻는 절세 이익이 매우 의미 있을 정도로 효과가 크다.

5. 상속공제 한도액이 줄어들 정도로 증여하면 손해다

사전증여에 있어 진짜 중요한 것은 바로 상속공제의 한도 적용에 관한 규정이다. 상증법 제24조 '공제적용의 한도'에 다음과 같이 규정하고 있다.

기초공제, 배우자공제 등 상속공제 금액은 상속세 과세가액에서 다음 각호의 금액을 차감한 금액을 한도로 한다.

1. 선순위인 상속인이 아닌 자에게 유증 등을 한 재산의 가액
2. 선순위인 상속인의 상속 포기로 그다음 순위의 상속인이 상속받은 재산의 가액
3. 상속세 과세가액에 가산한 10년(5년) 이내의 증여재산가액 중 인적공제액을 차감한 가액

즉, 상속세 계산 시 공제하는 금액은 총 상속세 과세가액에서 위 1, 2, 3에서 규정한 금액에서 차감한 금액을 한도로 한다는 것이다.

사례

10년 내 두 자녀에게 사전증여한 재산이 15억 원씩 30억 원(4.2억 원씩 8.4억 원의 증여세 부담, 재산가치 증가 없음)이고, 상속 당시의 재산 5억 원, 1남 1녀, 배우자 생존인 경우

① 상속세 과세가액은, 상속 당시의 재산가액 5억 원 + 사전상속 재산 30억 원 = 35억 원

② 사전증여가 없었을 경우

❶ 상속공제액은 다음과 같다.
일괄공제 5억 원 + 배우자공제액 15억 원 = 20억 원

❷ 사전증여가 없는 경우 상속세는 다음과 같다.
상속세 : (상속세 과세가액 35억 원 - 상속공제 20억 원) × 40% - 누진공제 1.6억 원 = 4.4억 원

③ 사전증여가 있는 경우

❶ 자녀의 증여세 : (증여가액 15억 원 – 증여공제 5천만 원) × 40% – 누진공제 1.6억 원 = 4.2억 원

자녀 2인의 증여세 총 부담액 = 4.2억 원 × 2인 = 8.4억 원

❷ 상속공제 한도액은 다음과 같다.

상속세 과세가액 35억 원 – 사전증여 재산 29억 원(자녀공제 1인당 5천만 원씩 차감한 금액) = 6억 원

* 사전증여 없이 배우자가 법정 상속금액을 상속받을 경우 상속공제액은 위 ②의 ❶과 같이 20억 원이지만 사전증여로 인해 상속공제액이 14억 원 감소한다.

❸ 사전증여를 해 상속공제 한도가 적용된 상속세는 다음과 같다.

상속세 : (상속세 과세가액 35억 원 – 상속공제액 6억 원) × 40% – 누진공제 1.6억 원 – 사전증여 시 납부한 증여세 8.4억 원 = 1.6억 원

❹ 즉, 상속세 납부세액은 1.6억 원이며 여기에서 사전증여 시 납부한 증여세 8.4억 원을 가산하면 총 10억 원의 세금을 부담하게 된다.

만약 사전증여를 하지 않았다면 내야 할 세금 4.4억 원보다 5.6억 원의 세금을 더 부담하게 되는 것이다.

상속공제 한도의 입법 취지는 다음과 같다.

"상속공제는 피상속인의 사망 후 상속인들의 생활 안정 및 기초생활 기반의 유지를 위하여 상속개시 당시 상속재산의 가액에서 일정 금액을 차감해주는 제도로서, 상속인들이 받게 되는 재산가액만을 대상으로 공제액을 산정함이 타당하며, 상속재산가액에 합산되는 증여재산가액에까지 상속공제를 허용하면 초과누진세율 적용 회피를 방지하기 위해 사전증여재산가액을 상속세 과세가액에 합산하도록 한 입법 취지에 어긋나게 된다고 볼

수 있으므로 상속인이 아닌 자가 받거나 사전에 증여한 재산가액을 차감한 금액을 한도로 상속공제를 적용하도록 한 것으로 볼 수 있다."

따라서 무조건 사전증여가 절세에 유리한 것은 아니다. 물론 어쩔 수 없이 절세효과와 무관하게 상속 분쟁이 발생할 수 있음을 예견하고 미리 부모님의 재산을 생전증여받아야 하는 경우에도 많은 불이익이 따를 수밖에 없다.

이 규정은 앞에서 언급한 대로 사전증여뿐 아니라 유언에 의해 상속인이 아닌 자에게 상속을 하는 경우(손자녀에게 세대생략 상속을 하는 경우 등)와 선순위 상속인의 상속 포기로 인해 후순위 상속인이 상속을 받는 경우에도 적용되므로 손자녀에게 상속하는 세대생략 상속이나 사전증여를 할 때 절세효과에 대해 면밀히 검토한 후 실행해야 한다.

12. 70세, 아직도 3번의 기회가 있다

영철이의 부친은 상가 빌딩을 소유하고 있다. 위치가 좋아 가치 상승이 기대되는 부동산이다. 부친은 현재 70세이고 건강은 매우 좋은 편이다. 그런데 앞으로 부동산의 가치가 계속 상승하면 상속할 때 엄청난 세금을 내야 한다는 것을 알기 때문에 선뜻 증여를 결정하지 못하는 상황이다.

지금처럼 나라 전체 부의 상당 부분을 노인층이 보유하고 있는 상황에서 맞이하게 된 저성장 시대와 100세 시대는 노인층의 부가 젊은 세대로 흘러들어갈 수 있도록 하는 사회적 합의와 제도적 뒷받침이 있어야 세대 간의 갈등을 해결할 수 있다. 그러나 우리나라의 현실은 부모의 재산을 물려받는 행위를 불로소득이라고 하여 전세계에서 가장 높은 고세율로 증여세와 상속세를 매기고 있다. 세법이 개정되지 않는 한 현행 세법의 테두리 안에서 절세하는 방법을 찾을 수밖에 없다. 앞의 다른 글에서 언급했듯이 상속세와 증여세를 절세하기 위해서는 증여를 해야 한다고 했는데 영철이 부친처럼 나이가 70세인 경우 증여를 하기에는 이미 늦은 것 아닌가라고 생각할 수 있다. 그러나 지금도 늦지 않았음을 사례를 들어 설명해보려고 한다.

1. 세대 갈등의 원인은 증여

통계청에 따르면 1970년대 기대여명은 남자가 58.6세, 여자는 66.5세였다. 이후 2020년대부터는 기대여명이 남자가 80.2세, 여자는 86.7세가 됐다. 50년 동안 남자 21.6년, 여자 20.2년 기대수명이 증가한 것이다. 서울시에서 발표한 자치구별 기대여명을 보면 서초구는 84.2세인데 반해 소득 수준이 상대적으로 낮은 금천구는 81.3세로 3년의 차이가 난다. 1970, 1980년대에는 70대에 돌아가시면 호상이라고 했는데 지금은 100세는 넘어야 호상이라고 한다.

부모가 60, 70대에 사망하면 자녀들은 30, 40대에 상속받아 그 재산을 기반으로 소비와 투자를 하게 되고 그러면서 국가 경제도 발전하고 개인들의 삶도 윤택해질 수 있다. 더군다나 오늘날 저성장 시대는 자녀 세대가 부모 세대처럼 열심히 노력한다고 해서 과거처럼 돈을 벌 수 있는 시대가 아니기 때문에 자녀들은 부모의 부가 밑으로 흘러들어오기를 기대하고 있다.

이런 시대에 부모가 100세까지 생존하면서 재산을 물려주지 않고 전부 상속으로 승계한다면 자녀는 70대에 상속받는 노노상속이 된다. 이런 이유로 세대 간 갈등이 점점 증폭되고 있는 실정이다.

우리나라의 미래를 예견할 수 있는 옆 나라 일본은 가계자산의 60%를 고령층이 소유하면서 소비나 투자를 하지 않는 현상으로 인해 경기 침체가 심화되고 세대 간 갈등이 고조되고 있다고 한다. 예일대 일본인 교수인 나리타 유스케 교수가 "일본의 세대 갈등을 해소할 해법은 고령층이 집단자살 또는 집단할복을 하는 것"이라고 주장해 화제가 되기도 했다.

이런 사회적 현상을 반영해 일본의 기시다 총리는 '부의 회춘'을 내걸고 고령층의 부가 젊은 세대로 흘러갈 수 있는 여러 가지 세제 개편안을 발표했다.

2. 사전증여의 상속세 절세 효과

상속세 절세의 가장 확실한 전략은 사전증여다. 왜냐하면 우리나라 상속·증여세율은 누진세율 구조이기 때문에 과세 기준금액이 커지면 높은 세율이 적용된다. 따라서 세금을 적게 내려면 과세 기준금액을 줄여야 한다. 그런데 상속세는 피상속인의 재산 총액에 세율을 적용하고 증여의 경우에는 증여받은 재산가액에 세율을 적용하기 때문에 동일한 규모의 재산을 여러 명에게 분할해 증여하면 총재산에 대한 세금은 증여받은 사람별로 그리고 남은 상속재산으로 분할되어 낮은 과세표준이 만들어진다. 따라서 증여나 상속 모두 낮은 세율이 적용되므로 절세가 가능해진다.

또 한 가지는 증여의 경우 과거에 증여한 재산가액을 새로운 증여가액과 합산하며 상속재산가액에도 합산된다. 따라서 상속재산의 분할에 아무런 효과가 없는 것처럼 보이지만 증여하고 10년이 경과하면 과거 증여가액은 후행 증여재산과 상속재산 모두에 합산되지 않는다.

따라서 10년이 경과하면 재산분할 승계에 따른 낮은 세율의 적용으로 인해 절세가 되는 구조다. 또한 10년이 경과하지 않은 상태에서 후행 증여가 발생하거나 상속이 발생해 합산을 하더라도 증여 당시의 가액으로 합산하기 때문에 재산가치가 계속 상승한다고 가정하면 절세에 유리하다.

일본의 기시다 총리가 부의 회춘을 위한 정책의 일환으로 상속재산에 합산하는 증여의 시기를 상속 전 3년에서 7년으로 변경하는 정책을 시행했다. 즉, 사망 3년 이전에만 증여하면 상속재산에 합산되지 않기 때문에 사전증여를 뒤로 미뤄왔지만 앞으로는 7년 이전에 증여해야만 합산하지 않겠다고 한 것이다. 이런 제도 변경의 취지는 상속세를 줄이려면 되도록 빨리 증여하라는 신호다. 우리나라는 오래전부터 10년 이전에 증여한 재산만 합산하지 않고 있어 일본보다는 사전증여를 장려하고 있는 셈이다.

이렇게 각국의 정부가 사전증여에 대해 일정 기간을 두고 상속재산에 합산하는 방식을 고민하는 이유는 다양하겠지만 사전증여가 상속세 절세에 도움이 되는 것은 분명하다.

3. 증여하면 23억 원이 절세된다

지금 70세인 분들은 100세까지 생존할 가능성이 높으니 70세에 한 번, 80세에 한 번, 90세에 한 번 이렇게 앞으로 3번의 증여 기회가 있다.

예를 들어 지금 배우자가 없는 부친이 50억 원짜리 빌딩을 소유하고 있는데 10년마다 부동산의 가치가 20%씩 상승한다고 가정하고, 두 자녀에게 10년마다 한 자녀에게 20%씩, 40%를 사전증여를 할 경우의 예를 들어보겠다.

현재 50억 원인 부동산의 가치는 80세가 되는 10년 후에는 60억 원으로 상승하며, 90세인 20년 후에는 72억 원, 100세인 30년 후에는 86.4억 원이 된다.

만약 사전증여를 하지 않고 전부를 상속할 경우 상속세는 다음과 같다.

(상속재산 86.4억 원 – 일괄공제 5억 원) × 50% – 누진공제 4.6억 원 = 36.1억 원

그런데 10년마다 두 자녀에게 각각 20%씩 40%를 증여한다면 70세에 1차 증여 시 두 자녀는 50억 원의 20%인 10억 원씩 20억 원을 증여받게 된다. 자녀가 10억 원을 증여받으면 2.25억 원의 증여세를 부담하므로 두 사람의 증여세는 4.5억 원이다.

1인당 증여세 : (증여가액 10억 원 – 증여공제 5천만 원) × 30% – 누진공제 6천만 원 = 2.25억 원
2인의 증여세 총 부담액 = 2.25억 원 × 2명 = 4.5억 원

80세에 2차 증여를 한다면 부친의 재산은 1차 증여 시 50억 원에서 20억 원을 증여했으므로 30억 원이었는데 10년간 20%가 상승했으므로 36억 원이 된다. 36억 원 중 20%인 7.2억 원씩 두 자녀에게 증여할 경우 자녀는 1인당 1.41억 원씩 2.82억 원을 부담한다.

1인당 증여세 : (증여가액 7.2억 원 – 증여공제 5천만 원) × 30% – 누진공제 6천만 원 = 1.41억 원
2인의 증여세 총 부담액 = 1.41억 원 × 2명 = 2.82억 원

90세에 3차 증여를 한다면 2차 증여에서 36억 원의 재산 중 40%를 증여했기 때문에 잔여재산은 21.6억 원이 되고 10년간 20%가 상승한다면 25.92억 원이 된다. 또다시 20%씩 증여한다면 5.184억 원씩을 증여하게 되며 이 경우 자녀는 1인당 8,368만 원씩 총 1억 6,736만 원을 부담한다. 이때 부친의 남은 재산은 25.92억 원에서 10억 3,680만 원을 증여했기 때문에 15억 5,520만 원이 남는다.

1인당 증여세 : (증여가액 5억 1,840만 원 – 증여공제 5천만 원) × 20% – 누진공제 1천만 원 = 8,368만 원
2인의 증여세 총 부담액 = 8,368만 원 × 2명 = 1억 6,736만 원

100세에 상속이 발생하고 그동안 자산가치가 20% 상승했다면 상속재산가액은 18억 6,624만 원이 되며 상속세는 3억 8,649만 원이 된다.

상속세 : (상속재산 18억 6,624만 원 – 일괄공제 5억 원) × 40% – 누진공제 1.6억 원 = 3억 8,649만 원

두 자녀가 세 번의 증여와 한 번의 상속을 통해 납부한 총 세금은 12억 8,585만 원이다.

1차 증여세 4.5억 원 + 2차 증여세 2.82억 원 + 3차 증여세 1억 6,736만 원 + 상속세 3억 8,649만 원 = 12억 8,585만 원

한 번도 증여하지 않고 상속으로 이전한 경우 발생하는 상속세는 36.1억 원인데 세 번의 증여를 통해 상속한 경우 총 부담세액은 12억 8,585만 원으로 23억 2,415만 원이 절세된다.

그뿐만 아니라 수익형 부동산의 경우 임대료 등의 수익이 발생해 상속재

산에 합산되지만 사전증여를 한 경우 증여한 부분에 대한 임대 수익은 자녀들에게 귀속되므로 이에 대한 절세효과도 무시할 수 없다.

13. 증여가 아닌데 왜 증여세를 내라고 해?

영철이는 집을 사려는데 돈이 부족해 은행 대출을 받으려 한다. 하지만 사업한 지 얼마 되지 않아서 충분한 소득이 증명되지 않아 은행 대출을 포기했다. 영철이의 아버지가 자금 여력이 있어 도와준다고 했지만 영철이는 막상 큰돈을 증여받으려니 세금이 부담되어 우선은 돈을 빌려 주택을 구입했다.

그런데 유세무사는 부모로부터 돈을 빌리는 경우에도 증여세가 과세될 수 있으며 부모가 담보를 제공해 줘 은행으로부터 대출을 받은 경우에도 증여세가 과세될 수 있다고 했다.

우리 일상에서 가족 간 자산·금융 거래는 빈번하게 일어난다. 이 경우 가족 간의 거래이기 때문에 타인과의 거래 조건보다

유리할 수 있다. 또한 실제로는 증여를 해줬지만 세금을 회피하기 위해 대여나 매매 등의 거래로 포장하는 경우도 생각해볼 수 있다.

민법상 증여란 "재산을 무상으로 상대방에게 주는 계약"이라고 규정하고 있지만 상증법에서 증여세의 과세 대상이 되는 증여는 다음과 같이 규정하고 있다.

상증법 제2조(정의)

6. "증여"란 그 행위 또는 거래의 명칭·형식·목적 등과 관계없이 직접 또는 간접적인 방법으로 타인에게 무상으로 유형·무형의 재산 또는 이익을 이전(현저히 낮은 대가를 받고 이전하는 경우를 포함한다)하거나 타인의 재산가치를 증가시키는 것을 말한다.

즉, 상증법에서는 재산뿐 아니라 이익을 이전하는 것도 증여세 과세 대상으로 보고 있다. 그 외 비싸게 팔거나, 싸게 사는 행위 그리고 재산 형성에 도움을 주는 행위까지도 증여세의 과세 대상에 포함하고 있다.

민법상 증여는 주기로 하는 사람과 받는 사람이 재산을 무상으로 이전하는 것에 대해 동의하고 계약하는 경우를 말한다. 하지만 상증법에서는 "행위 또는 거래의 명칭·형식·목적 등과 관계없이 직접 또는 간접적인 방법으로…"라고 규정하고 있다. 그러니까 어떤 방법을 사용하든 상대방에게 경제적 이익을 준 경우라면 증여세를 과세하겠다는 의미다.

상증법에서는 민법상 증여가 아닌데도 불구하고 증여세의 과세 대상으로

삼는 행위들을 법률로 열거해놓았는데, 그중 법인과의 거래 부분은 뒤에서 다루기로 하고 일상생활에서 주로 발생할 수 있는 내용들을 소개해보겠다.

1. 고·저가 양수도에 따른 이익의 증여

가족 등 특수관계인 간 현저히 낮은 대가를 주고 재산이나 이익을 이전받음으로써 발생하는 이익 또는 반대로 현저히 높은 대가를 받고 재산이나 이익을 이전함으로써 얻는 이익에 대해서는 증여세를 과세한다.

> **상증법 제35조(저가 양수 또는 고가 양도에 따른 이익의 증여)**
> ① 특수관계인 간에 재산(전환사채 등 대통령령으로 정하는 재산은 제외한다. 이하 이 조에서 같다)을 시가보다 낮은 가액으로 양수하거나 시가보다 높은 가액으로 양도한 경우로서 그 대가와 시가의 차액이 대통령령으로 정하는 기준금액(이하 이 항에서 "기준금액"이라 한다) 이상인 경우에는 해당 재산의 양수일 또는 양도일을 증여일로 하여 그 대가와 시가의 차액에서 기준금액을 뺀 금액을 그 이익을 얻은 자의 증여재산가액으로 한다.

여기서 현저히 낮은 대가나 현저히 높은 대가를 판단하는 기준은 '시가'다. 상증법상 시가를 산출하는 일은 매우 중요하며 복잡하다. 세법에서 정한 시가에서 실제 지급한 '대가'와의 차액이 시가의 30%와 3억 원 중 적은 금액보다 적을 경우에는 증여세를 과세하지 않는다.

③ 시가와 대가의 '차액' = ① 세법상 '시가' - ② 실제 지급한 '대가'
④ 증여로 보지 않는 기준금액 = 다음 중 적은 금액(① 세법상 '시가'의 30%, ⑤ 3억 원)
⑥ 증여로 보는 금액 = ③ 시가와 대가의 '차액' - ④ 증여로 보지 않는 기준금액

일반적으로 시가보다 싸거나 비싸게 거래하는 경우는 타인보다는 가족관계처럼 특수관계인 사이에서 주로 발생하는데 상증법에서는 특수관계인이 아닌 경우에도 고·저가 양수도에 대해 증여세를 과세하고 있다. 다만 과세기준이 특수관계인과 조금 다르다.

특수관계가 없는 자와 거래하면서 시가보다 낮거나 높게 거래를 했지만 증여세를 과세하지 않는 기준은 다음과 같다.

① 정당한 사유가 있는 경우
② 정당한 사유 없이 거래를 했지만 시가와 대가와의 차액이 시가의 30% 미만인 경우

2. 채무를 면제해주거나 대신 갚아준 경우

가족에게 돈을 빌려주고 변제를 받아야 하지만 변제받지 않고 면제해준 경우는 갚아야 할 돈을 갚지 않음으로써 재산상의 이익을 본 경우이므로 면제받은 금액에 대해 증여세를 과세한다.

그뿐만 아니라 가족이 은행이나 타인으로부터 빌린 돈을 갚지 못해 곤란

할 경우 가족이 대신 갚아줬다면 대신 갚아준 돈에 대해서도 증여세를 과세한다.

> **상증법 제36조(채무면제 등에 따른 이익의 증여)**
> ① 채권자로부터 채무를 면제받거나 제3자로부터 채무의 인수 또는 변제를 받은 경우에는 그 면제, 인수 또는 변제(이하 이 조에서 "면제 등"이라 한다)를 받은 날을 증여일로 하여 그 면제 등으로 인한 이익에 상당하는 금액(보상액을 지급한 경우에는 그 보상액을 뺀 금액으로 한다)을 그 이익을 얻은 자의 증여재산가액으로 한다.

돈을 빌린 후에도 빚을 갚지 못한다는 것은 돈이 없어서인데 그 사람에게 빚을 면제받았다고 해서 증여세를 과세하면 대부분은 과세된 증여세를 내지 못할 것이 뻔하다.

그런데 상증법상 증여를 받은 자가 증여세를 내지 못하면 증여한 사람이 증여세를 대신 내줘야 하는 '연대납세의무' 제도가 있다. 따라서 빚을 탕감해주거나 대신 변제해준 사람은 증여세까지 대신 내줘야 하는 불상사가 생기게 된다.

따라서 상증법에서는 수증자 즉, 채무를 면제받거나 대신 변제를 받은 자가 증여세를 내지 못할 경우, 앞에서 언급한 면제를 해준 사람 또는 대신 변제를 한 사람(증여자)에게 증여세의 연대납세의무를 면제해주고 있으며, 수증자에게도 증여세를 과세하지 않는다.

다만 이렇게 면제를 받으려면 수증자가 증여세를 납부할 만한 재산이나 소득이 없어야 한다.

3. 무상으로 부동산을 사용하는 경우 임대료 상당액을 증여이익으로 보아 증여세를 과세한다

부모 소유 부동산 등 가족의 부동산을 무상으로 사용하면 사용하는 자가 임대료만큼 이익을 얻게 된다. 따라서 그 이익에 대해 증여세를 과세한다. 가족 등 특수관계인이 아니어도 과세하지만 무상으로 사용하게 되는 거래상 정당한 사유가 있는 경우에는 과세하지 않는다.

> **상증법 제37조(부동산 무상 사용에 따른 이익의 증여)**
> ① 타인의 부동산(그 부동산 소유자와 함께 거주하는 주택과 그에 딸린 토지는 제외한다. 이하 이 조에서 같다)을 무상으로 사용함에 따라 이익을 얻은 경우에는 그 무상 사용을 개시한 날을 증여일로 하여 그 이익에 상당하는 금액을 부동산 무상 사용자의 증여재산가액으로 한다. 다만, 그 이익에 상당하는 금액이 대통령령으로 정하는 기준금액 미만인 경우는 제외한다.

부동산의 무상 사용에 따른 이익은 향후 5년간의 이익을 합쳐서 과세한다. 다만 5년간의 무상사용 이익이 1억 원 미만인 경우에는 증여세를 과세하지 않는다.

4. 시가보다 저렴하게 부동산 임대료를 지급하면 증여세를 과세한다

가족 등 특수관계인의 부동산을 사용하면서 부담하는 임대료를 시가보다 훨씬 낮은 가액으로 지급하는 경우 임대료의 적정한 시가와 실제 지급한 대가와의 차액에 대해 증여세를 과세한다. 반대로 높은 대가를 지급하는 경우에는 임대를 하는 사람에게 증여세를 과세한다. 특수관계가 아닌 자의 경우에는 거래의 관행상 정당한 사유가 있는 경우에는 과세하지 않는다.

상증법 제42조(재산사용 및 용역제공 등에 따른 이익의 증여)

① 재산의 사용 또는 용역의 제공에 의하여 다음 각호의 어느 하나에 해당하는 이익을 얻은 경우에는 그 이익에 상당하는 금액(시가와 대가의 차액을 말한다)을 그 이익을 얻은 자의 증여재산가액으로 한다. 다만, 그 이익에 상당하는 금액이 대통령령으로 정하는 기준금액 미만인 경우는 제외한다.

1. 타인에게 시가보다 낮은 대가를 지급하거나 무상으로 타인의 재산(부동산과 금전은 제외한다. 이하 이 조에서 같다)을 사용함으로써 얻은 이익
2. 타인으로부터 시가보다 높은 대가를 받고 재산을 사용하게 함으로써 얻은 이익

위 법률을 보면 1호의 괄호 안에 "부동산과 금전은 제외한다"라고 규정하고 있는데 부동산의 무상 사용에 대한 증여세 과세 규정은 앞의 3에서 언급한 내용이 적용되는 것이며 금전의 경우에는 다음 6의 내용이 적용된다.

시가보다 낮은 임대료를 지급함으로써 과세되는 증여세는 1년 단위로 과세하며 세법에서 정한 적정 임대료인 시가에서 실제 지급한 대가와의 차액이 1천만 원에 미달하면 증여세를 과세하지 않는다.

5. 가족 부동산을 담보로 제공하고 대출받은 경우 증여세를 과세한다

금융기관에서 대출을 받으려면 신용이 있거나 담보를 제공해야 한다. 특히나 대부분의 고액 대출은 담보를 제공하지 않으면 불가능하다. 그런데 신용이 낮거나 담보가 없는 자녀가 사업자금을 대출받으려고 할 때 부모가 담보를 제공하면 대출을 받을 수 있다. 만약 부모가 담보를 제공하지 않았다면 자녀는 대출을 못 받거나 높은 이자를 부담해야 한다. 따라서 부모가 담보를 제공한 행위는 자녀에게 경제적 이익을 지원한 셈이다. 세법은 이런 행위도 타인의 부동산을 무상으로 사용한 것으로 보아 증여세를 과세한다.

> **상증법 제37조(부동산 무상 사용에 따른 증여의 이익)**
> ② 타인의 부동산을 무상으로 담보로 이용하여 금전 등을 차입함에 따라 이익을 얻은 경우에는 그 부동산 담보 이용을 개시한 날을 증여일로 하여 그 이익에 상당하는 금액을 부동산을 담보로 이용한 자의 증여재산가액으로 한다. 다만, 그 이익에 상당하는 금액이 대통령령으로 정하는 기준금액 미만인 경우는 제외한다.

이런 경우 증여세는 세법이 적정이자라고 규정한 연 4.6%에서 실제 대출받으면서 부담한 이자를 차감한 금액을 증여이익으로 본다.

담보제공 증여이익 : 연 4.6% - 실제 대출이자

이런 증여이익은 1년 단위로 계산해 증여세를 부과하는데 1년간의 이익이 1천만 원 미만이면 증여세를 매기지 않는다.

6. 가족으로부터 무이자 또는 저리로 돈을 빌리면 증여세를 과세한다

무이자 대출

가족 등 특수관계인으로부터 금전을 빌리는 경우 가족 간의 자금 융통이라는 특수성 때문에 이자를 받아야 할 이유가 별로 없다. 이자를 주고받지 않으면 이자를 주지 않은 사람이 이익을 보게 된다. 세법은 이렇게 가족으로부터 금전을 빌리고 이자를 지급하지 않아 이익을 얻는 것에 대해 증여세를 과세한다.

무이자로 대출받은 경우 빌린 사람이 얻은 증여이익은 세법이 적정한 이자라고 규정한 연 4.6%의 이자를 말한다.

저리 대출

가족 등 특수관계인으로부터 돈을 빌리면서 낮은 이자를 지급하는 경우에는 적정 이자보다 낮은 이자를 지급해 그 차액만큼의 이익을 보게 된다.

세법은 저리로 돈을 빌린 사람이 이자를 적게 주어서 얻은 이익을 증여로 보고 증여세를 과세한다. 저리로 돈을 빌린 사람이 얻은 증여이익은 세법이 정한 적정한 이자인 4.6%와 실제 지급한 이자의 차액을 말한다.

가족 등 특수관계인이 아닌 사람으로부터 무이자 또는 저리로 자금을 융통하는 경우에도 증여세를 과세하고 있지만 거래의 관행상 정당한 사유가 있으면 증여세를 과세하지 않는다. 즉, 가족 등 특수관계인으로부터 무이자 또는 저리로 돈을 빌리는 경우에는 정당한 사유와 관계없이 증여세를 과세하지만 특수관계자가 아닌 사람으로부터 무이자 또는 저리로 자금을 빌리는 경우에는 정당한 사유가 없이 무이자로 빌리는 경우에만 증여세를 과세한다.

상증법 제41조의 4(금전 무상대출 등에 따른 증여의 이익)

① 타인으로부터 금전을 무상으로 또는 적정 이자율보다 낮은 이자율로 대출받은 경우에는 그 금전을 대출받은 날에 다음 각호의 구분에 따른 금액을 그 금전을 대출받은 자의 증여재산가액으로 한다. 다만, 다음 각호의 구분에 따른 금액이 대통령령으로 정하는 기준금액 미만인 경우는 제외한다.

1. 무상으로 대출받은 경우: 대출금액에 적정 이자율을 곱하여 계산한 금액
2. 적정 이자율보다 낮은 이자율로 대출받은 경우: 대출금액에 적정 이자율을 곱하여 계산한 금액에서 실제 지급한 이자 상당액을 뺀 금액

단 무이자 또는 저리로 빌린 경우로서 1년간의 증여이익이 1천만 원에 미달하면 증여세를 과세하지 않는다. 대출 기간이 1년 이상이면 최초로 대출받은 날을 증여일로 보아 증여세를 과세하고 대출 후 1년 단위로 매 1년

이 되는 날에 새로운 증여가 일어난 것으로 보아 증여세를 과세한다.

7. 증여받은 재산이 5년 내에 가치가 증가하면 증여세를 과세한다

부모 등 특수관계인으로부터 증여받은 재산이나 돈을 차입해 구입한 재산 또는 담보를 제공받아 대출한 자금으로 취득한 재산이 취득 후 5년 이내에 가치가 증가했다면 증가된 재산가치에 대해 증여세를 과세한다. 단 재산가치의 증가가 이뤄지는 행위를 자력으로 할 수 없다고 인정되는 자에게만 증여세를 과세할 수 있다.

상증법 제42조의 3(재산 취득 후 재산가치 증가에 따른 이익의 증여)

① 직업, 연령, 소득 및 재산 상태로 보아 자력(自力)으로 해당 행위를 할 수 없다고 인정되는 자가 다음 각호의 사유로 재산을 취득하고 그 재산을 취득한 날부터 5년 이내에 개발사업의 시행, 형질변경, 공유물(共有物) 분할, 사업의 인가·허가 등 대통령령으로 정하는 사유(이하 이 조에서 "재산가치 증가 사유"라 한다)로 인하여 이익을 얻은 경우에는 그 이익에 상당하는 금액을 그 이익을 얻은 자의 증여재산가액으로 한다. 다만, 그 이익에 상당하는 금액이 대통령령으로 정하는 기준금액 미만인 경우는 제외한다.

1. 특수관계인으로부터 재산을 증여받은 경우
2. 특수관계인으로부터 기업의 경영 등에 관하여 공표되지 아니한 내부 정보를 제공받아 그 정보와 관련된 재산을 유상으로 취득한 경우
3. 특수관계인으로부터 차입한 자금 또는 특수관계인의 재산을 담보로 차입한 자금으로 재산을 취득한 경우

이때 재산가치의 증가 사유도 세법에서 규정하고 있는데 그 사유는 다음과 같다.

> **상증법 시행령 제32조의 3(재산 취득 후 재산가치 증가에 따른 이익의 계산 방법 등)**
>
> ① 법 제42조의3 제1항 각호 외의 부분 본문에서 "대통령령으로 정하는 사유"란 다음 각호의 어느 하나에 해당하는 사유를 말한다.
>
> 1. 개발사업의 시행, 형질변경, 공유물(共有物) 분할, 지하수 개발·이용권 등의 인가·허가 및 그 밖에 사업의 인가·허가
> 2. 비상장주식의 「자본시장과 금융투자업에 관한 법률」 제283조에 따라 설립된 한국금융투자협회에의 등록
> 3. 그 밖에 제1호 및 제2호의 사유와 유사한 것으로서 재산가치를 증가시키는 사유

이 규정은 자력 여부를 따져야 하는 '주체 요건'과 어떤 방식으로 취득했는지 등을 따지는 '재산취득 요건' 그리고 5년 이내에 개발사업 시행 등으로 인해 가치가 증가했는지를 따져야 하는 '재산가치 증가 요건'들을 검토해야 하기 때문에 과세 여부나 과세 금액을 산정하는 작업이 매우 어렵다.

8. 부모가 불입한 보험의 보험금을 받는 경우 보험금을 증여재산으로 보아 증여세를 과세한다

보험은 계약자와 피보험자 그리고 수익자가 지정되어야 한다. 계약자는

보험료를 불입하는 사람이고 피보험자는 보험사고의 대상이 되는 자이며 보험수익자는 보험사고가 발생하는 경우 보험금을 수령하는 자이다.

계약자와 피보험자 그리고 수익자가 본인인 경우에는 증여 문제가 발생하지 않지만 계약자와 수익자가 다르면 계약자가 수익자에게 '보험금'을 증여한 것이 된다. 따라서 증여세를 과세한다.

이때의 증여가액은 불입한 보험료가 아니라 수익자가 보험회사로부터 받는 보험금이 되며, 증여 시기도 불입한 날이 아니라 보험금을 수령한 날이 된다.

한 가지 주의할 점은 보험계약자와 실제 보험료를 불입한 사람이 다른 경우 증여자는 계약자가 아니라 보험료를 불입한 자가 된다. 따라서 보험료를 불입한 사람이 둘 이상인 경우에는 보험수익자가 수령한 보험금을 불입한 금액으로 안분하여 증여자를 결정한다.

또 다른 경우로 수익자가 부모로부터 현금을 증여받아 보험료를 납부한 경우에는 증여받은 현금에다 증여세를 과세하는 것이 아니고 보험수익자가 보험회사로부터 수령한 보험금에서 증여를 받아 불입한 보험료를 차감한 금액을 증여재산가액으로 보아 증여세를 과세한다.

예를 들어 자녀가 계약자와 수익자가 되는 보험 계약을 체결한 이후에 자녀가 불입할 보험료 천만 원을 부모로부터 증여받아 불입한 이후에 보험이 만기가 되는 등 보험사고가 발생하여 5천만 원의 보험금을 수익자인 자녀가 수령한 경우, 부모로부터 증여받은 가액은 현금 천만 원이지만 증여세는 수령한 보험금 5천만 원에서 증여받아 불입한 천만 원을 차감한 4천만 원을 증여가액으로 보고 과세하게 된다.

하지만 계약자(불입자)와 피보험자가 부모이면서 자녀를 수익자로 하는 보험 계약을 체결한 이후 계약자(불입자)이면서 피보험자인 부모가 사망해 상속인인 자녀가 보험금을 수령한 경우에는 증여가 아니라 상속으로 보아 상속세가 과세된다.

14. 증여 유형에 따른 증여세 산출 방법과 증여세 납부전략

자녀들이 성장하면서 조금 넓은 집으로 이전하기를 원했던 영철이의 고민을 듣고 부친이 영철이에게 아파트 한 채를 증여해주겠다고 했다.

영철이는 드디어 넓은 집으로 이사할 수 있다는 기대에 기뻤지만 증여세를 내기 위해 찾아간 유세무사로부터 들은 이야기는 충격이었다. 왜냐하면 증여세와 취득세가 너무 많았기 때문이다.

부친이 증여하기로 한 아파트는 현재 시가가 20억 원이며 10억 원의 보증금을 받고 임대 중인 아파트였다. 이 집은 부친이 5년 전 10억 원에 취득한 주택으로 부친은 이 집 이외에 거주하고 있는 다른 주택 1채를 보유하고 있다.

동일한 재산이라도 어떤 방법으로 증여를 하는가에 따라 수증자가 납부할 증여세가 달라진다. 그뿐 아니라 가족 전체의 세부담과 증여를 받는 자녀의 자금부담액도 달라지게 된다. 따라서 증여를 하기 전에 세밀한 증여전략이 필요하다.

1. 시가 20억 원 아파트를 부담부증여한다면 증여세는 얼마일까?

증여해주기로 한 아파트는 현재 10억 원의 보증금을 받고 임대 중이기 때문에 보증금에 대한 반환 책임을 누가 지느냐에 따라 증여의 방법이 달라진다.

증여를 받는 영철이가 보증금을 인수하는 조건인 부담부증여를 할 경우, 아파트 시가 20억 원 중 보증금 10억 원에 대해서는 부친이 변제할 전세보증금을 영철이가 부담하는 것이기 때문에 부친은 갚아야 할 채무 10억 원이 없어지게 된다. 그러므로 10억 원에 대해서는 부친이 양도소득세를 부담해야 한다. 따라서 영철이는 향후 세입자에게 내줄 전세보증금만큼은 대가를 주고 산 것과 같으며 이를 제외한 10억 원만 증여를 받는 것이다. 이 경우 부담부에 해당하는 전세보증금의 인수는 매매와 동일하므로 취득세도 매매에 대한 취득세를 부담하게 된다.

영철이가 부담할 세금은 총 2억 9,800만 원으로 다음과 같다. 부친이 부담할 양도세는 1.7억 원으로 총 부담세금은 4.68억 원이 된다.

1. 취득세 : 7,300만 원

① 매매 취득세 : 10억 원 × 3.3% = 3,300만 원

② 증여 취득세 : 10억 원 × 4% = 4천만 원

* 만약 증여받는 주택이 조정지역 내에 있으면서 기준시가가 3억 원 이상일 경우 증여 취득세율은 12.4%(법 개정안 6.4%)가 된다.

2. 증여세

(증여가액 10억 원 – 자녀공제 5천만 원) × 30% – 누진공제 6천만 원 = 2억 2,500만 원

3. 부친의 양도소득세

(부담부 양도가액 10억 원 – 부담부 취득가액 5억 원 – 장특 5년공제 10%, 5천만 원) × 40% – 누진공제 2,540만 원 + 지방소득세(10%) = 1.7억 원

* 부담부 취득가액 : 주택가액 20억 원 중 1/2인 10억 원이 양도에 해당하므로 취득가액도 10억 원의 1/2인 5억 원이 된다.

4. 가족 전체의 부담세액 = 취득세 7,300만 원 + 증여세 2.25억 원 + 양도세 1.7억 원 = 4.68억 원

하지만 이렇게 증여받고 2억 9,800만 원의 세금을 내고 난 이후에도 영철이는 증여받은 집으로 이사 갈 수 없다. 왜냐하면 임대보증금 10억 원으로 임대 중이기 때문이다. 따라서 영철이가 이 집에 들어가기 위해서는 전세보증금 10억 원을 마련해야 한다.

영철이는 현재 보증금 5억 원을 주고 아파트에 전세로 살고 있는데 증여받은 집으로 이사 가려면 추가로 5억 원을 마련해야 한다. 2억 9,800만 원의 세금과 합치면 7억 9,800만 원의 자금이 있어야 한다. 사실 부친이 20억 원짜리 아파트를 준다고 해서 영철이는 내심 기뻤지만 세금과 내줄 전세보

증금 마련을 생각하니 잠이 오지 않았다.

2. 부담부증여 말고 전체 증여를 하면 증여세는 얼마일까?

영철이의 말을 들은 부친은 아들의 고민을 조금이라도 덜어주기 위해 "전세보증금 10억 원을 내가 부담할 터이니 너는 명의 이전에 소요되는 세금만 부담하라"고 제안했다.

부친이 전세보증금을 부담한다는 것은 부친이 세입자로부터 받은 전세보증금 10억 원을 세입자에게 내주고 세입자는 그 10억 원을 받은 후에 새로운 집 주인인 영철이와 새롭게 전세 계약을 체결하면서 전세보증금으로 10억 원을 지급한다는 의미다. 이런 경우 영철이는 세입자로부터 받은 10억 원의 자금이 생긴다. 따라서 나중에 세입자가 퇴거할 때까지 10억 원을 보관하다가 내어주면 된다. 이렇게 증여자가 부담할 채무를 수증자에게 인계하지 않고 증여자가 부담한다면 부동산 전체가액인 20억 원이 증여가액이 된다. 이런 경우 증여세와 취득세는 7억 원으로 다음과 같이 산출된다.

1. 취득세 : 증여가액 20억 원 × 증여세율 4% = 8천만 원
2. 증여세 : (증여가액 20억 원 – 증여공제 5천만 원) × 40% – 누진공제 1.6억 원 = 6.2억 원
3. 부친 양도세 : 전체 증여를 했기 때문에 양도에 해당하지 않음
4. 가족 전체의 부담세액 = 취득세 8천만 원 + 증여세 6.2억 원 = 7억 원

영철이는 취득세와 증여세로 7억 원을 내야 하는데 세입자로부터 받은 전세보증금 10억 원이 있으므로 이 자금으로 우선 취득세와 증여세를 납부하고 세입자가 퇴거할 때 반환할 전세보증금은 나중에 지금 살고 있는 집의 전세보증금 5억 원과 다른 자금으로 해결하면 되겠다고 생각했다. 하지만 세금을 내고 남은 3억 원과 지금 살고 있는 집의 전세보증금 5억 원을 합쳐도 세입자를 퇴거시키고 증여받은 집으로 이사 가려면 추가로 2억 원의 자금을 마련해야 한다.

3. 부친이 증여세와 취득세까지 다 내준다면 증여세는 얼마일까?

부담부증여를 하든 전체 증여를 하든 간에 영철이는 큰 자금 부담을 해야 한다. 이런 사정을 아는 부친이 흔쾌히 자녀의 세금까지도 모두 부담하는 증여를 한다면 영철이는 행복할 것이다. 그런데 증여세를 대신 내주면 그 금액만큼 새로운 증여가 발생하여 증여세를 추가로 부담해야 된다. 1차로 증여세와 취득세를 대신 납부해주면 또다시 증여세가 발생하는데 그러면 세금을 대신 내준 금액도 증여로 보기 때문에 연속적으로 증여세가 발생하게 된다. 이럴 경우 부친은 영철이에게 세금을 낼 수 있도록 현금으로 12.5억 원을 추가로 증여해야 한다.

1. 현금을 12.5억 원 추가로 증여할 경우 증여세
   (주택증여 20억 원 + 현금증여 12.5억 원 – 증여공제 5천만 원) × 50% – 누진공제 4.6억 원 = 11.4억 원
2. 증여받은 현금의 사용
   증여받은 현금 12.5억 원 – 증여세 11.4억 원 – 취득세 8천만 원 – 부대비용 3천만 원 = 0원

세금을 부담할 능력이 없는 자녀에게 시가 20억 원짜리 주택을 증여하면서 자녀가 부담해야 할 세금까지 증여한다면 현금으로 12.5억 원을 추가로 증여해야 한다. 사실 이 방법이 자녀에게는 가장 좋지만 증여자인 부모의 입장에서는 20억 원짜리 주택을 주면서 세금 명목으로 현금 12.5억 원을 추가로 증여해야 하기 때문에 큰 부담이 될 수밖에 없다.

세부담 및 자금부담 비교 표

구분	양도세	취득세	증여세	입주 시까지 자녀의 자금부담
부담부증여	1.7억 원	7,300만 원	2억 2,500만	12억 9,800만 원
전체 증여	0원	8천만 원	6.2억 원	7억 원
세금까지 증여	0원	8천만 원	11.4억 원	0원

4. 증여세 납부 방법

증여세는 증여세 신고기한까지 신고·납부해야 한다. 다만 증여로 인한 세금의 부담이 크기 때문에 다음 두 가지 방법으로도 납부할 수 있다.

분납

증여세가 1천만 원을 초과하면 세금을 두 번에 나눠서 납부할 수 있다. 납부할 증여세가 2천만 원 이하인 경우에는 첫 번째 납부 때 1천만 원을 내고 초과하는 세금은 납부기한 후 두 달 내에 납부를 할 수 있다. 납부할 세금이 2천만 원을 초과하는 경우에는 첫 번째 납부 때 1/2 이상을 납부하고 나머지 세금은 두 달 내에 납부하면 된다. 분납은 별도의 다른 절차나 허가가 필요하지 않고 증여세 신고서에 분납할 금액을 기재해 신고하면 된다.

연부연납

보통 증여세는 납부할 세금이 워낙 많아서 일시에 내기엔 부담스럽다. 따라서 세금을 장기간에 걸쳐 분납할 수 있는 '연부연납' 제도가 운영되고 있다. 연부연납은 비교적 납부할 세금이 큰 상속세와 증여세의 경우에만 적용하고 있다.

연부연납하는 방법은 상속세의 경우 신고할 때를 포함해 10년간 11번으로 나누어서 납부할 수 있으며, 증여세의 경우에는 신고하면서 납부하는 것을 포함해 5년간 6번에 걸쳐 나누어서 납부가 가능하다.

앞의 3의 경우처럼 부친이 증여세까지 다 내줄 경우 자녀가 부담할 증여세는 11.4억 원인데 이 세금을 연부연납 방식으로 납부한다면 신고와 동시에 1/6인 1.9억 원 이상을 납부하고 나머지 잔액은 5회로 나눠 1년마다 납부를 할 수 있다.

연부연납할 경우 거액의 세금을 나누어서 납부하게 되므로 납부 기간 연장에 따른 이자 상당액의 이익이 발생하게 된다. 현행 세법은 연부연납 시 연 2.9%의 이자를 가산해 징수하고 있다.

그리고 연부연납을 하려면 분납하려는 세액의 120% 이상에 해당하는 담보를 제공해야 한다. 특별한 문제가 없다면 증여받은 부동산을 담보로 제공하면 된다. 연부연납은 관할 세무서장의 허가 사항이지만 세법상 인정된 담보를 제공해 신청하는 경우에는 허가를 받은 것으로 본다.

증여할 때 가장 고민되는 부분은 세부담이다. 증여를 할 때 가장 중요한 것은 자녀가 부담할 세금의 자금 출처와 가족 내의 총 부담세액이다. 따라서 증여받고 싶다거나 증여해야 한다고 판단이 든다면 자녀의 세부담과 그 세금을 낼 수 있는지에 대한 고려, 가족 내 총 세금부담액 등을 고려하는 전략이 먼저 수립돼야 한다.

자녀가 부담할 세금을 부모로부터 차입해 해결할 수도 있다. 하지만 부모로부터의 차입은 세무행정상 원칙적으로 인정하지 않는다. 인정을 받는다고 해도 언젠가는 자녀가 부모에게 변제해야 한다.

15. 1억 5천만 원 증여하는 것이 절세다

영철이는 결혼 후 첫아기를 가졌다. 영철이의 아버지는 손주가 100일이 되는 날 어떤 선물을 줄까 고민하다가 성인이 돼 쓸 수 있도록 종잣돈을 마련해주는 게 좋겠다고 생각했다.

영철이의 아버지는 경제적으로 여력이 있어 가능한 한 돈을 많이 주고 싶었지만 그 금액이 2천만 원을 넘으면 증여세가 나온다는 소문을 듣고 고민하기 시작했다.

이에 영철이는 혹시 부친이 손주에게 종잣돈을 주면서 절세할 방법이 있는지 알고 싶어 유세무사를 찾았다. 유세무사는 할아버지가 여유가 있다면 2천만 원이 아니라 1억 2천만 원을 증여하는 것이 절세에 도움이 된다고 설명했다.

최근 사람의 수명이 길어지고 노령층에 재산의 상당 부분이 쏠린 상황에서 부모의 재산이 자녀뿐 아니라 손주에게도 흘러가게 하는 것이 사회·경제적으로도 좋다. 손주에게 재산을 물려주는 일은 장려할 일이지만 어찌 된 일인지 현행 세법은 손주에게 증여나 상속할 경우 30%(20억 원이 넘으면 40%)의 세금을 할증하고 있다.

법을 고치는 것은 국회의원들의 일이니 우리는 그저 현행 세법 테두리 안에서 현명하게 절세하는 방법을 찾아야 한다. 여기서는 두 가지 방법을 제안해보고자 한다.

1. 10억 원 이하는 소득세보다 증여세율이 낮다

개인이 소득이 있는 경우 세금을 내야 하는데 이때 적용되는 세율은 두 가지뿐이다. 한 가지는 소득세율이고 나머지 한 가지는 상속증여세율이다. 일반적으로 상속·증여세율이 매우 높다고 알려졌지만 일정 금액 이하에서는 상속·증여세율이 소득세율과 비교해 매우 낮다.

소득세율과 상속·증여세율의 비교

소득세율			증여세율		
과세표준	적용세율	누진공제	과세표준	적용세율	누진공제
1,400만 원 이하	6%	0	1억 원 이하	10%	
1,400만 ~ 5,000만 원	15%	126만 원	1억 ~ 5억 원	20%	1천만 원
5,000만 ~ 8,000만 원	24%	585만 원	5억 ~ 10억 원	30%	6천만 원

소득세율			증여세율		
과세표준	적용세율	누진공제	과세표준	적용세율	누진공제
8,000만 ~ 1.5억 원	35%	1,490만 원	10억 ~ 30억 원	40%	1.6억 원
1.5억 ~ 3억 원	38%	1,940만 원	30억 원 초과	50%	4.6억 원
3억 ~ 5억 원	40%	2,540만 원			
5억 ~ 10억 원	42%	3,540만 원			
10억 원 초과	45%	6,540만 원			

예를 들어 9천만 원의 소득을 얻은 경우 소득세율은 35%가 적용되지만 증여세율이 적용된다면 10%가 된다. 근로소득이나 이자, 배당소득 등은 건강보험뿐 아니라 4대 보험에도 적용될 수 있어 그 부담은 더 커진다. 그뿐만 아니라 소득세의 10%에 해당하는 지방소득세까지 부담해야 한다. 하지만 증여는 건강보험 등 다른 사회보장세를 부담하지 않고 지방소득세도 없다. 따라서 30억 원 이상 고액이 아닌 경우에는 소득세로 내는 것보다 증여세로 내는 것이 훨씬 유리하다.

더욱이 소득세는 소득을 전제로 하는데 대표적인 소득인 근로소득이나 사업소득은 근로를 제공하거나 사업을 위해 투자해야 한다. 하지만 증여는 단지 혈연이라는 이유만으로 아무런 보상이나 대가 없이 얻을 수 있는 소득이다.

그러니 나중에 손주가 성년이 돼 근로소득이나 사업소득으로 1억 원을 얻으려면 많은 노력을 투자해야 하고 소득세 35%와 지방소득세를 합쳐 2,211만 원을 부담해야 한다. 그러나 1.2억 원을 증여받는 경우 2천만 원을 공제한 후 1억 원에 대해 1천만 원의 증여세를 부담하면 된다. 손주의 경우 30%가 할증이 되는 것을 감안하면 1,300만 원을 부담하면 된다.

부모나 조부모가 자녀나 손주에게 증여할 경우 2천만 원 또는 성년의 경우 5천만 원이 공제된다고 하고 그 이상 증여하는 경우 추가로 주는 증여금액이 1억 원 이하일 경우 적용 세율이 10%(손주의 경우 13%)이기 때문에 증여 금액을 늘리는 것이 절세효과를 볼 수 있다고 생각한다.

2. 증여로 손주 종잣돈 만들기

자녀가 성년이 되고 학업을 마친 후 사회에 나가는 시기는 대략 30세 전후다. 그렇다면 증여세 누진세율 적용을 회피하고 증여공제를 계속 적용받기 위해서는 10년에 한 번씩 증여하면 된다. 이런 경우 0세, 10세, 20세 30세 등 네 번의 증여 기회가 생긴다.

만약 증여세를 안 내기 위해 증여공제액만큼만 증여한다면 0세와 10세 때 각 2천만 원씩 4천만 원 그리고 20세와 30세에 각 5천만 원씩 1억 원을 합쳐 총 1억 4천만 원을 증여세 없이 줄 수 있다.

그러나 만약 증여공제액보다 1억 원을 추가로 증여한다면 0세와 10세에 각 1.2억 원씩 2.4억 원 그리고 20세와 30세에 각 1.5억 원씩 3억 원을 증여하게 되며 총 5.4억 원을 증여하게 된다. 이때 부담할 증여세는 각 1억 원에 대해 10%인 1천만 원을 4번 부담하게 되므로 총 4천만 원이다. 물론 모든 증여를 조부모로부터 받았다면 세금은 30%가 할증되기 때문에 총

5,200만 원의 증여세를 부담하게 된다.

부모 또는 조부모가 증여할 능력이 충분할 경우 30년간 증여세 없이 1.4억 원을 증여할 것인가 아니면 4천만 원 또는 5,200만 원의 증여세를 내고 총 5.4억 원을 증여할 것인가는 소득세율과의 차이와 30년간의 투자 수익 등을 비교할 때 당연히 후자가 유리하다.

30세가 되어 종잣돈으로 1.4억 원과 5.4억 원은 상당한 차이가 있음은 누구도 충분히 예상할 수 있다.

3. 분산증여의 절세효과

증여세는 소급해 10년간 증여받은 금액을 모두 '합친 금액'에서 '증여공제'를 차감한 금액에 대해 증여세율을 적용한다. 이때 '증여한 사람 별로' 증여자의 배우자가 증여한 금액도 합쳐서 계산한다.

사례

성년인 자녀에게 소급해 10년 이내에 아버지가 1억 원을 증여하고 할아버지가 1억 원을 증여한 경우

① 만약 아버지 혼자 2억 원을 준 경우라면 2억 원에서 증여공제 5천만 원을 차감한 금액에 20%의 세율과 누진공제 1천만 원을 차감해 3천만 원의 증여세를 부담해야 한다.

② 그러나 혼자가 아닌 두 사람이 각각 증여한 경우에는 증여한 사람별로 합쳐서 세율을 적용하기 때문에 아버지가 증여한 금액과 할아버지가 증여한 금액을 구

분해 각각 10년간 합쳐서 증여세율을 적용한다. 그 때문에 아버지가 증여한 금액 1억 원에서 5천만 원을 공제하고 남은 5천만 원에 대해 10%인 500만 원의 증여세와 할아버지로부터 증여받은 1억 원에 대해 13%인 1,300만 원을 합쳐 1,800만 원의 증여세를 부담하는 것이다.

③ 아버지 혼자 3억 원을 증여하면 4천만 원의 증여세를 부담해야 하지만 아버지 1억 원, 할아버지 1억 원, 외할아버지 1억 원씩 각각 증여하면 총 3억 원의 증여에도 부담하는 증여세는 3,100만 원에 불과하다.

아버지 증여세 (1억 원 – 5천만 원) × 10% = 500만 원
할아버지 증여세 (1억 원 – 0원) × 13% = 1,300만 원
외할아버지 증여세 (1억 원 – 0원) × 13% = 1,300만 원
증여세 총 부담액 = 3,100만 원

4. 분산증여는 증여 순서에 따라 증여세가 달라진다

증여공제는 10년간 직계존속으로부터 받은 모든 증여에 대해 총 5천만 원만 공제한다. 위 사례처럼 소급하여 10년 이내에 아버지로부터 1억 원, 할아버지로부터 1억 원을 증여받은 경우 세율 적용은 각각 구분해 적용하지만 증여공제 금액은 합쳐서 5천만 원만 공제한다. 이때 증여공제는 먼저 증여한 금액부터 공제한다.

예를 들어 10월 5일에 아버지로부터 1억 원을 증여받고 10월 6일에 할아버지로부터 1억 원을 증여받은 경우 증여세 계산은 다음과 같다.

(1순위) 아버지 증여 (1억 원 – 5천만 원) × 10% = 500만 원
(2순위) 할아버지 증여 (1억 원 – 0원) × 13% = 1,300만 원
증여세 총 부담액 = 1,800만 원

하지만 증여 순서를 바꿔서 10월 5일에 할아버지로부터 1억 원을 증여받고, 다음날인 10월 6일에 아버지로부터 1억 원을 증여받는다면 증여세는 다음과 같이 계산된다.

(1순위) 할아버지 증여세 (1억 원 – 5천만 원) × 13% = 650만 원
(2순위) 아버지 증여세 (1억 원 – 0원) × 10% = 1천만 원
증여세 총 부담액 = 1,650만 원

아버지와 할아버지로부터 각 1억 원씩 총 2억 원을 증여받을 때 누구로부터 먼저 증여받는가에 따라 증여세가 150만 원 차이가 남을 알 수 있다.

16. 현금을 주면 모르겠지

영철이의 부친은 방에 금고를 두고 5만 원권과 금괴 등을 보관하고 있다. 가끔 며느리나 손자녀들을 볼 때면 현금을 꺼내어 용돈으로 주곤 한다.

부친은 주변 은행의 현금 인출기에서 5만 원권을 인출해 금고에 보관하는데 이런 행위가 국세청에 보고될 수 있다는 얘기를 듣고 걱정이 들었다.

현재 우리나라에서는 현금을 사용할 일이 거의 없다. 그래서 그런지 국세청이나 금융정보분석원에서는 현금을 인출하거나 입금하는 행위를 범죄행위라고 인식하고 있는 듯하다.

젊은 부모들 중에는 자녀에게 세금 없이 자금 출처를 마련해주는 방법으로 자녀가 얻는 수입을 모두 저축하게 하고 생활비는 현금으로 주어 충당하게 하는 것이 효과적인 절세방법이라고 생각하는 사람들이 많다.

딱히 상속세나 증여세를 안 내고 재산을 물려줄 방법이 없는 현실에서 현금 증여가 그나마 간단하면서도 현실적인 대안이 된다고 생각하는 것 같다. 그렇다면 과연 현금을 주면 아무 문제도 없을까?

1. 현금 입출금은 범죄행위?

앞에서 언급했듯이 현금을 인출하거나 입금하는 행위에 대해 국세청 등에서는 범죄행위일 가능성이 높다고 판단해 이를 방지하거나 적출하는 방법을 마련하고 있는데 그 제도가 금융정보분석원을 통한 현금 입출금에 대한 관리제도이다. 고액 현금이 입출금될 경우 은행은 그 내용을 금융정보분석원에 의무적으로 보고를 해야 한다. 이때 고액 현금거래란 은행별로 하루에 1천만 원 이상의 현금이 입출금되는 것을 말한다.

은행별이라는 의미는 동일 은행별로 1천만 원 이상 여부를 따지는 것이므로 은행별로 1천만 원 미만을 입출금한 경우는 의무보고 대상은 아니다. 다만 다른 지점에서 입출금했더라도 동일 은행이라면 합산해 판단하는 것이며 창구 입출금과 ATM을 통한 입출금도 합산하게 된다.

1천만 원에 대한 기준은 1일 합산 기준이므로 날짜를 달리해 1천만 원 미만으로 입출금한 경우에는 의무보고 대상에 해당하지 않는다.

그럼 1천만 원 미만을 입출금하는 경우는 보고되지 않는다고 오해할 수 있는데 1천만 원 미만이더라도 불법자금으로 의심되는 경우에는 보고하게 되어 있다. 여기서 의심이라고 하는 개념이 매우 모호하지만 소액이라도 반복적으로 현금이 입출금되는 경우라면 의심거래로 볼 가능성이 높으며 보고하지 않은 거래가 나중에 불법자금 등으로 판정되면 지점장 등에게 과태료가 부과되도록 법에 규정되어 있어 은행 지점장의 입장에서는 매우 적극적으로 보고할 가능성이 높다고 봐야 한다.

이렇게 금융정보분석원에 보고된 현금거래 내역에 대해서는 금융정보분석원에서 나름대로 분석해 불법자금으로 의심되면 관계기관에 통보하기도 한다. 국세청의 경우 세무조사를 시작하기 전에 개인별로 고액 현금거래에 대한 자료를 요청해 조사에 직접 활용하고 있다.

이런 경우 당연히 국세청의 조사를 염려해야 하지만 예컨대 세 군데 은행에서 일주일에 한 번씩 200만 원 정도를 출금해 금고에 쌓아놓는다고 한다면 한 달에 2,400만 원씩을 인출하는 꼴로, 이 경우 상식적으로 적은 금액에 빈번하지 않은 인출로 보이기 때문에 보고가 안 될 가능성이 높다고 판단된다. 설령 보고된다고 하더라도 단순히 인출해서 금고에 쌓아 놓았다는 사실만으로 과세할 수도 없다.

결국 세금을 매기기 위해서는 누군가에게 증여한 사실을 밝혀야 하는데 증여하는 행위나 과정을 국세청이 일일이 파악한다는 것은 불가능한 일이다. 따라서 그 자금의 최종 귀착 지점을 파악한 후에나 과세가 가능하다.

부모로부터 받은 현금으로 유흥비나 생활비 등에 사용했다면 국세청에서 파악하기 힘들겠지만 그 자금을 부동산 구입 자금으로 사용하거나 은행계좌에 입금했다면 근거가 남으니 국세청에서 파악할 수 있다는 것은 당연하다. 물론 국세청에서 파악이 가능하다고 해서 전부 조사한다는 것은 아니다. 세무조사는 행정이므로 효율을 위해 선택적 조사를 할 수밖에 없으니 반드시 세무조사가 이루어진다는 의미는 아니다.

2. 빅데이터 시스템으로 관리하는 국세청

요즘 국세청은 대부분의 경제 행위와 관련한 자료들을 수집·분석해서 과세자료로 사용하고 있으며 최근에는 AI를 이용한 빅데이터 분석 기법도 상당한 수준에 올라와 있다. 따라서 직접적인 세무조사가 아닌 분석자료를 근거로 선정된 사람들에게 소명을 요구하고 그 소명자료를 분석해 추징하거나 추가적인 세무조사를 벌이고 있다.

실례로 국세청은 소득과 지출에 관련한 분석시스템을 개발해 2009년 12월부터 업무에 활용하고 있다. 그 시스템이 바로 PCI(Property Consumption and Income Analysis System)다. '소득지출 분석시스템'이라고 하며 어떤 개인의 소비 지출이 그가 세무서에 신고한 소득을 초과할 경우 이를 적출해 세금을 부과하는 방식이다.

즉 일정 기간 취득한 재산과 소비 금액을 합친 금액과 그 사람이 국세청에 신고한 소득 금액을 비교해 신고한 소득이나 금융기관의 대출액보다 더 많은 자산을 구입하거나 소비했다면 무슨 자금으로 취득 또는 소비했는지 분석하고 세무조사 대상에 선정하는 시스템이다.

이 시스템에서 분석 대상이 되는 자산 구입 및 소비 지출은 크게 다음과 같이 네 가지로 구분된다.

① 부동산, 회원권 등 재산의 구입액

② 부채 상환액, 해외 송금액

③ 신용카드 등의 사용액

④ 해외여행 경비

해외여행 경비는 왕복항공권 가액에다 체재비를 더하는데 체재비는 1인당 1일 10만 원을 기준으로 산정하고 있다. 그리고 세무서에 신고한 소득 및 금융기관 대출액은 다음과 같다.

① 부동산 등 재산의 양도가액

② 은행 대출금

③ 증여 및 상속받은 재산가액

④ 사업소득 신고가액

국세청은 PCI 시스템을 통해 분석된 자료를 이용해 다음과 같은 업무에 활용한다고 발표했다.

① 취약·호황 업종의 성실신고 유도

② 기업주의 법인자금 사적 사용 여부 검증

③ 고액 자산 취득 시 자금 출처 관리

④ 세무조사 대상자 선정

⑤ 근로장려금 환급 대상자 및 고액 체납자 관리업무

증여세를 내지 않고 자녀에게 재산을 물려주는 방법으로 현금을 준다면 당연히 탈세행위에 해당한다. 그러나 생활비 정도의 자금은 부모가 현금으로 인출해 자녀에게 넘겨준다고 해도 국세청에 적발될 가능성은 현실적으로는 희박하다. 하지만 비교적 큰 금액을 주고 그 자금을 자녀가 재산을 취득하는 용도로 사용한다면 증여세가 과세될 가능성이 높아질 수 있으니 결국 부모가 준 현금은 생활비 등 소비자금으로만 사용할 수밖에 없게 된다.

17. 비과세되는 치료비, 축하금, 부의금, 생활비, 교육비

영철이의 큰딸은 피아노를 아주 잘 친다. 큰딸의 재능을 살려 주기 위해 영철이는 딸을 미국으로 유학 보내기로 결정했다. 몇 달 후 중학생인 큰딸은 어머니와 함께 미국 유학에 올랐다. 미국에서 유학하기 위해서는 거액의 학비 외에도 거주할 주택에 대한 비용과 생활비를 지출해야 하는데 영철이의 수입으로는 감당할 수 없었기에 영철이는 부친에게 도움을 청했다.

한편 자녀를 위해 지급한 유학비와 생활비는 증여세가 과세되지 않지만 손주의 유학비 지출에는 증여세를 내야 한다는 소문을 들은 영철이는 혹시나 하는 마음으로 유세무사를 찾아갔다.

일상생활에서 일어나는 부조나 가족들 간에 이루어지는 생활비 등의 지원은 원칙적으로는 증여이지만 부양의무 관계에 있는지에 따라서 그리고 금액의 크기와 용도에 따라서 증여세가 과세되기도 하고 안 되기도 한다. 문제는 과세의 기준을 판단할 때 사회통념이라고 하는 주관적인 부분이 개입되기도 하고 사회통념을 벗어난 경우라고 하더라도 국세행정력이 모두에게 미치지 않기 때문에 혼란스러운 면이 있다.

1. 증여세가 비과세되는 항목들

무상으로 금전 등을 증여하면 금액의 크기에 관계 없이 증여세가 과세되는 것이 원칙이다. 따라서 부모가 자녀에게 유학비를 대주는 것도 증여에 해당하며 증여세를 내야 한다. 그러나 상증법에서 증여세가 비과세되는 항목들을 규정해놓았는데 교육비와 생활비 등이 비과세 항목에 해당한다.

> **상증법 제46조(비과세되는 증여재산)**
>
> 5. 사회통념상 인정되는 이재구호금품, 치료비, 피부양자의 생활비, 교육비, 그 밖에 이와 유사한 것으로서 대통령령으로 정하는 것.

상증법 시행령 제35조(비과세되는 증여재산의 범위 등)

④ 법 제46조 제5호에서 "대통령령으로 정하는 것"이란 다음 각호의 어느 하나에 해당하는 것으로서 해당 용도에 직접 지출한 것을 말한다.

1. 삭제
2. 학자금 또는 장학금 기타 이와 유사한 금품
3. 기념품·축하금·부의금 기타 이와 유사한 금품으로서 통상 필요하다고 인정되는 금품
4. 혼수용품으로서 통상 필요하다고 인정되는 금품

위 규정에 의하면 치료비, 피부양자의 생활비, 교육비, 기념품, 축하금, 부의금 등은 증여세가 비과세된다.

2. 치료비

가족의 치료비를 대신 부담해주는 자금에 대해서는 증여세가 비과세된다. 그런데 위 법령을 자세히 보면 치료비라고 하더라도 전제조건이 있어 이에 해당하지 않으면 치료비를 지원해준 금원에 대해 증여세가 과세될 수 있다.

전제조건의 첫 번째는 사회통념상 인정되는 치료비여야 한다. 그리고 두 번째로는 치료에 직접 지출된 비용이어야 한다. 다만 치료비에는 부양의무를 따지지 않기 때문에 부양의무가 없는 할아버지가 손자녀의 치료비를 부담한다 해도 증여세가 과세되지 않는다.

사회통념상 인정되는 치료비란 질병의 치료비를 의미하므로 성형시술이나 양악수술 또는 건강증진을 위한 치료비는 인정되지 않는다. 그리고 해당 용도에 직접 사용한 치료비라고 규정하고 있어 실제 사용된 치료비와 증여받은 금액 사이의 인과관계가 입증돼야 한다. 따라서 할아버지로부터 치료비를 지원받는 경우 현금을 수령해 지출하기보다 할아버지 명의의 카드를 사용하는 것이 낫다.

3. 축하금

가족 또는 자녀의 출생, 백일, 돌, 생일, 학교 입학, 졸업, 수상 등 축하할 일이 있는 경우 선물이나 현금을 주는 것은 일상적인 일이다. 이렇게 축하금이나 선물은 무상으로 주는 것이기 때문에 당연히 증여에 해당돼 증여세 과세 대상이다.

다만 축하금으로서 사회통념상 인정되는 정도의 금액을 지급하는 경우에는 증여세를 과세하지 않는다. 축하금의 비과세 규정에도 부양의무와 연관 짓지 않았기 때문에 부모가 아닌 다른 사람으로부터 받는 축하금 등도 증여세가 비과세된다. 결혼 축의금도 축하금에 해당하므로 사회통념상 인정되는 정도의 축의금에 대해서는 증여세를 과세하지 않는다.

사실 부모 이상으로 축하금을 전달할 수 있는 사람은 조부모들이다. 조부모들은 손주에게 되도록 많은 축하금을 주고 싶은 경우가 많다. 하지만 축하금이 사회통념상 인정되는 정도의 금액을 초과할 경우에는 증여세가 과세될 수 있다.

사회통념상 인정되는 정도의 금액에 대해 상증법 집행기준에서는 다음과 같이 정의했다.

> **상증법 집행기준 46-35-1(비과세 증여재산)**
> 기념품, 축하금, 부의금은 그 물품 또는 금액을 지급한 자별로 사회통념상 인정되는 물품 또는 금액을 기준으로 한다.

따라서 지급한 자가 동일한 사건에 대해 지급해왔던 정도의 금액은 증여세 비과세 대상이다. 하지만 평소에 동일한 사건에 대해 20만 원을 지급하던 자가 특정인에게는 500만 원을 지급한다면 이는 비과세되는 축하금으로 볼 수 없다는 의미다.

4. 부의금

장례식에 가면 상부상조의 정신으로 부의금을 전달한다. 부의금은 아무런 대가 없이 금전을 지급하는 것이기 때문에 증여에 해당하므로 증여세 과세 대상이지만 앞서 본 축하금과 마찬가지로 사회통념상 인정되는 정도의 부의금을 지급받는 경우에는 증여세를 비과세하고 있다. 이때도 사회통념상 인정되는 금액의 판단은 앞서의 축하금과 동일하게 지급한 자별로 판단하게 되어 있다.

이와 관련해 부의금의 귀속 주체는 망자가 아니라 상속인이다. 또한 부의금의 법적 성질에 대해 법원은 조건부증여라고 판단한다. 즉, 부의금이란 장례비에 먼저 충당될 것을 조건으로 한 금전의 증여라는 것이다. 따라서 부의금을 받은 경우 우선 장례비에 충당하고 남은 금액은 공동상속인들이 상속분에 따라 분배하게 된다.

5. 생활비

생활비에는 피부양자의 생활비라는 전제조건이 붙어 있다. 따라서 피부양자가 아닌 사람에게 생활비를 지원하는 것은 증여세 비과세 대상이 아니다.

피부양자란 부양의무 관계에 있어야 하는데 민법은 부부와 미성년자의 경우 의무적으로 부양의무를 지게 하고 있다. 성년인 경우에는 피부양자가 자력 또는 근로를 통해 생활을 유지할 수 없는 때에만 2차 부양의무를 부여하고 있다.

자녀가 성년이 된 경우 스스로 생활할 수 있는 능력이 있다면 피부양자가 되지 못한다. 따라서 이러한 자녀에게 생활비를 지원하는 것은 증여세 비과세 대상에 해당하지 않는다.

생활비로서 증여세 과세 문제가 대두되는 대부분의 사건은 자녀가 결혼하고 자립해 충분히 스스로 생계를 유지할 수 있음에도 불구하고 생활비를 지원하거나 자녀의 소득으로는 생계가 곤란해 생활비를 지원해주는 경우

인데, 후자의 경우 과연 자녀가 생활능력이 없어 부모가 부양의무를 이행할 정도인지를 판단해야 한다.

실제 사건들 중에는 자녀가 파산해 수입이 없어서 부모가 지원한 생활비를 부양의무로 본 사례가 있으며, 미국 유학 중인 자녀 부부가 학교에서 받는 보수로는 가정생활을 하기에 부족해 부모가 생활비와 교육비를 지원해준 사건에 대해 국세청이 자녀가 학교에서 보수를 받으므로 자력이 있다고 여겨 증여세를 과세했지만 법원은 자녀가 얻는 수입이 생활하기에 부족한 것으로 인정해 증여세 과세를 취소하라는 결정을 내린 적도 있다.

6. 교육비

부모가 자녀의 교육비를 부담하는 것은 증여세가 과세되지 않는다. 그런데 자녀가 해외 유학을 갔는데 부모의 소득으로는 감당하기 어려워 조부모가 지원하는 경우가 있는데, 이럴 때 조부모가 지원하는 해외 유학비에 대한 증여세 비과세 논란이 있다.

상증법상 비과세되는 증여재산에 "피부양자의 생활비, 교육비"라고 규정하고 있다. 이때 생활비 다음에 콤마(,)가 있어 피부양자는 생활비에만 적용되고 교육비에는 적용되지 않는다는 주장이 있었다. 하지만 국세청은 피부양자는 교육비에도 적용된다고 해석하고 있어 조부모가 피부양자가 아닌 손주의 해외 유학비를 지원할 경우 증여세를 물리고 있다.

이와 관련해 서울행정법원은 "피부양자는 생활비와 교육비 모두를 수식하는 것이 맞다"고 판결했다.

서울행법2020구합82185(2021.07.13.)

다) 이러한 상증세법 제46조 제5호의 문언 내용과 체계, 개정 연혁과 구 상증세법 제46조는 증여재산의 공익성 또는 사회정책적 고려에서 증여세의 과세를 배제하는 규정이므로 부양의무 여부를 불문하고 교육비에 해당하는 금액이 비과세되는 증여재산이라고 해석하는 것은 위 규정의 취지에 부합하지 않는 점 등을 종합적으로 고려하여 보면, 위 규정의 '피부양자의' 부분은 '생활비, 교육비'를 모두 수식하는 것으로 봄이 타당하다.

따라서 영철이의 큰딸 해외 유학비와 생활비를 조부가 지원하는 것은 증여세가 과세될 여지가 커 보인다.

법 규정에 명시된 "사회통념상", "지급한 자별로", "부양의무에 해당하는지" 등은 명확한 구분 기준이 있는 것은 아니다. 이는 과거의 판례와 과세 사례 등을 참조해 종합적으로 판단해야 하는 문제이므로 어떤 개인의 문제를 일반화해 적용하기는 힘들다.

18. 결혼비용과 축의금

영철이가 결혼할 때 마련했던 전세자금 3억 원은 축의금이었다. 영철이의 큰삼촌이 조카가 결혼한다니 선뜻 5천만 원의 거액을 축의금으로 주었고, 신혼여행 동안 영철이의 아버지는 축의금을 모아 자신의 계좌에 입금한 후 영철이가 신혼여행에서 돌아오자 아들 계좌로 입금했다.

영철이는 아버지가 3억 원이라는 큰돈을 줬지만 축의금을 모아준 돈이라 증여세를 내야 한다는 생각을 미처 못 했다. 그러다 얼마 후 유세무사를 만나 축의금이라도 증여세를 내야 한다는 얘기를 듣고 고민에 빠졌다.

자녀가 결혼할 때 필요한 결혼자금 중 상당 부분은 부모의 도움을 받아 충당한다. 이때 부모의 도움을 크게 나누면 혼수용품과 결혼 축의금으로 나누어볼 수 있다.

1. 혼수용품과 결혼식 비용은 증여세 비과세

상증법 시행령 제35조 4항 4호에 "혼수용품으로서 통상 필요하다고 인정되는 금품"은 증여세를 비과세한다고 규정하고 있다. 즉, 혼수용품은 증여세가 비과세되지만 통상 필요하다고 인정되는 금품이어야 한다.

많은 젊은이들이 결혼식을 하기 위해 열심히 돈을 모은다. 부모가 결혼 비용을 지원해줄 정도의 여력이 없다면 어쩔 수 없지만, 부모가 능력이 있다면 신혼생활을 위한 비용 중 어떤 비용을 부모가 부담하고 어떤 비용을 결혼 당사자인 자녀가 부담할지를 잘 구분해 지출한다면 증여세에 대한 부담 없이 신혼을 시작할 수 있다.

이런 규정을 근거로 증여세 없이 결혼자금을 부모로부터 지원받는 방법을 나름대로 제시해보고자 한다.

첫째는 결혼식과 관련된 비용이다. 이러한 비용은 전액 부모의 자금으로 사용하는 것이 좋다. 결혼식의 혼주는 결혼 당사자가 아니라 부모이기 때문에 결혼식 비용은 당연히 부모가 부담하는 비용이다. 그러므로 결혼식 비용은 부모의 자금이 지출되는 것이 좋다.

둘째는 가전, 가구 등 생활용품 구입 비용이다. 이러한 비용은 혼수용품

비용이므로 모두 부모의 자금을 사용하는 것이 좋다. 다만 증여세가 비과세되는 혼수용품이란 일상생활에 필요한 가사용품에 한하며 호화 사치용품이나 주택 또는 차량 등은 비과세되지 않는다. 따라서 생활에 필요한 가구나 가전제품 또는 생활용품 등은 부모 자금으로 구입하면 증여세를 내지 않고 마련할 수 있다.

예복 비용과 웨딩 촬영 비용 같은 혼수용품에 대해서도 비과세한다고 세법에 규정되어 있다. 하지만 국세청은 거액이 소요된 결혼식장 비용이나 예복 및 촬영 비용 등은 혼수용품에 해당되지 않기 때문에 증여세를 내야 한다고 주장했다.

그런데 국세심판원에서는 "상당한 재력이 있는 아버지가 지출한 결혼 및 예물 비용은 사회통념상 용인되기 어려울 정도로 과다하다고 단정할 수 없으므로, 증여세를 부과한 처분은 잘못이 있는 것으로 판단된다"고 해 증여세를 내지 않았다는 사례도 있었다. (조심2020서8511, 2021.02.08)

주의할 점은 부모로부터 돈을 받아서 생활용품을 구입할 경우 증여세를 낼 수도 있으므로 되도록 부모가 직접 지불하거나 부모의 카드를 사용하는 것이 좋다. 그리고 설령 자녀의 계좌로 입금받아 사용하는 경우에는 그 사용처를 입증할 수 있도록 계약서나 증빙 그리고 계좌에 사용 내역 등을 꼼꼼히 기재한다면 증여세 과세 문제를 해결하는 데 도움이 될 것이다.

2. 축의금은 혼주인 부모님 돈이다

결혼 축의금에는 두 가지 쟁점이 있다. 첫 번째는 축의금을 받는 것에 증여세를 과세하는지이고 두 번째는 축의금의 주인이 누구냐인 것이다.

첫 번째 쟁점과 관련해 축의금은 증여에 해당하지만 증여세를 물리지 않는다. 다만 축의금의 규모가 사회통념상 인정되는 금액이어야만 비과세된다. 금액의 과다 여부는 '지급하는 자별로 따진다'고 돼 있다. 상증법에서는 축의금과 부의금에 대해 다음과 같이 규정하고 있다.

> **상증법 집행기준 46-35-1(비과세 증여재산)**
> 축하금, 부의금은 그 물품 또는 금액을 지급한 자별로 사회통념상 인정되는 물품 또는 금액을 기준으로 한다.

지급하는 자 즉, 축의금을 내는 사람이 충분한 경제적 능력이 있다면, 즉 '부자'가 내는 축의금은 금액이 좀 많아도 비과세로 본다는 의미다. 친소 관계나 친인척 관계에 따라서도 금액의 과다 여부가 판단될 것인데 어느 정도가 적당한지는 '사회통념상 인정되는 정도'라고만 돼 있어 여러 정황을 고려해 판단할 수밖에 없다.

하지만 재산이 많은 할아버지가 손자녀의 결혼 축하금으로 1억 원을 주었다면 이 금액을 사회통념상 인정되는 금액이라고 판단할 수 있을지는 의문이다.

두 번째 쟁점을 살펴보자. 결혼 축의금의 주인은 원칙적으로 혼주인 부모님이다. 하지만 다른 한편으로는 결혼 자체를 축하하는 목적도 있어 결혼 당사자에게 귀속이 된다고 볼 수도 있다.

판례 등에 따르면 결혼 축의금은 혼주와 당사자의 하객에 따라 축하금의 주인을 가리고 있다. 따라서 결혼 당사자를 축하하기 위한 하객, 즉 친구나 직장동료 등의 축의금이라는 사실을 잘 입증하면 그 금액에 대해서는 증여 문제가 발생하지 않는다.

하지만 결혼 당사자에게 귀속되는 축의금이라는 사실을 입증하지 못하면 전체 축하금의 귀속은 부모의 것이 되고 그 자금을 자녀에게 이전하는 경우 증여세가 과세될 수 있다.

사실 결혼 축의금에 대해 국세청이 그 귀속을 따져 증여세를 과세하는 일은 국세행정의 관리 밖의 일이므로 발생할 가능성은 거의 없다. 그러나 자녀가 부동산을 취득하면서 결혼 축의금을 자금 출처로 사용하는 경우 그 귀속을 따져 증여세를 매길 가능성을 배제할 수 없다. 특히나 결혼 축의금을 모아서 임시적으로 부모의 계좌에 입금한 다음에 자녀가 신혼여행을 다녀온 뒤 또는 상당한 시간이 흐른 뒤에 자녀 명의 계좌로 입금한 경우에는 증여세 과세 문제가 대두될 가능성이 훨씬 커지게 된다.

요컨대 결혼하는 자식에 대한 부모님의 경제적 지원은 증여에 해당하지만 비과세되는 항목들이 꽤 있으므로 부모님의 지원 중에서 비과세되는 비용들은 부모의 비용으로 처리하는 것이 좋다. 그래도 모자라는 주택 구입 비용 등은 부모에게 증여받는 등의 방법으로 마련하는 것이 좋겠다.

3. 혼인증여 재산공제와 출산공제

자녀가 혼인을 하거나 출산을 한 경우 직계존속으로부터 받는 1.5억 원에 대해서는 증여세를 내지 않아도 된다.

세법은 증여자를 "직계존속"이라고 했다. 직계존속이라고 하면 부모뿐만 아니라 조부모와 외조부모도 해당된다. 최근 상황을 보면 부모보다는 조부모의 경제력이 더 큰 경우가 많기 때문에 조부모로부터 결혼자금이나 출산격려금 등을 증여받는 사례도 적지 않다.

부모나 조부모가 자녀에게 1.5억 원을 한꺼번에 줄 수도 있지만 부모가 5천만 원, 조부모가 5천만 원, 외조부모가 5천만 원씩 나누어서 증여하는 것도 좋은 방법이라 생각한다. 이런 경우에도 증여세를 한 푼도 안 내게 된다.

혼인출산공제 재산공제를 정확히 이해하기 위해서는 1.5억 원에 대한 속성부터 정확히 알아야 한다. 1.5억 원 중 1억 원은 혼인출산공제 재산공제금액이고 5천만 원은 일반증여 재산공제금액이다. 따라서 5천만 원 공제금액은 종전과 동일하게 취급된다. 예를 들어 5년 전에 부모로부터 5천만 원을 증여받으면서 5천만 원을 공제받아 증여세를 한 푼도 안 낸 경우 혼인, 출산하면서 1.5억 원을 증여받게 되면 이 중 1억 원에 대해서는 혼인출산공제 재산공제를 적용하여 과세가 안 된다. 하지만 나머지 5천만 원은 일반증여 재산공제 대상이므로, 5년 전 증여받은 5천만 원과 합산한 1억 원에서 10년간의 증여재산공제 5천만 원을 공제하고 남은 5천만 원에 대해 10%인 500만 원의 증여세를 신고·납부해야 한다.

혼인 공제

혼인증여 재산공제는 증여받는 시기가 정해져 있다는 점도 중요하다. 즉, 결혼 전후 2년 이내에 증여를 받아야만 공제를 받을 수 있다. 이때 결혼일이란 실제 결혼식을 한 날이 아니고 혼인신고를 한 날을 말한다. 따라서 혼인신고 전에 받을 수도 있고 혼인신고일 이후에 받을 수도 있다.

문제는 혼인신고일 전에 증여를 받고 난 이후 2년 내에 혼인신고를 해야 하는데 사정이 있어 하지 못했을 때다. 당연히 전제조건인 혼인이 이루어지지 않았기 때문에 일반증여에 해당되어 증여세뿐 아니라 많은 가산세도 함께 부담해야 하는 것이 원칙이다. 그런데 혼인신고일 2년 전에 증여를 받았더라도 2년간 많은 사유가 발생하여 '혼인이 이루어지지 않을' 수도 있다. 이런 경우에도 가산세까지 물린다면 결혼자금 증여를 받는 데 신중해질 수밖에 없다.

통상 결혼을 했는데도 불구하고 혼인이 이뤄지지 않는 경우는 두 가지 상황으로 나누어서 발생할 수 있다. 첫째는 혼인을 할 수 없는 정당한 사유가 발생한 경우다. 이 경우 그 사유 발생일로부터 3개월 내에 받은 돈을 부모에게 반환하면 처음부터 증여가 없었던 것으로 본다는 규정이 있다.

만약 증여받은 후 2년이 넘을 때까지 혼인신고를 하지 않은 경우에는 일반증여로 전환된다. 따라서 일반증여 공제한도금액인 5천만 원을 초과하는 증여금액에 대해서는 증여세를 내야 한다. 이때 쟁점은 증여 시기다. 왜냐하면 증여를 받은 날로부터 3개월 내에 증여세 신고를 하지 않으면 무신고 가산세를 20% 물어야 하며 그날로부터 매년 8.03%의 지연이자도 함께 납부해야 하기 때문이다.

그러나 혼인증여의 경우에는 증여를 받고 2년이 되는 날로부터 3개월 내에 증여세를 신고하는 경우에 한해 가산세를 감면해줄 예정이다.

혼인증여 재산공제의 경우 자금을 어디에 썼는지 확인하지 않는다는 점도 주목해야 한다. 용어 자체가 혼인증여 재산공제이기 때문에 혼인에 필요한 용도로 사용하는 것이 당연하다. 실제로 어떤 용도에 사용했는지를 납세자가 입증하고 세무공무원이 확인하는 행위에는 많은 행정력과 비용이 소요되기 때문에 용도를 따지지 않는다. 따라서 혼인신고 이전 또는 이후에 부모로부터 자금을 증여받은 후 그 자금으로 대출을 갚거나 여행을 가는 등의 행위를 해도 아무 문제가 되지 않는다. 물론 부동산을 구입하거나 전세자금으로 사용하는 경우에도 증여세가 과세되지 않는다.

혼인증여 재산공제는 반드시 현금이 아니더라도 괜찮다는 것도 중요하다. 즉, 현금 아닌 부 동산이나 주식 또는 채권이나 코인 등 어떤 재산이라도 무관하다. 다만 민법상 증여는 아니지만 상속증여세법에서 증여로 보는 저가매매 등의 경우에 발생하는 증여가액은 혼인증여 재산공제를 받을 수 없다.

혼인증여 재산공제 횟수도 궁금해하는 사람들이 많은데, 혼인의 횟수와 관계없이 공제가 가능하다. 즉, 이혼 후에 다시 결혼을 하는 경우, 처음 결혼했을 당시 혼인증여 재산공제를 받았었다고 하더라도 재혼 시에는 종전에 받은 공제와 무관하게 또 다시 공제가 가능하다. 다만, 이혼 후에 다른 사람과 재혼하는 경우는 문제가 없겠지만 종전 배우자와 재결합하는 경우에는 이혼 후 재결합이 증여 재산공제를 한 번 더 받으려고 하는 위장 행위 인지를 조사할 수도 있다는 점은 알아야 한다.

출산 공제

자녀가 출산을 한 경우에는 출생일(출생신고서상 출생일)로부터 2년 이내에 직계존속으로부터 증여를 받는 경우 혼인 공제와 마찬가지로 1억 원을 추가로 공제받을 수 있다. 다만 출산 공제와 혼인 공제 두 가지를 모두 합쳐서 공제 한도가 1억 원이므로 혼인 공제로 1억 원을 공제받았다면 출산 공제는 받을 수 없다.

19. 배우자 통장에 월급을 입금하면 증여세 내야 하나?

영철이는 사업을 운영하고 있는데 하루 종일 눈코 뜰 새가 없을 정도로 바빠 사업장을 벗어날 여유가 없다. 그러다 보니 은행 업무 같은 금융 거래는 아내가 도와주고 있고 배우자 명의의 계좌를 이용하는 중이다.

영철이의 사업이 잘돼서 어느 정도 돈을 모았는데 대부분 아내 통장에 입금돼 있다. 영철이의 아내는 모은 돈으로 아이들의 교육 문제와 주거환경 등을 고려해 이번에 아파트 한 채를 구입하기로 했다. 그런데 새로 구입하는 아파트를 영철이의 명의로 해야 하는지 아니면 공동명의로 해야 하는지 또는 배우자 명의로 해도 괜찮은지 몰라 유세무사를 찾아갔다.

요즘 젊은 세대들은 부부가 모두 경제활동을 해 가정의 경제권을 누가 가지는지에 대한 갈등이 상당히 많다고 한다. 가정의 경제권을 어떻게 할 것인지에 대한 문제도 있지만 일단 이번 글에서 배우자의 일방이 상대방의 통장에 돈을 입금해주었을 때 이 돈에 대해 증여세를 내야 하는지 그리고 그 돈으로 주택 등을 구입할 때 어떤 세금 문제가 있는지 알아보겠다.

1. 타인 명의 계좌에 입금된 돈의 주인은 계좌 명의자로 추정한다

'금융실명거래 및 비밀 보장에 관한 법률'과 상증법에서는 "실명이 확인된 계좌에 보유하고 있는 재산은 계좌의 명의자가 그 재산을 취득한 것으로 추정한다"고 규정하고 있다. 즉, 계좌에 돈이 입금되면 그 돈은 통장 명의자의 소유라고 추정한다는 것이다.

> **상증법 제45조(재산취득자금 등의 증여 추정)**
>
> ④「금융실명거래 및 비밀보장에 관한 법률」제3조에 따라 실명이 확인된 계좌 또는 외국의 관계 법령에 따라 이와 유사한 방법으로 실명이 확인된 계좌에 보유하고 있는 재산은 명의자가 그 재산을 취득한 것으로 추정하여 제1항을 적용한다.

추정이란 확정된 것은 아니지만 그 돈이 내 돈인지 아니면 내 돈이 아니고 입금한 사람의 돈인지 등에 대해 통장 명의자가 입증해야 한다는 것이다. 입증하지 못하면 통장 명의자 소유의 돈이 된다.

입증한 결과 그 돈은 통장 명의자의 것이 아니고 입금한 사람이 편의상 맡겨놓은 돈이라고 주장하면서 그 주장이 받아들여진다면 사건은 일단락되지만 그 돈은 언젠가는 다시 입금자에게 귀속을 시켜야 한다.

그런데 입증을 못 하거나 맡겨놓은 돈이 아니라 통장 명의자의 돈이라고 입증되면 그 돈은 배우자로부터 받은 돈이기 때문에 당연히 증여에 해당한다. 배우자 간 증여는 10년간 6억 원까지는 비과세이므로, 증여로 확정된다고 해도 10년간 6억 원을 초과하는지를 계산해서 6억 원을 초과하는 금액에 대해 증여세를 부담하면 된다.

2. 생활비로 입금한 돈은 증여세가 과세되지 않는다

배우자의 다른 계좌에 입금하거나 현금을 준 경우라도 증여세가 비과세되는 경우가 있다. 바로 생활비다. 상증법에서는 필요 시마다 직접 생활비에 충당하기 위해 비용을 주는 것은 증여세가 과세되지 않는다고 규정하고 있다. 따라서 배우자로부터 이체받은 자금으로 생활비, 자녀 교육비 등으로 사용했다면 증여세를 내지 않아도 된다. 하지만 생활비로 받은 자금 중 일부는 생활비로 사용하고 남은 자금을 배우자 명의의 정기적금 등 금융상품에 투자한 경우에는 증여세가 과세될 수 있음에 유의해야 한다.

남편으로부터 받은 자금 중 일부를 배우자 명의의 금융상품에 투자해 증여세를 부과받은 사례를 살펴보면 다음과 같다.

남편에게 받은 자금을 배우자 명의의 금융자산에 투자한 사건에 대해 국세청은 "쟁점 금액을 수령하여 신탁투자를 한 행위는 배우자의 자금 위탁관리 또는 단순한 공동생활의 편의 및 생활비 지급 목적에 해당하지 아니한다"고 판단해 증여세를 과세했다.

조세심판원도 "납세자가 증여가 아닌 다른 목적으로 수령했다는 사실을 입증할 수 있는 객관적인 증빙 자료를 제출하지 아니한 점, 그리고 배우자는 남편으로부터 받은 자금을 본인 명의의 금융상품에 투자했으므로 그 자금을 생활자금으로 보기 어렵다고 판단해 증여세의 과세가 맞다"고 결정했다.

하지만 일반적으로 남편이 직장생활이나 사업으로 바쁜 경우 배우자에게 자금을 위탁해 관리하는 일은 매우 흔하다. 그런데 이런 경우에 납세자에게 자금을 이체한 행위가 증여가 아니라는 사실을 객관적이고 명백하게 입증하라고 하는데 현실적으로 부부간에 오고간 자금이 증여가 아니라 단순 위탁이라는 사실을 어떻게 객관적이고 명백하게 입증할 수 있을까. 그렇기 때문에 부부간 자금 이체에 대해서는 나름대로 입증이 가능한 조치를 해놓아야 나중에 억울하게 세금을 물지 않을 수 있다.

다른 사례를 하나 더 살펴보자.

남편은 직장생활을 하고 전업주부인 배우자 A 씨에게 목돈을 계좌로 이체해주었다. 배우자는 원래의 본인 자금과 합쳐 본인 명의의 정기예금과 펀드에 가입해 부부의 자금을 운영·관리했다.

상증법에 의하면 예금계좌에 입금된 돈은 예금계좌 명의자의 소유로 추정한다고 규정하고 있다. 하지만 A 씨는 증여가 아니라는 주장만 하고 객관적인 증거자료를 제시하지 못하고 있다. 그뿐 아니라 A 씨 명의의 정기예금이나 펀드로부터 받은 이자소득과 배당소득을 남편이 아닌 배우자 자신의 종합소득으로 세금 신고를 한 것으로 보아 증여가 맞다고 판단해 증여세를 매겼다.

배우자 명의로 금융투자를 하고 받은 이자소득에 대해 금융기관은 당연히 배우자 명의로 원천징수하고 영수증을 발급해주었을 것이다. 그런데 배우자 명의로 원천징수된 이자소득을 남편 명의로 세금 신고를 하지 않았다는 사실을 근거로 그 예금의 소유자는 배우자라고 국세청은 단정했다. 실제로 이런 경우 배우자 명의의 원천징수 영수증을 근거로 이자소득을 남편의 종합소득에 합산해 신고할 방법이 있는지 의문이다.

이 사건에 대해 조세심판원도 국세청 과세가 맞다고 결정했다. 하지만 고등법원은 "배우자가 본인 명의로 금융투자를 한 이상 이자와 배당소득에 대해서는 배우자 명의로 신고할 수밖에 없기 때문에 금융소득을 남편 소득으로 신고하지 않고 배우자 소득으로 신고한 것은 증여의 결정적 근거가 되지 않으며, 그 외 배우자 간 계좌 이체된 금전은 증여 외에도 단순한 공동생활의 편의, 일방 배우자 자금의 위탁 관리 등 여러 원인이 있을 수 있으므로 이체됐다는 사실만으로 경험칙에 비추어 타방 배우자에게 증여됐다는 과세 요건사실이 추정된다고 할 수 없으므로 이 사건 금전이 원고에게 무상으로 이전됐다는 사실을 과세관청이 증명하여야 한다"고 판시해 증여세 과세가 잘못됐다고 판단했다.

정리해보면 배우자 통장으로 이체한 자금을 생활비로 사용한 경우에는 증여세가 과세되지 않지만 생활비 이외에 배우자 명의 부동산 등의 재산을 구입한다면 증여세 과세를 피할 수 없다.

그런데 배우자 명의의 금융상품에 가입해 자금을 운용하는 경우 단순 위탁인지 아니면 증여인지를 판단해야 하는데 일반적으로 세무서 직원은 위에서 언급한 대로 생활비 이외의 용도로 사용한 것이기 때문에 증여세를 과세하려고 할 것이다.

물론 소송을 통해 법원으로 가서 시시비비를 가린다면 두 번째 사례처럼 증여세 과세가 취소될 수도 있지만 모두 승소한다고 볼 수도 없다. 또한 승소해도 그 기간 겪어야 할 정신적인 고통을 감안한다면 배우자 계좌로 생활비 이외에 자금 운용을 위한 이체를 할 때 다음과 같은 조치를 취하면 좋을 듯하다. 즉, '이 자금은 증여가 아닌 단순 위탁이다'라는 사실을 입증할 수 있도록 자금 위탁증을 작성하거나 통화녹음이나 메일을 통해서 사실 확인이 가능하게 하거나 또는 계좌 개설 시 금융기관에 동행해 '자금의 운용자는 본인'이라는 내용을 고지하고 실제 운용에 관여하는 등의 입증자료를 준비하는 것이다. 이러면 국세청의 과세를 피할 수 있을 것이라 생각한다.

20. 이혼의 절세효과

광수의 아버지는 의사다. 그는 전 부인과 7남매를 낳고 사별한 후 교사와 재혼해 30년을 살아왔다. 광수의 새어머니는 교사 정년퇴직 후 남편의 병원에 나와 병원 경영을 책임졌다. 그리고 최근 광수 아버지는 병환으로 앓다가 죽음을 앞두게 됐다. 광수는 아버지의 병환이 깊어지자 혹시 새어머니가 재산을 빼돌리는 건 아닌지 우려와 재산상속도 친자녀들보다 1.5배나 가져간다는 사실에 불만을 품고 갖은 행패를 다 부렸다.

새어머니는 광수의 횡포에 감당이 되지 않아 병환 중인 남편과 상의해 합의 이혼했다. 광수 아버지 재산은 부동산과 현금 등을 합쳐 100억 원 정도인데 결혼 후 30년간 부부가 같이 병원을 운영했던 점을 고려해 재산의 절반을 배우자에게 주기로 하는 재산 분할에 합의했다. 그리고 이혼 6개월 후에 남편은 사망했다.

광수 아버지는 군의관 출신으로 연금을 수령했는데 남편이 사망한 경우 배우자는 유족연금을 받을 수 있다. 하지만 이혼했기 때문에 연금 수령이 불가능할 것 같았지만 변호사의 도움으로 사실혼 관계를 인정받아 유족연금을 수령했다.

부부가 혼인생활 중에 축적한 재산이 어느 일방의 명의로 되어 있더라도 이는 부부 공동의 재산으로 보는 것이므로 이혼으로 인해 재산을 분할하는 것은 재산의 증여가 아니다. 광수 집안의 세금에 어떤 변화가 발생했는지 알아보자.

1. 재산분할하면 증여세가 없다

혼인 생활 중 축적한 재산은 부부 공동의 노력으로 만든 재산이므로 누구의 명의로 돼 있든 이혼하면서 각자의 기여도에 따라 재산을 분할하게 된다. 이를 재산분할이라 한다. 원래부터 부부 공동의 재산이며 이혼 과정에서 자기의 몫을 찾아오는 것이므로 증여에 해당하지 않는다. 따라서 증여세를 과세하지 않는다.

광수의 새어머니는 부친 전 재산의 절반인 50억 원을 재산분할로 가져갔다. 표면적으로만 보면 50억 원을 대가 없이 무상으로 가져간 것이니 만약 배우자증여에 해당한다면 배우자증여공제 6억 원을 차감한 44억 원에 대해 17.4억 원의 증여세를 내야 하지만 광수의 새어머니는 세금을 한 푼도 내지 않았다. 부동산의 이전 등기 시 부담해야 하는 취득세도 2%만 부담했다.

2. 재산분할하면 양도소득세도 절세된다

양도소득세 과세 대상이 아니다

재산분할은 원래의 자기 몫을 찾아오는 것이기 때문에 대가를 받고 소유권을 이전하는 양도에 해당하지 않는다. 따라서 배우자 명의의 부동산을 재산분할 이유로 등기 이전하는 경우 양도소득세의 과세 대상이 아니다.

재산분할로 취득한 부동산의 취득일

증여의 경우 증여받은 날을 취득일로 보며 취득가액도 증여 당시의 평가액으로 친다. 하지만 재산분할로 취득한 부동산을 양도할 때 적용하는 취득 시기는 당해 부동산의 최초 취득 시기, 즉 남편이 부동산을 취득한 시기이며 취득가액도 마찬가지로 남편이 취득한 가액을 취득가액으로 본다.

보유 기간과 거주 기간

양도소득세에서 보유 기간과 거주 기간은 매우 중요하다. 1세대 1주택자의 양도소득세 비과세를 적용받기 위해서는 2년 이상 보유해야 하고, 양도가액 12억 원 이상의 고가 주택인 경우 12억 원 초과분에 대한 양도소득세 계산 시 공제되는 장기보유특별공제는 양도차액에 대해 보유 기간과 거주 기간별로 1년에 각 4%씩 총 80%까지 공제가 가능하다. 따라서 당해 주택을 얼마나 오랜 기간 보유했는지 또 얼마나 오랜 기간 거주를 했는지가 세금 계산에 결정적인 영향을 준다.

> **소득세 집행기준 89-154-21(이혼으로 취득한 주택의 보유 기간과 거주 기간 계산)**
> 재산분할로 취득한 재산은 재산분할 전 배우자가 해당 주택을 취득한 날로부터 양도한 날까지 보유 및 거주 기간을 통산한다.

3. 이혼으로 인한 양도소득세 절세효과

남편 명의로 5억 원에 취득해 10년 이상 거주하던 A주택을 전세로 주고 새로운 B주택을 10억 원에 취득해 현재까지 거주하고 있는 부부가 있다. 남편은 은퇴 후 별다른 수입이 없는데 부담할 수 없을 정도의 종부세가 나와 집 한 채를 처분하려고 한다.

A주택은 취득한 지 15년이 된 집이며 현재 시가는 15억 원이다. 그리고 B주택은 취득한 지 5년 된 집이며 현재 시가는 15억 원이다. A주택을 처분하려는데 현재 조정대상지역 내에 소재하고 있다. A주택을 처분할 경우 양도소득세가 중과세돼 집을 처분한 이후에 전세보증금 5억 원을 반환하고 양도소득세 6억 4,306만 원을 내고 나면 3억 5,694만 원만 손에 쥐게 된다.

조정지역 내 2주택자의 양도소득세
양도소득세 : (양도가액 15억 원 - 취득가액 5억 원) × (양도세율 45% + 중과세율 20%) - 누진공제액 6,540만 원 + 지방소득세(10%) = 6.76억 원
가처분소득 : 양도가액 15억 원 - 전세보증금 5억 원 - 양도세 6억 4,306만 원 = 3억 5,694만 원
* 2024년 5월 9일 이전에 2주택 이상 보유자가 조정대상지역 내 주택을 양도하는 경우에는 중과세를 하지 않고 일반과세를 하고 있다.

A주택이 조정대상지역 내에 소재한 주택이 아니거나 2024년 5월 9일 이전에 양도했다면 중과세 대상이 아니므로 양도소득세는 다음과 같다.

비조정지역 내 2주택자의 양도소득세
양도소득세 : (양도가액 15억 원 - 취득가액 5억 원 - 장특공제 3억 원) × (42% - 누진공제 3,540만 원 + 지방소득세(10%) = 2억 8,446만 원
가처분소득 : 양도가액 15억 원 - 전세보증금 5억 원 - 양도소득세 2억 8,446만 원 = 7억 1,554만 원

그런데 부부가 이혼하면서 A주택을 배우자에게 재산분할로 이전한 후 A주택을 처분하게 되면 남편과 배우자는 각각 1세대 1주택자에 해당하게 된다. 이때 재산분할로 이전받은 A주택의 취득 시기는 15년 전이며 B주택으로 이사 오기 전 이미 10년간 거주했으므로 1세대 1주택 비과세 대상이 된다. 이럴 경우 양도소득세는 다음과 같다.

A주택의 양도소득세

① 1세대 1주택자에 해당하여 비과세 대상이므로 12억 원 초과분에 대한 양도소득세만 부담하게 된다.

② A주택의 취득 시기는 남편이 최초에 취득한 15년 전이며 거주 기간도 그때부터 통산하여 계산한다. 따라서 보유 기간은 15년이며, 거주 기간은 10년이 된다.

③ 양도소득세

(과세 양도가액 3억 원 – 과세분 취득가액 1억 원 – 장특공제(80%) 1.6억 원) × 15% – 누진공제 126만 원 + 지방소득세(10%) = 521만 원

* 과세분 취득가액 : 당초 취득가액은 5억 원이지만 전체 양도가액 15억 원 중 1/5만 과세되므로 취득가액도 5억 원의 1/5만 공제한다.

다주택자가 한 주택을 처분하고자 할 때 이혼하면서 재산분할로 배우자에게 소유권을 이전시켜준 후 양도할 때와 이혼하지 않고 양도할 때의 양도소득세의 차이는 조정지역일 경우 6억 7,100만 원, 조정대상지역이 아닌 경우에는 2억 7,900만 원이 된다.

4. 이혼 후에 동거를 한다면 1세대 1주택 비과세는 받을 수 없다

과거엔 다주택자의 양도소득세가 워낙 많다 보니 이혼을 해서라도 세금을 줄여보려는 시도가 지속적으로 발생했다. 따라서 국세청은 이혼하고도 사실상 동거하는 경우에는 위장이혼으로 보고 동일세대에 포함시켜 주택 수를 계산해 양도소득세를 부과했다.

그러던 중 2017년 9월 7일 대법원에서 세법상 1세대 1주택의 요건 중

배우자란 법률상 배우자만을 의미하는 것이기 때문에, 법률상 이혼한 경우라면 이혼 후에 사실혼 관계에 있다고 하더라도 별도의 세대로 보아 1세대 1주택 비과세 규정을 적용해야 한다고 결정했다.

> **대법2016두35083(2017.09.07.)**
>
> 양도소득세의 비과세 요건인 '1세대 1주택'에 해당하는지를 판단할 때 거주자와 함께 1세대를 구성하는 배우자는 법률상 배우자만을 의미한다고 해석되므로, 거주자가 주택의 양도 당시 이미 이혼하여 법률상 배우자가 없다면, 그 이혼을 무효로 볼 수 있는 사정이 없는 한 종전 배우자와는 분리되어 따로 1세대를 구성하는 것으로 보아야 한다.
>
> (중략)
>
> 원고가 양도소득세를 회피할 목적으로 이혼하였다거나 이혼 후에도 ○○○과 사실상 혼인 관계를 유지하였다는 사정만으로 그 이혼을 무효로 볼 수 없고, 따라서 원고는 이 사건 아파트의 양도 당시 이미 이혼한 ○○○과는 분리되어 따로 1세대를 구성하므로 이 사건 아파트는 비과세 대상인 1세대 1주택에 해당한다.

이 사건은 설령 이혼한 후 동거하는 등 사실혼 관계에 있더라도 이혼이 무효가 아닌 이상 세법은 법률혼 배우자만 배우자로 인정하므로 이혼한 부부를 각각 별도의 세대로 봐야 한다는 취지의 판결이다.

이러한 판결로 부부가 각각 1주택 이상씩 보유하고 있다가 이혼하거나 배우자 일방이 2주택 이상을 보유하다가 재산분할로 그중 한 주택을 분할해준다면 이혼한 부부는 동거 여부와 관계 없이 각각 1세대 1주택에 해당해 양도소득세 비과세를 받을 수 있다.

부부관계가 파탄이 나서 이혼하는 경우에는 이런 법률이 적용되는 게 당연하지만 사실상 이혼의 의사는 없는데도 양도소득세를 회피하기 위한 목적으로 이혼하는 거라면 이러한 조세 회피는 방지할 수 없게 된다.

따라서 대법원의 판결 후 2019년 1월 1일 이후부터는 배우자의 범위에 법률상 이혼했으나 생계를 같이 하는 등 사실상 이혼을 한 것으로 보기 어려운 관계에 있는 사람을 포함하도록 세법을 개정했다.

> **소득세법 제88조(정의)**
> 6. "1세대"란 거주자 및 그 배우자(법률상 이혼을 하였으나 생계를 같이 하는 등 사실상 이혼한 것으로 보기 어려운 관계에 있는 사람을 포함한다)가 그들과 같은 주소 또는 거소에서 생계를 같이 하는 자.

이러한 법률 개정으로 다주택자가 형식적인 이혼을 통해 1세대 1주택 비과세 요건을 충족시켜 양도소득세를 회피하는 것을 막을 수 있는 장치를 마련하게 됐다.

5. 이혼 후에 재결합하면 신혼으로 보아 5년간 비과세된다

양도소득세에서 신랑과 신부가 각각 1주택을 소유한 상태에서 혼인하는 경우 1세대 2주택자가 되지만 이런 경우 혼인 후 5년 이내에 먼저 양도하는 주택에 대해서는 1세대 1주택 비과세 규정을 적용한다.

소득세법 시행령 제155조(1세대 1주택 특례)

⑤ 1주택을 보유하는 자가 1주택을 보유하는 자와 혼인함으로써 1세대가 2주택을 보유하게 되는 경우 각각 혼인한 날부터 5년 이내에 먼저 양도하는 주택은 이를 1세대 1주택으로 보아 1세대 1주택 비과세 규정을 적용한다.

그렇다면 이혼 후 재결합하는 경우에도 혼인으로 인정하는 것일까? 국세청은 이혼한 후 사정상 재결합한 경우도 혼인으로 인정해 1세대 1주택 특례 규정인 '혼인합가로 인한 비과세 특례 규정'을 적용한다고 해석하고 있다.

사전법령해석재산2015-441(2016.01.29.)

이혼으로 인하여 혼인 중에 형성된 부부 공동재산을 「민법」제839조의 2에 따라 재산분할하여 각각 1주택을 보유하던 쌍방이 다시 재혼한 후 재혼한 날부터 5년 이내에 먼저 양도하는 주택(고가주택 제외)은 「소득세법」제89조 제1항 제3호 및 같은 법 시행령 제155조 제5항에 따라 1세대 1주택으로 보아 양도소득세를 부과하지 아니하는 것임.

이 경우, 일방이 「민법」 제839조의 2에 따라 재산분할하여 취득한 부동산을 양도하는 경우 다른 일방의 취득 시기를 기준으로 취득가액 및 보유 기간 등을 산정하는 것임. 다만, 법률상으로만 이혼을 하고 실제로는 계속하여 생계를 같이 하는 등 사실상 이혼한 것으로 보기 어려운 경우에는 1세대 1주택 비과세를 적용하지 아니하는 것이며, 이에 해당하는지는 사실 판단할 사항임.

2주택 세대가 이혼하면서 재산분할로 주택을 한 채씩 보유하다가 어떤 주택이든지 처분할 경우 각각 1세대 1주택에 해당하는 것이며, 이혼과 재산분할로 각각 1세대 1주택자인 자들이 다시 혼인해 합가하는 경우에도 5년간은 먼저 처분하는 주택에 대해서는 1세대 1주택 비과세 규정을 적용한다. 다만 국세청은 위장이혼이라는 사실이 밝혀지면 처분한 주택에 대해서는 다주택자에 대한 양도소득세 과세를 하고 있다.

6. 사실혼 배우자와 세금

이혼 후 사실혼 관계

세법은 법률혼만을 인정하므로 사실혼 배우자는 배우자로 인정하지 않는다. 다만 앞서 본 양도소득세에서는 배우자를 "법률상 이혼을 했으나 생계를 같이 하는 등 사실상 배우자"라고 하여 1세대를 구성하는 배우자로 본다고 규정하고 있으므로 법률혼 배우자가 아닌 자를 배우자의 범위에 포함하고 있다. 그렇다면 이혼하면서 재산분할로 받은 재산에 대해서는 증여세를 과세하지 않는다고 했는데 이혼 후에도 별거하지 않고 생계를 같이 한다면 재산분할에 대해 증여세를 어떻게 매겨야 할까?

앞에서 언급한 양도소득세의 1세대에 대한 정의에서는 이혼 후에 사실상 동거하는 경우 배우자에 포함한다고 규정하고 있지만 상증법에서는 그러한 규정이 없다. 따라서 이혼 후에도 사실상 동거하는 등 사실혼 관계를 유지한다고 해서 재산분할에 대해 증여세를 과세할 수 없다.

이 글 초반부에서 언급한 광수의 새어머니는 이혼 후에도 전 남편의 병간호를 위해 동거했으며 심지어 남편 사망 후에 유족연금까지 수령 중이다.

이에 따라 세무서는 광수 새어머니가 이혼 후에도 남편과 동거하는 등 사실혼 관계를 유지했고 남편 사망 후에 유족연금을 수령하는 등 사실상 이혼했다고 인정하기 어렵다고 보고 재산분할에 대해 증여세를 과세했다. 조세심판원과 서울행정법원 그리고 서울고등법원까지 세무서장의 편을 들어 증여세 과세가 맞다고 결정했지만, 대법원은 다른 판단을 했다.

당사자들이 진정 이혼의 의사를 가지고 이혼했다면 그 이혼은 유효하기 때문에 가장이혼이라고 인정할 수 없고, 이혼 후에 사실혼 관계를 유지한 것은 사실이지만 그렇다고 당초 이혼이 무효인 것은 아니며, 그렇기 때문에 사실혼 관계도 인정해야 한다고 판결한 것이다. 이러한 판결로 광수의 새어머니는 재산분할에 대해 증여세를 내지 않게 됐다.

대법2016두58901(2017.09.12.)

3. 위와 같은 사실관계를 앞서 본 법리에 비추어 살펴보면, 이 사건 이혼은 법률상의 부부관계를 해소하려는 원고와 망인 간의 합의에 따라 성립된 것으로 보인다. 설령 그 이혼에 다른 목적이 있다 하더라도 원고와 망인에게 이혼의 의사가 없다고 할 수 없으며, 장차 망인이 사망했을 때 발생할 수 있는 자녀 등과의 상속재산 분쟁을 회피하기 위하여 원고와 망인이 미리 의견을 조율하여 망인의 사망이 임박한 시점에 이혼을 한 것으로 의심되는 사정이나, 이혼 후에도 원고가 망인과 동거하면서 사실혼 관계를 유지한 사정만으로는 이 사건 이혼을 가장이혼으로 인정하기 어렵다. 따라서 이 사건 재산분할은 원칙적으로 증여세 과세 대상이 될 수 없고…

혼인하지 않은 사실혼 관계

민법은 혼인신고를 전제로 하는 규정 이외에는 사실혼도 인정하고 있다. 세법은 원칙적으로는 법률혼 배우자만을 인정하지만 재산분할과 관련해서는 사실혼 관계를 인정한다고 해석하고 있다. 따라서 사실혼 관계에 있다가 이혼하면서 재산분할을 하는 경우에도 증여세를 과세하지 않는다.

사실혼을 인정하는 대법원의 판례

대법선고94므1379(1995.04.15.)

사실혼이라 함은 당사자 사이에 혼인의 의사가 있고, 객관적으로 사회관념상으로 가족 질서적인 면에서 부부공동생활을 인정할 만한 혼인생활의 실체가 있는 경우이므로 법률혼에 대한 민법의 규정 중 혼인신고를 전제로 하는 규정은 유추 적용할 수 없으나, 부부재산의 청산의 의미를 갖는 재산분할에 관한 규정은 부부의 생활공동체라는 실질에 비추어 인정되는 것이므로 사실혼 관계에도 준용 또는 유추 적용할 수 있다.

사실혼으로 인한 재산분할의 증여세 과세 제외에 대한 국세청의 입장

서면4팀-740(2008.03.19.)

법원 판결에 의하여 사실상 혼인관계가 인정된 경우로서 사실혼 관계를 청산하면서 재산분할을 청구하여 재산을 취득하는 경우 증여세 및 양도소득세가 과세되지 아니함.

다만 사실혼 관계가 인정되기 위해서는 위 대법원 판례에서 보듯 혼인생

활의 실체가 있어야 하며 이를 입증해야 하는데 이를 입증한다는 것은 매우 어려운 일이다. 따라서 국세청에서는 법원의 판결에 의해 사실혼 관계가 인정된 경우에 한해 인정하는 것으로 보인다.

7. 이혼으로 인한 상속세 절세 금액과 배우자의 가처분소득

이혼하지 않은 경우(법정 상속지분으로 상속한다고 가정)

상속재산 100억 원, 상속인은 배우자와 7자녀, 배우자의 법정 상속지분(1.5/8.5) 17.65억 원
① 상속세 : (상속재산 100억 원 – 일괄공제 5억 원 – 배우자공제 17.65억 원) × 50% – 누진공제 4.6억 원 = 34억 750만 원
② 배우자의 가처분소득 : 상속재산 17.65억 원 – 상속세 분담액 6억 132만 원 = 11억 5,180만 원

재산분할 후 이혼한 경우

① 상속세 : (상속재산 50억 원 – 일괄공제 5억 원) × 50% – 누진공제 4.6억 원 = 17.9억 원
② 배우자의 가처분소득 = 재산분할액 50억 원

재산분할로 인해 총 상속세 부담액은 34억 750만 원에서 17.9억 원으로 17억 원 정도가 줄었으며 배우자의 가처분소득은 이혼하지 않은 경우 11

억 5,180만 원이지만 이혼으로 재산분할을 받은 경우 어떤 세금도 부담하지 않았기 때문에 50억 원 전체가 가처분소득이 된다.

21. 10년 전 결혼할 때 받은 전세자금에 대해 증여세 신고를 안 했는데 지금이라도 해야 하나?

보증금 3억 원짜리 전셋집에 살고 있는 영철이는 그동안 장사해 모은 돈과 대출금을 합쳐 9억 원짜리 집으로 이사하려고 한다. 이에 유세무사는 영철이에게 9억 원짜리 주택을 산다면 아마도 세무서에서 자금 출처를 입증하라고 할 수 있다고 알려줬다.

지금의 전세보증금 3억 원은 10년 전 결혼할 때 부모님이 지원해준 자금인데 생각해보니 그때 증여세 신고를 하지 않았다. 그래서 영철이는 전세자금을 주택 구입 자금 출처로 해야 하는지도 궁금해졌다.

증여세는 신고를 안 하거나 적게 신고한 경우 향후 10년 내 발생할 후행증여와 상속에 영향을 미치게 되며 다른 재산을 취득할 때의 자금출처에도 영향을 미치게 된다. 그뿐만 아니라 향후 최소 10년에서 최대 15년까지 국세청의 조사 등을 통해 세금 추징이 될 수도 있다.

1. 증여세 신고 안 하면 앞으로 15년간 불안해진다

증여받았는데 증여세 신고를 안 하고 세금을 납부하지 않았다면, 국세청에 안 걸리고 15년이 지나야 세금 추징을 면할 수 있다. 세금 추징을 할 수 있는 기간을 '제척기간'이라고 하는데 증여세와 상속세의 경우 15년이다. 다만 증여세와 상속세를 신고는 했는데 적게 신고한 경우에는 10년을 적용한다. 상속세와 증여세를 제외한 다른 세금은 신고를 안 한 경우에는 7년, 신고는 했지만 적게 신고한 경우에는 5년을 적용하고 있다.

세금을 추징할 수 있는 제척기간

구분	과소신고	무신고	사기 부정한 방법	특정사유(50억 원 이상)
증여세, 상속세	10년	15년	15년	국세청이 안 날로부터 1년
기타 세금	5년	7년	10년	-

제척기간은 증여세의 신고기한 말일의 다음 날부터 계산한다. 만약 2023년 9월 10일에 3억 원을 증여받았지만 세금을 신고·납부하지 않은

경우라면 증여세 신고기한은 2023년 12월 31일이며 제척기간은 2024년 1월 1일부터 15년간 진행된다. 즉, 2038년 12월 31일까지 세무공무원이 어떤 식으로든 증여 사실을 확인했다면 증여세를 과세할 수 있다.

2. 세무서에서 신고 안 한 걸 알 수 있을까?

부동산과 같이 등기·등록되는 재산을 증여받으면 그 정보가 국세청에 통보되기 때문에 국세청 직원이 알 수밖에 없다. 그렇기 때문에 부동산 등을 증여받고도 증여세 신고를 안 한다는 것은 상식적으로는 있을 수 없는 일이다.

그런데 부동산이 아닌 현금을 은행 계좌를 통해 받은 경우 국세청 직원이 증여가 이루어진 시점에 이 사실을 알기는 쉽지 않다. 하지만 불가능한 것도 아니다. 고액 현금이 입금되면 얼마라도 이자가 붙을 것이며 은행에서 이자를 지급할 때 이자소득세를 떼고 지급한 후 그 내역을 전산으로 국세청에 보고하게 된다. 따라서 국세청은 연령이나 소득 등을 비교해 갑자기 큰 금액의 이자가 입금된 내용은 확인할 수 있다. 그러나 3억 원 정도의 소액이 통장에 입금됐다고 해서 국세청의 감시망에 걸릴 가능성은 국세행정의 형편상 거의 희박하다.

증여받은 3억 원을 전세자금으로 사용한 경우에도 전세보증금에 대한 확정일자를 동사무소에서 받게 되니 당연히 국세청에서 알 것으로 생각하겠지만 현실에서는 그렇지 않다. 확정일자뿐 아니라 집주인의 주택 임대소득세 신고 자료로도 확인이 가능하며, 세입자의 근로소득세 계산 시 월세 공제를 받기 위해 제출하는 서류로도 확인할 수 있지만 이러한 과세 자료를 빠짐없이 분석해 조사에 활용하기에는 현재의 국세행정력으로 봐서는 쉽지 않다. 세무행정이 이런 내용까지 적출해 세무조사를 진행하고 세금을 추징할 수 있을 만큼 여유롭지 않기 때문이다.

2019년 11월 19일 국세청은 고액 전세 세입자에 대한 세무조사를 실시한다고 하면서 다음과 같은 내용을 보도했다.

> (고액 전세입자) 최근 고액 전세입자가 급격히 늘어나면서 전세금을 증여받는 등 탈루 개연성이 증가하고 있고,…
> ○ 이런 방식으로 편법 증여받은 고액 전세자금은 향후 고가 주택을 취득하는 자금 원천으로 사용될 가능성이 높은 만큼, 매년 지속적인 검증을 실시하고 있습니다.

이때 조사 대상에 선정된 사람들의 전세자금 규모는 9억 원 이상으로 알려졌다. 2014년에도 고액 전세 세입자에 대한 세무조사가 진행됐는데 그때 대상이 된 사람들의 전세자금 규모는 10억 원 이상이었다. 따라서 3억 원 정도의 전세자금에 대해서 세무조사를 실시한다는 것은 현실적으로 불가능해 보인다.

하지만 그 전세자금을 새로운 주택의 구입 자금으로 사용한다면 증여세를 추징당할 수 있을지 모른다는 걱정이 들 수 있다. 부동산 매매계약 체결 후 30일 내에 자금 출처를 기재한 '주택 취득자금 조달 및 입주계획서'를 제출해야 하며, 제출된 계획서를 근거로 한국부동산원에서 검토 및 조사가 이루어지며 검토 진행 중 문제가 발견되면 국세청에 통보하고 있다. 물론 한국부동산원에서 운 좋게 문제없이 마무리될 수도 있고 설령 국세청에 통보된 이후에도 국세청 행정력의 상황상 조사를 안 하고 그냥 지나갈 수도 있다. 하지만 오랜 기간 동안 세금 추징에 대한 불안감을 가지고 살아야 할 것이다. 어쨌든 전세자금을 새로운 주택 구입의 자금 출처로 사용하는 경우 증여세가 추징될 가능성은 커진다고 봐야 한다.

만약 영철이가 9억 원의 주택을 구입하면서 입증할 수 있는 자금 출처가 전세보증금 3억 원을 제외하더라도 충분하다면 그 불안감은 줄어들게 된다. 왜냐하면 전세자금을 자금 출처로 사용하지 않으면 되기 때문이다.

그럼에도 불구하고 피해 갈 수 없는 경우가 있다. 전세자금을 지원해준 부친이 사망했을 때이다. 부친이 사망하면 상속세 신고를 해야 하고 세무 공무원은 상속세에 대한 세무조사를 필연적으로 하기 때문이다. 상속세 조사를 할 때 사망일 전 5년 또는 특별한 경우에는 10년까지 소급해 금융자료를 전부 조사하게 되는데 이때 영철이가 3억 원을 받은 내용이 밝혀질 수밖에 없다. 물론 이 경우에도 부친이 남긴 재산이 없거나 적어서 상속세 조사가 이루어지지 않는다면 또 묻혀 지나갈 수도 있다.

하지만 최근 부동산 가격이 상승하는 등 자산가격이 상승해 웬만한 집 한 채 정도만 있어도 상속세의 납부 대상에 해당되기 때문에 상속의 경우 조사가 이루어질 가능성이 높아지고 있다. 따라서 영철이에게 증여한 내용도 밝혀질 가능성이 매우 크다.

앞에서 언급했듯이 증여세는 증여한 날로부터 15년간 추징이 가능하다.

하지만 실무적으로 세무공무원이 10년 이전의 금융자료를 확보하는 것은 매우 어렵기 때문에 10년 이전의 증여에 대해서는 특별한 경우가 아니라면 조사가 이루어지지 않고 있다.

오랫동안 국세청은 직접 세무조사를 진행하기보다는 시스템을 이용해 사전에 탈세를 방지하려는 노력을 지속적으로 기울여왔다. 그중 하나가 소득지출 분석시스템으로, 소득을 누락하거나 증여받은 사실을 누락한 사람들을 적발하고 있다. 소득지출 분석시스템(PCI 시스템)에 대해서는 '16장의 현금을 주면 모르겠지'를 참고하기 바란다.

3. 10년 전 받은 증여자금을 지금이라도 신고할 수는 있을까?

증여세 신고를 했는데 세금을 적게 낸 경우라면 '수정신고'를 하면 된다. 그런데 영철이처럼 아예 증여세 신고를 안 한 경우라면 '기한 후 신고'를 할 수 있다. 수정신고나 기한 후 신고는 앞에서 언급한 국세 제척기간 내에 할 수 있으므로 15년 전에 증여한 부분까지 신고가 가능하다.

수정신고 또는 기한 후 신고를 하면 신고를 불성실하게 한 대가로 신고불성실 가산세와 납부를 늦게 한 대가로 부과되는 납부지연가산세를 본세와 함께 납부해야 한다. 이때 수정신고 또는 기한 후 신고를 하면 가산세를 감면해주는 제도가 있지만 오랜 시간이 경과했다면 가산세 감면은 받을 수 없다.

가산세 감면 내용

구분	잘못 신고(수정신고)	무신고(기한 후 신고)
신고기한 후 1개월 내 신고	90% 감면	50% 감면
신고기한 후 1~3개월 내 신고	75% 감면	30% 감면
신고기한 후 3~6개월 내 신고	50% 감면	20% 감면
신고기한 후 6개월~1년 내 신고	30% 감면	감면 없음
신고기한 후 1년~1년 6개월 내 신고	20% 감면	
신고기한 후 1년6개월~2년 내 신고	10% 감면	

4. 영철이는 얼마나 많은 증여세를 추징당할까?

10년 전 부친으로부터 3억 원을 증여받고 증여세를 내지 않았기 때문에 영철이는 증여세의 본세와 신고불성실 가산세 그리고 납부지연 가산세를 부담해야 한다. 증여한 지 2년 이상이 지났기 때문에 가산세의 감면은 받을 수 없다.

증여세 본세(2013년에 시행됐던 세법에 따라 계산)

증여세 과세가액 : 증여가액 3억 원 − 성년 자녀 증여공제 3천만 원 = 2.7억 원

* 성년 자녀공제는 2013년까지는 3천만 원만 공제되고 2014년부터 5천만 원이 공제된다.

납부할 증여세 본세 : 증여세 과표 2.7억 원 × 20% − 누진공제 1천만 원 = 4,400만 원

신고불성실 가산세(2013년에 시행됐던 세법에 따라 계산)

무신고를 한 경우 신고불성실 가산세는 본세의 20%를 부과한다.
따라서 영철이 내야 할 신고불성실 가산세(무신고 가산세)는 4,400만 원 × 20% = 880만 원이 된다.

납부지연 가산세

납부지연 가산세는 10년간 두 번의 적용률이 변경됐다. 2019년 2월 12일 이전까지는 연 10.95%, 2019년 2월 12일부터 2022년 2월 15일까지는 연 9.125% 그리고 2022년 2월 15일 이후부터는 연 8.03%를 적용한다. 계산의 편의상 납부지연 기간을 10년이라 하고 적용 이율은 현재의 이율인 8.03%를 적용해 납부지연 가산세(무납부 가산세)를 계산하면 4,400만 원 × 8.03% × 10년 = 3,533만 2,000원이 된다.

영철이가 10년 전 전세보증금으로 3억 원을 증여받고 증여세를 내지 않은 상태에서 자진하여 기한 후 신고를 할 때 내야 하는 증여세의 총액

증여세 본세 4,400만 원 + 무신고 가산세 + 880만 원 + 무납부 가산세 + 3,533만 원 = 8,813만 원

이 금액은 영철이가 기한 후 신고를 하지 않고 세무서에서 추징해 고지서를 보내더라도 동일한 금액이 된다.

5. 10년 전의 일인데 증여세를 자진 신고해야 할까?

10년 전의 일이고 지금까지 아무 일 없이 지나왔는데 이제 와서 본세만이 아니라 가산세까지 부담하면서 증여세를 자진신고해야 할까?

증여를 받았으면 당연히 세법에 정해진 대로 세금을 납부해야 하고 실수든 잘 몰랐든 당초 신고를 안 했다면 당연히 가산세를 붙여 세금을 납부하는 것이 국민의 의무다. 그럼에도 불구하고 사람들이 고민하는 이유는 그냥 넘어갈 수도 있다는 것을 알기 때문이다. 이렇게 된 이유는 세무행정의 한계 때문이다. 국민의 모든 경제활동을 국세청이 현미경으로 들여다볼 수도 없거니와 설령 탈세가 있다는 것을 인지했더라도 그 내용을 세무조사해서 세금을 추징하는 일은 세무행정 능력상 불가능하다. 납세자의 탈세 행위에 대해 국세청이 어떤 조치도 없이 지나가는 일이 지속적으로 일어난다면 납세자는 마치 '나만 정직하게 세금을 내는 바보'로 느낄 수도 있다.

이러한 문제들은 납세자와의 상담에서 수도 없이 부딪히는 현실적인 일이기에 필자는 나름대로 다음과 같은 원칙을 세워 세무 상담을 하고 있다. 대부분의 증여는 자녀가 세상 물정을 모르는 비교적 어린 나이 때에 이루어진다. 증여할 때 내는 증여세도 부모님의 결정에 따라 신고·납부하기도 하고 세금을 안 내기도 한다. 그런데 이러한 사정을 잘 모르는 자녀가 부모로부터 증여받을 때는 감사해하겠지만 나중에 만약 문제가 된다면 그때도 부모님께 고마운 마음을 계속 가질지 의문스럽다.

따라서 필자는 "이미 이루어진 증여에 대해 증여세를 내지 않았다면 이번 기회에 잘못된 부분을 치유하고 추가적인 증여를 하는 것이 좋다"라고 상담해주곤 한다. 자녀가 결혼할 때 집은 못 사줄지언정 전세자금이라도 보태줘야 한다고 모든 부모들이 생각하고 있다. 하지만 전세자금을 보태줄 경우 증여공제는 5천만 원밖에 안 돼서 5천만 원 이상을 지원할 경우 어쩔 수 없이 증여세를 부담할 수밖에 없다. 자녀공제 5천만 원은 2014년부터 적용하고 있는 금액이다. 현실을 전혀 반영하지 못하고 있으며, 그동안의 물가상승률을 고려하더라도 대폭 상향 조정할 필요가 있어 보인다. 다행히 2024년부터는 혼인신고일 전후 2년 내에 직계존속(조부모, 외조부모 포함)으로부터 받은 증여에 대해서는 1억 원까지 혼인재산공제로 공제받을 수 있게 됐다. 따라서 2024년부터는 혼인신고일을 기준으로 직전 2년부터 직후 2년까지 총 4년의 기간 내에 직계존속으로부터 받는 증여에 대해서는 기존의 자녀공제 5천만 원에 추가로 1억 원을 더 공제받을 수 있으며 이때 증여는 금전뿐 아니라 부동산 등도 포함되며 증여받은 자금이나 부동산은 어디에 사용했는지는 따지지 않는다.

22. 증여세 안 내려고 5천만 원만 받았는데 신고해야 하나?

영철이는 결혼 전 창업을 했다. 하지만 준비해둔 돈이 없어 창업자금을 부모님께 부탁해 구할 수밖에 없었다. 창업자금으로 1억 원이 필요한데 그중 5천만 원은 부모님으로부터 지원받았고, 나머지 5천만 원은 청년창업자금 대출을 받았다. 부모님으로부터 5천만 원만 지원받게 된 이유는 증여세 없이 받을 수 있는 한도가 5천만 원이기 때문이었다. 영철이는 세금을 안 내도 된다는 걸 알았기 때문에 증여세 신고를 하지 않았다.

그런데 결혼하면서 전세자금 3억 원을 부모님께 받은 후 증여세 신고를 위해 유세무사를 찾았는데 오래전 증여받은 5천만 원을 합쳐서 3.5억 원에 대해 증여세를 내야 한다는 얘기를 듣고 충격에 빠졌다.

증여세는 배우자의 경우 6억 원, 자녀는 성년이면 5천만 원, 미성년자는 2천만 원까지 공제되어 세금이 과세되지 않는다. 세금이 과세되지 않기 때문에 신고를 하지 않아도 되지만 후행증여 시에는 영향을 주므로 신고를 해놓거나 자료를 잘 챙겨놓는 것이 좋다.

1. 증여세가 없는데도 세무서에 신고해야 하나?

상증법 제68조에는 증여세 납부의무가 있는 자는 증여받은 날의 말일로부터 3개월 이내에 증여세 신고를 해야 한다고 규정하고 있다.

상증법 제68조(증여세 과세표준 신고)

① 제4조의 2에 따라 증여세 납부의무가 있는 자는 증여받은 날이 속하는 달의 말일부터 3개월 이내에 증여세의 과세가액 및 과세표준을 납세지 관할 세무서장에게 신고하여야 한다.

상증법 제4조의 2에 의하면 증여세의 과세 대상인 무상으로 이전받은 재산에 대해서는 증여세 납부의무가 있다고 규정하고 있다.

상증법 제4조의 2(증여세 납부의무)

1. 수증자가 거주자인 경우: 제4조에 따라 증여세 과세 대상이 되는 모든 증여재산

그리고 상증법 제55조에는 증여세 과세표준이 50만 원 미만이면 증여세를 부과하지 않는다고 규정돼 있다.

> **상증법 제55조(증여세의 과세표준 및 과세최저한)**
> ② 과세표준이 50만 원 미만이면 증여세를 부과하지 아니한다.

증여세 신고와 관련해 상증법 어디에도 증여공제 금액 이하를 증여받은 경우에 증여세 신고를 하지 않아도 된다는 규정은 없다. 따라서 설령 증여공제 금액 이하를 증여받는다고 해도 증여세 신고는 해야 한다.

2. 그럼 신고 안 하면 처벌받는가?

증여를 받고 증여세 신고를 안 한 경우 무신고 가산세가 부과된다. 신고는 했지만 누락 또는 축소 신고한 경우에는 과소신고 가산세가 부과된다. 법정 신고기한까지 증여세 신고를 하지 않은 경우 무신고 가산세는 납부할 세금의 20%이지만 부정한 방법으로 세금을 안 낸 경우에는 40%를 부과한다.

그런데 무신고 가산세의 과세기준은 '그 신고로 납부해야 할 세액'이다. 따라서 원래부터 납부할 세금이 없다면 신고하지 않아도 가산세가 부과되지 않는다. 그렇기 때문에 증여공제 금액 이하를 받은 경우 증여세 신고를 하지 않아도 아무런 불이익이 없다.

3. 다음 증여에 영향을 미치는가?

증여세는 최종 증여일로부터 소급해 10년간 증여한 금액을 모두 합친 다음 성년자의 경우 5천만 원을 공제한 후 나머지 금액에 대해 증여세율을 적용한다. 따라서 영철이처럼 부모로부터 받은 전세자금 3억 원과 종전에 받은 창업자금 5천만 원을 합쳐 증여세를 계산해야 한다.

그런데 창업자금으로 받은 5천만 원은 증여세 신고를 하지 않았기 때문에 세무조사 전에는 알 수 없다. 따라서 영철이 입장에서는 굳이 5천만 원을 이번 증여세 신고 때 포함해야 할지 고민이 될 것이다.

이번에 받은 3억 원만 신고하면 증여세가 4천만 원이지만, 종전에 받은 5천만 원을 합쳐서 신고하면 1천만 원의 증여세 부담이 늘어나기 때문이다.

① 3억 원에 대한 증여세 : (3억 원 – 자녀공제 5천만 원) × 20% – 누진공제 1천만 원 = 4천만 원
② 3.5억 원에 대한 증여세 : (3.5억 원 – 자녀공제 5천만 원) × 20% – 누진공제 1천만 원 = 5천만 원

4. 언제까지 숨겨야 하나?

대부분의 세금에 대한 제척기간은 국세기본법 제26조의 2에 다음과 같이 규정하고 있다.

일반국세의 제척기간

1. 납세자가 신고서를 제출한 경우 → 국세를 부과할 수 있는 날로부터 5년
2. 납세자가 신고서를 제출하지 않은 경우 → 국세를 부과할 수 있는 날로부터 7년
3. 납세자가 사기 기타 부정한 방법으로 세금포탈을 한 경우 → 국세를 부과할 수 있는 날로부터 10년

그런데 증여세와 상속세는 이보다 두 배 정도 확장된 제척기간을 두고 있다.

상속·증여세의 제척기간

1. 납세자가 신고서를 제출한 경우 → 국세를 부과할 수 있는 날로부터 10년
2. 납세자가 신고서를 제출하지 않은 경우 → 국세를 부과할 수 있는 날로부터 15년
3. 납세자가 사기 기타 부정한 방법으로 세금포탈을 한 경우 → 국세를 부과할 수 있는 날로부터 15년, 단 재산가액이 50억 원 이상인 경우 국세청이 안 날로부터 1년

영철이가 종전에 창업자금으로 증여받은 5천만 원을 이번에 받은 전세자금과 합산하여 신고하지 않는다면 창업자금을 5년 전에 받았으니 앞으로 10년 동안 국세청에 발각되지 않아야 하는 것이다.

5. 종전에 신고 안 한 증여에 대해 신고를 할 것인가?

종전에 증여한 금액이 증여공제 금액 이하면 신고하지 않았다고 해서 가산세가 부과되지 않기 때문에 종전 증여에는 불이익이 없다. 하지만 그 이후 추가 증여가 있는 경우 종전 증여를 이번 신고 때 포함할지 말지 고민을 하게 될 것이다.

앞에서 언급했듯이 증여세를 신고하지 않는 경우 국세청이 과세할 수 있는 제척기간은 15년이다. 예를 들어 2023년 10월에 증여하면 세금 신고기한은 증여한 달의 말일로부터 3개월이니까 2024년 1월 말일이며, 만약 신고서를 제출하지 않았으면 2024년 2월 1일부터 15년 동안은 증여세를 추징할 수 있다. 따라서 2023년 10월에 증여한 사실을 2039년 1월 31일까지 밝혀내면 증여세를 추징할 수 있다. 증여세를 추징당할 경우 앞에서 언급한 무신고 가산세 20%와 세금을 내지 않아 발생하는 납부지연 이자 연 8.03%가 붙는다.

지금의 국세청 행정능력으로는 일정 규모 이하의 증여 행위를 적발해낼 가능성은 희박하다. 그러나 이는 현재 세무공무원의 숫자와 시스템으로 수많은 국민의 증여 행위를 철저하게 파악하고 감시할 수 없다는 의미이지 국세청이 밝혀낼 능력이 없다는 것은 아니다.

IT의 발달로 최근에는 빅데이터를 활용해 과세 정보를 분석하는 등 국세행정의 기술이 비약적으로 발전하고 있어 2039년쯤 되면 과거의 증여 행위를 밝혀내는 일은 식은 죽 먹기가 될 수도 있다.

국세청이 조사에 들어가면 증여세 무신고에 대한 적발이 얼마든지 가능한데 일반인들이 세무조사의 대상이 되는 일은 희박하기 때문에 신고를 안 하고 넘어가도 아무 문제가 없는 것처럼 느낄 뿐이다. 하지만 상속이 발생하면 예외 없이 상속세 조사가 이뤄지고, 이 경우 과거의 증여 행위는 대부분 밝혀지는 게 현실이다.

주변 사람들이 세금을 내지 않고 증여하고도 아무 일이 없었다 해도 이를 과신해선 안 되고 과거의 경험을 토대로 판단하는 것도 금물이다. 왜냐하면 증여세를 과세할 수 있는 기간은 증여세 신고기한의 다음 날로부터 15년이고 앞으로 15년간 국세행정은 비약적으로 발전할 것이기 때문이다.

PART. 3

증여 상속 최고의 수업

부동산 증여 절세전략

23. 집을 샀더니 무슨 돈으로 샀는지 입증하라고 하네

영철이는 결혼 후 2명의 자녀를 두고서 집을 장만하기로 했다. 평소 염두에 둔 지역의 아파트를 알아봤는데 가격은 9억 원이었다. 현재 전세로 거주하는 주택의 전세보증금이 3억 원이고 그동안 사업해서 모아둔 돈도 4억 원이 있지만, 2억 원이 부족해 어쩔 수 없이 부모님께 손을 벌리기로 했다.

주택 매매계약 체결 후 영철이는 이내 심각한 고민에 빠졌다. 왜냐하면 자금 출처를 밝혀야 하는데 그동안 사업하면서 벌어놓은 돈은 4억 원이지만 정작 세무서에 신고한 소득이 2억 원밖에 안 됐기 때문이다.

일반적으로 사람들이 국세공무원과 접촉할 일은 거의 없다. 하지만 주택 같은 자산을 구입할 경우 자금출처 문제로 국세 공무원을 만나게 되기도 하는데 그 결과에 따라 많은 세금을 내야 할 수도 있어 일반인들에게는 심적 부담이 큰 부분이기도 하다.

1. 매매 계약일로부터 30일 내에 신고해야 하는 '부동산 거래신고'

주택(부동산)을 구입하면 매매 계약일로부터 30일 내에 '부동산 거래신고'를 부동산 소재지 관할 시장, 군수 또는 구청장에게 해야 한다. 부동산을 거래할 때 직거래가 아니면 중개업소를 통하게 되는데 이럴 경우 거래를 중개한 공인중개사가 '부동산 매매신고'를 하게 돼 있어 매수인은 신경을 안 써도 된다.

그런데 투기지역 또는 조정지역 내의 주택을 취득하거나 그런 지역이 아니더라도 6억 원 이상의 주택을 취득하는 경우에는 부동산 거래신고 외에 '주택 취득자금 조달 및 입주계획서'를 제출해야 한다.

세무서의 자금 출처 확인이나 조사는 이전 등기 이후 상당히 오랜 시간이 지난 후에 이뤄지는데 부동산 거래신고 등에 관한 법률로 인해 잔금을 치르기 전에 자금 출처에 대해 고민을 해야 한다.

이렇게 신고한 내용에 대해서는 구청 등 지방자치단체 또는 국토교통부와 한국부동산원 등에서 조사를 실시한다. 신고 내용을 모두 조사하는 게 행정 형편상 불가능하므로 일부 의심스러운 거래를 선정해 조사를 진행한다. 이 조사의 목적은 거래 가격에 대한 진위를 확인하는 것이기 때문에 실제로 자금의 이전이 이뤄졌는지를 확인하고 결과는 국세청에 통보된다.

2. 능력이 없는 사람이 집을 사면 내야 하는 증여세, '증여추정'

증여세를 과세하려면 누가 언제, 얼마를 누구에게 주었는지를 과세관청이 증명해야 한다. 이러한 증여세의 과세 요건은 국세청에서 습득한 다양한 정보와 납세자의 증여세 신고 내용 또는 세무조사 결과 등을 종합·판단해 결정하게 된다.

하지만 자력이 없는 자가 부동산 등을 구입한 경우 취득 자금이 어떻게 형성됐는지를 일일이 국세청 직원이 확인하는 것은 현실적으로 어렵다. 물론 특정인에 한해 확인하는 것은 어려운 일이 아니지만 전 국민을 대상으로 확인하기는 행정력이 미치지 못한다.

그래서 세법은 어떤 사람이 부동산을 취득하면 해당 자금을 어떻게 마련했는지 직접 조사하지 않고 납세자에게 입증하라고 입증책임을 전가한다. 입증책임을 부여받은 자가 입증을 못 하면 과세관청은 누구한테 어떤 방법으로 증여받았는지에 관한 조사나 확정 없이 입증을 못한 사실을 근거로 증여세를 부과한다. 이러한 제도를 '증여추정'이라고 한다. 즉, 납세자가 본인의 자금으로 취득했다는 자금 출처를 입증하지 못하면 세무공무원은 추가적인 조사 없이 납세자가 입증을 못 했다는 사실만으로 증여세를 매길 수 있다.

다만 이러한 증여추정 규정은 모든 사람에게 적용되는 게 아니라 부동산 취득자의 직업, 연령, 소득, 재산 상태 등으로 볼 때 자력으로 그 부동산을 취득했다고 인정하기 어려운 경우에만 적용된다.

상증법 제45조(재산 취득자금 등의 증여추정)

① 재산 취득자의 직업, 연령, 소득 및 재산 상태 등으로 볼 때 재산을 자력으로 취득하였다고 인정하기 어려운 경우로서 대통령령으로 정하는 경우에는 그 재산을 취득한 때에 그 재산의 취득 자금을 그 재산 취득자가 증여받은 것으로 추정하여 이를 그 재산 취득자의 증여재산가액으로 한다.

다시 말해 재산을 취득할 만한 능력이 없다고 인정되는 자가 재산을 취득한 경우에 한해 증여추정이 적용되는 것이므로 재산 취득 당시에 상당한 소득이 있었다면 재산의 취득 자금 중 출처를 명확히 제시하지 못한 부분을 다른 사람으로부터 증여받은 것으로 추정할 수는 없다. 다만 일정한 직업이나 소득이 있다고 할지라도 소득 금액에 비해 현저히 많은 재산을 취득한 사람이 당해 재산에 관하여 납득할 만한 자금 출처를 대지 못하는 경우에는 증여추정을 적용할 수 있다고 대법원은 판결했다.

세법에서는 구체적으로 납세자가 취득한 재산가액이 다음 네 가지의 가액을 합한 금액보다 클 경우에는 재산을 자력으로 취득했다고 인정하기 어려운 것으로 보아 증여추정 규정을 적용한다.

자금출처로 인정되는 네 가지

> **상증법 시행령 제34조(재산 취득자금 등의 증여추정)**
>
> ① 세무서에 신고하였거나 과세받은 이자 배당소득, 사업소득, 근로소득 등 소득금액으로서 관련 세금을 공제한 금액
>
> ② 세무서에 신고하였거나 과세받은 상속 또는 증여금액으로서 관련 세금을 공제한 금액
>
> ③ 재산 취득일 이전에 재산을 처분한 경우 처분 대가에서 양도소득세 등을 차감한 금액
>
> ④ 재산취득일 이전에 차용한 부채 또는 자기 재산을 대여하고 받은 보증금이나 전세금

위 네 가지를 보면 신고한 소득금액 등에서 관련된 세금 등을 차감한 금액을 모두 자금 출처(취득 능력)로 인정하고 있는 것을 알 수 있다. 즉, 증여추정을 하는 경우에는 신고한 소득에서 세금을 제외한 금액 전액을 자금출처로 인정하고 있기 때문에 생활비 등으로 얼마만큼 사용했는지는 따지지 않는다.

위 네 가지 자금 출처 금액이 취득한 재산가액에 미달하면 미달하는 금액에 대해서는 증여추정 규정에 의해 납세자가 추가적인 자금 출처를 입증해야 하고, 입증하지 못한 금액에 대해서는 증여로 추정해 과세한다. 부족하다고 해서 입증 못한 금액 전체에 대해 증여세를 매기는 것은 아니고 일정 비율까지는 증여추정 규정을 적용하지 않는 예외 규정을 두고 있다.

상황별 증여추정 여부

상황	증여추정 여부
재산 취득가액 > ①+②+③+④의 금액	부족분에 대해 납세자가 자금 출처를 입증해야 하며 입증하지 못하면 입증 못한 금액에 대해서는 증여로 추정해 과세한다.
재산 취득가액 < ①+②+③+④의 금액	증여로 추정하지 않는다.

위 표에서 증여로 추정하지 않는다는 것은 재산을 취득할 수 있는 능력이 있다고 보고 증여추정 규정을 적용하지 않는다는 뜻이다.

오해하지 말아야 하는 점은 앞에서 제시된 네 가지 자금 출처가 재산 취득 자금보다 많은 경우라면 증여추정 규정이 적용되지 않는다는 것이지 증여세를 내지 않아도 된다는 의미는 아니다.

재산 취득가액보다 위 네 가지 자금 출처가 많음으로써 자력이 인정된 경우 납세자에게 자금 출처를 입증하라고 할 수 없는 것이며 그럼에도 불구하고 과세관청이 증여받은 사실을 조사 등을 통해 입증한다면 증여세를 매길 수 있다.

과세관청은 다양한 정보를 종합해 세무조사를 할 수 있으며 부동산 취득 시 실제로 지급한 대가가 어떤 과정을 통해 본인의 계좌에 입금됐다가 거래 상대방에게 지급됐는지에 대한 자세한 입출금 조사를 할 수도 있다. 그 결과 다른 사람으로부터 증여받은 사실이 밝혀지면 그 금액에 대해서는 증여세를 과세하게 된다.

24. 차용증도 쓰고 이자도 갚았는데 증여라고 합니다

영철이는 집을 사기 위해 어머니께 돈을 빌렸다. 자금을 빌리면서 나름대로 인터넷을 검색해가며 차용증도 작성했다. 아파트 매수 대금은 두 번에 걸쳐 빌렸기 때문에 차용증을 두 장 작성했다.

첫 번째 빌린 돈에 대해서는 원금은 1년 후부터 5년 동안 분할해 변제하기로 했고, 이자는 시중은행의 대출이자율과 동일한 정도로 하여 원금 변제 시 지급하기로 했다. 그리고 현재까지 1회의 원금과 이자를 지급한 상태다. 두 번째 빌린 돈에 대해서는 원금은 10년 거치 15년 분할상환으로 했고 이자는 은행 대출이자율과 동일한 정도로 하여 매월 지급하되 초기 10년 거치 기간만 지급하기로 했다.

이렇게 10년 거치 15년 분할상환 조건으로 차용증을 작성한 이유는 은행에서 장기담보대출을 할 경우 최장 30년간 분할상환한다는 점을 참고한 것이다.

집을 사고 1년 후 세무서에서 자금 출처에 대한 세무조사를 실시했는데 세무공무원은 영철이가 제출한 '주택 취득자금 조달계획서'에 기재한 종전 주택에 대한 임대보증금은 자금 출처로 인정했지만 어머니로부터 빌린 돈은 채무가 아니고 증여라면서 증여세를 부과했다.

부모가 자녀에게 돈을 주면서 그냥 주는 것이 아니라 빌려주는 것이라고 한다면 분명 이유가 있을 것이다. 가장 큰 이유는 세금 때문일 것이라 추정이 된다. 최근 시대 흐름으로 보면 부모가 자녀에게 돈을 빌려주는 것이 이상하지 않게 보일 수 있지만 국세공무원은 인정하기 어렵다는 입장이다. 따라서 돈을 빌려주었다면 납세자는 빌렸다는 사실을 명백히 입증해야 증여세를 내지 않을 수 있다.

1. 직계존비속 간의 대여금에 대한 국세청의 입장

상증법에는 규정되어 있지 않지만 국세청 직원들의 업무지침인 상증법 기본통칙에서는 "원칙적으로 배우자 및 직계존비속 간의 소비대차는 인정하지 않는다"라고 규정하고 있다. 법으로 규정된 내용은 아니지만 업무지침이기 때문에 세무공무원은 가족 간의 자금 대여는 원칙적으로 대여로 인정하지 않으려 한다.

> **상증법 기본통칙 45-34…1(자금 출처로 인정되는 경우)**
> 4. 재산 취득일 이전에 차용한 부채로서 영 제10조 규정의 방법에 따라 입증된 금액. 다만, 원칙적으로 배우자 및 직계존비속 간의 소비대차는 인정하지 아니한다.

가족 간 자금 대여에 대한 국세청의 입장은 대부분 아래와 같다.

"특수관계자 간 자금 거래가 금전소비대차 또는 증여에 해당되는지는 당사자 간 계약, 이자 지급 사실, 차입 및 상환 내역, 자금 출처 및 사용처 등 당해 자금 거래의 구체적인 사실을 종합하여 판단할 사항이다."

다만 자금을 빌리고 추후 변제한 경우에는 증여세를 과세하지 않는다는 것이 국세청의 입장이다. 그러니까 부모로부터 자금을 대여받으면서 차용증을 쓴다거나 이자를 얼마나 줄지, 실제로 이자를 지급했는지, 변제 기간은 얼마나 되는지 등과 관계없이 이미 변제했다면 증여로 보지 않는다는 것이다.

> **서면상속증여 2018-1790, 2019.03.27.**
> 직계존비속 간 사실상 소비대차 계약에 의하여 자금을 차입하여 사용하고 추후 이를 변제한 사실이 확인되는 경우에는 증여세가 과세되지 아니함.

이러한 국세청의 입장들을 살펴보면 가족 간의 자금 거래는 통상적으로는 발생하지 않는 일이며 오히려 증여일 가능성이 높다고 인식하는 것 같다. 또한 실질은 증여인데 증여세의 부담을 회피하기 위해 대여로 위장하려고 할 가능성이 더 많다고 보는 것이기 때문에 원칙적으로 인정하지 않겠다고 지침을 내린 것으로 보인다.

가족 간 자금 거래를 증여로 볼 것인가 아니면 대여로 볼 것인가를 판단하는 데 가장 중요한 내용은 돈을 빌리는 시점에서 빌리는 사람이 장래에 확실하게 갚을 것인지에 대한 판단이라고 생각한다. 이미 변제한 사실이 밝혀졌다면 굳이 돈을 빌린 것에 대해 증여세를 과세하지 않겠다고 하는 입장을 보면 그렇게 해석된다. 물론 변제했다고 주장해도 그 사실이 명확히 입증되지 않으면 가혹하지만 당초에 빌린 돈에도 증여세가 과세되고 변제했다고 주장하는 자금에도 증여세가 과세되는 일이 발생할 수 있다.

예를 들어 빌린 돈과 갚은 돈이 정확하게 일치하고 그런 사실을 입증한 경우에는 앞의 예규처럼 증여로 보지 않을 가능성이 크지만, 만약 아버지에게 돈을 빌리고 나서 변제를 어머니 계좌로 입금했다든지 빌린 돈과 차이가 나는 금액을 입금했다든지 등 직접 변제 여부가 불분명한 경우에는 대여로 인정받지 못할 수도 있다.

어쨌든 가족 간에 자금 거래를 했다면 제일 먼저 그 자금 거래가 대여인지 아니면 증여인지를 판단해야 한다. 이러한 판단은 첫 번째로는 납세자가 판단하고 그 판단의 결과에 대해 두 번째로 세무공무원이 판단하게 되는데 두 주체의 판단이 다를 경우에는 세무공무원의 판단에 따라 세금이 과세되는 구조이다. 그러다 보니 가족 간 금전 거래에 대해서 세금이 과세되냐 마냐의 대한 명확한 답은 없고, 이런저런 경고와 말도 안 되는 비법 그리고 무용담이 퍼지고 있는 것이다.

2. 차용증도 쓰고 공증도 받았는데 증여라고 한다

다른 사례를 들어보겠다. 민혁이는 직장에서 해외 근무를 발령받았다. 해외에 10년 정도 체류하게 돼 가족과 동반으로 해외 생활을 해야 한다. 민혁이는 현재 아파트에 전세로 살고 있는데 요즘 한국의 부동산 시장을 보면 10년 후 돌아왔을 때는 집을 살 엄두도 못 낼 것 같아서 고민이다. 그리고 한국에서 홀로 되신 아버지를 모시고 살았는데 아버지의 거처도 걱정거리다. 그래서 가족회의를 통해 다음과 같이 결정했다.

본인이 전세로 살던 집의 보증금과 일부 저축한 돈 그리고 부친이 보유하고 있던 약간의 돈을 합쳐 아파트를 한 채 사서 아버지가 거주하게 하고 10년 후에 귀국해 그 집에 거주하기로 했다. 그런데 여러 사정으로 본인 명의가 아닌 부친 명의로 아파트를 취득하기로 했다. 다만 민혁이는 귀국할 때까지 아파트의 소유권 등에 대한 문제가 발생하지 않게끔 귀국해서 소유권을 넘겨받을 수 있도록 여러 조처를 해놓았다.

첫 번째로는 집을 사는데 본인이 보탠 자금에 대해 차용증을 작성했고 두 번째로는 차용증에 공증을 받았다. 그리고 세 번째로 10년 후에 본등기를 하기로 한 매매예약 가등기를 설정해두었다.

그런데 세무서에서는 민혁이 부친의 주택 취득자금에 대한 증여세 조사를 실시해 부친에게 증여세를 과세했다. 조세심판원은 다음과 같은 논리로 증여세의 과세가 맞다고 결정한 것이다.

① 부자간에 작성한 차용증의 내용 중에 "원금과 이자는 10년 후 일시에

상환하기로 한다"라고 했는데 이러한 계약은 사인 간의 통상적인 차용계약이라고 보기 어렵다.

② 차용증을 작성한 사실에 대해서는 "이러한 차용증은 부자간에 소비대차가 존재하는 것처럼 보이기 위해 형식적으로 외관을 갖춘 것에 불과하다."

③ 차용증의 진실을 입증하기 위해 받은 공증에 대해서는"공증계약은 통상 특수관계가 아닌 사인 간의 채권, 채무 관계를 명확히 하여 차후 분쟁에 대비하기 위한 목적으로 작성되는 것으로서 부자지간에 공증한 것은 단지 증여세 과세를 회피하기 위해 외관을 갖춘 것으로 밖에 볼 수 없다."

④ 처분을 못 하도록 담보권 설정을 위한 수단으로 설정한 매매예약 가등기에 대해서는 "매매예약 가등기 계약서의 내용 중 10년 후 얼마에 매도하기로 하는 것은 사회통념 및 경험칙에 반하는 계약이며, 부자간에 언제든지 합의하에 가등기를 말소할 수 있으므로 대여금을 회수하기 위해 가등기를 했다는 주장은 신빙성이 없다."

⑤ 가장 중요한 이유는 "부친은 현재 62세로 별다른 소득이 없고 원금과 이자를 변제할 능력이 있는지 의심스럽기 때문에 채권의 실현 가능성과 채무 이행의 담보가 불확실한 소비대차계약은 그 자체만으로 실질이 존재한다고 보기 어렵다."

앞의 사건을 살펴보면 일반 대중 사이에서 일반적으로 인식되고 있는 방법 즉, 차용증을 작성해 공증을 받고 근저당 같은 담보권을 설정하는 등 형식적인 요건들을 갖춘다고 해서 반드시 대여로 인정하지는 않는다는 것을 알 수 있다.

다른 사례들을 보면 차용증을 작성하고 공증까지 받았지만 공증일 다음 날에 자금을 이체한 사건에 대해 공증 시점에는 존재하지도 않는 계약에 대해 공증을 한 경우로서 외관을 갖추려고 노력한 것으로 밖에 볼 수 없기 때문에 진정한 채무계약이라고 볼 수 없다고 결정된 사례도 있다. 또한 차용증에 기재된 내용대로 원금과 이자를 지급하지 않았다면 그 차용증을 진정한 차용증으로 인정하지 않는다는 사례들도 많다.

결론적으로 가족 간의 자금 대여를 증여로 볼 것인가 아니면 대여로 볼 것인가는 판단의 문제인데, 그 판단의 결정적인 기준은 원칙적으로 가족 간의 자금 대여를 인정하지 않는다는 게 세무공무원의 업무지침일 것이다.

그럼에도 불구하고 진실한 자금 대여라고 주장하려면 제3자에게 자금을 빌려줄 때 취할 판단과 조치들보다 더 엄격하지 않으면 세무공무원의 판단을 뒤집기는 어려울 것이다.

3. 영철이에게 증여세가 과세된 이유

다시 영철이 얘기로 돌아가면 세무공무원이 영철이가 차용증까지 쓰고 이자도 지급하고 있던 대여금을 인정하지 않은 이유는 다음과 같다.

첫 번째, 영철이가 몇 년 전부터 현재까지 사업하면서 세무서에 신고한 소득보다 신용카드로 사용한 금액이 많아 사업으로 번 돈으로 채무를 변제할 수 있는 능력이 없다고 판단되어 대여가 아닌 증여로 보았다. 영철이가 사업을 하다 보니 현금으로 받는 부분에 대해서는 세무서에 신고하지 않은 것도 있어 세무서에 신고한 소득이 진짜 소득은 아니지만, 세무서에 신고한 소득만 자금 출처로 인정해주기 때문에 억울한 면도 있을 것이다.

두 번째, 빌린 돈에 대해서는 고액을 25년간 빌려주면서 담보 설정을 한다거나 등기 완료 시 다시 대출받아 상환한다는 등의 주장을 하고 있지만 이러한 조치와 주장만으로는 최소한의 채권 확보 조치를 취하지 않았다고 보이는 점, 상환 불이행 시 영철이의 다른 재산 상태 및 소득이 미미해 다른 채권 확보의 가능성이 불확실하고 대여금의 회수를 위한 구체적이고 실질적인 내용이 없는 점, 이자를 10년간 지급하고 나머지 15년간은 이자를 지급하지 않는 점 등 통상적인 소비대차계약 내용과는 상당히 다르고 직계존비속 간의 관계가 아니라면 불가능한 차용증이므로 이를 대여로 인정하지 않은 것이다.

또한 금융기관에서 30년 만기 대출을 할 경우 채권 확보를 할 수 있는 담보와 이자를 상환할 능력이 있는지가 반드시 확인되어야 하지만 영철이의 경우에는 부자 관계가 아니라면 사실상 불가능한 차용계약이므로 대여로 인정할 수 없는 것이다.

결국 가족 간에 돈을 빌려주고 대여로 인정받아서 증여세를 내지 않으려면 가족이 아닌 제3자에게 돈을 빌려줄 때의 대출 조건이나 채권 확보 방법 등과 거의 유사한 정도의 조건이 충족되어야 한다는 취지이다. 가족 간에 돈을 빌려주면서 차용증을 작성하고 담보 설정까지 해야 하느냐고 항

변할 수 있겠지만 국세청은 가족 간의 돈거래에 대해서는 특별한 사정이 있지 않는 한 인정하지 않기 때문에 오히려 타인에게 빌려줄 때보다 더 엄격하다.

영철이는 아파트라는 실물 부동산을 소유하고 있어 아파트값이 상승하면 전세보증금을 올려받아서 이자를 지급할 수 있고 원금도 아파트를 처분하면 변제가 가능하다고 주장했지만 받아들여지지 않았다. 영철이는 국세청에서 증여세를 과세한 것이 억울해 조세심판원에 불복을 청구했지만 조세심판원도 국세청의 입장에 손을 들어주었다.

25. 부모님께 돈을 빌리면 이자는 얼마나 줘야 하나?

영철이는 다음 달에 결혼식을 올릴 예정이다. 아직까지는 모아 놓은 돈이 없어 전세로 집을 구하기로 했다. 직장이 가까운 서울에서 전셋집을 구하려니 최소 5억 원은 있어야 하는데 갖고 있는 돈을 다 긁어모아도 2억 원밖에 되지 않아서 당장 3억 원이 필요한 상태다. 은행에서 신혼부부 전세대출을 받아 충당하려 했지만 대출 기준을 맞추지 못해 어쩔 수 없이 부모님께 손을 벌리기로 했다.

사실 부모님도 은퇴 후 100세까지 사신다고 가정하면 상당한 여유자금이 필요하다. 그런데 3억 원이라는 거금을 증여하면 부모님의 노후가 불안해질 수밖에 없다. 영철이는 일단 빌려서 전세자금에 충당하고 열심히 벌어서 갚는 쪽을 택했다.

그런데 부모님에게 돈을 빌리면 세무서에서 인정하지 않고 증여세를 매긴다는 얘기를 듣고 영철이는 유세무사를 찾아갔다. 유세무사는 이 문제에 대해 다음과 같이 설명했다.

가족 간에 이뤄지는 돈거래는 그 본질이 대여일 수도 있고 증여일 수도 있지만 가족 간이라는 특성 때문에 증여를 대여로 포장해 증여세를 회피할 수 있는 여지가 다분하다. 그렇기 때문에 자금 대여라고 주장을 하려면 이를 객관적이고 명백하게 입증해야 한다. 그리고 대여로 입증이 된 이후에는 세법이 정한 적정 이자보다 높거나 낮은 이자를 주었는지를 따져야 한다.

1. 부모와 자녀 사이의 자금 대여는 원칙적으로 인정 안 한다

세무공무원들의 업무집행 기준인 기본통칙을 보면 "원칙적으로 배우자 및 직계존비속 간의 소비대차는 인정하지 않는다"라고 규정돼 있다. 이는 법률에 규정된 내용이 아니라 세무공무원의 업무집행 기준이기 때문에 세무공무원들은 영철이가 부모로부터 돈을 빌렸다고 자금 출처를 소명해도 원칙적으로는 인정하지 않을 것이다.

하지만 위 규정에도 원칙적으로 인정하지 않는다고 했지 무조건 인정하지 않는다고 되어 있지는 않다. 따라서 진짜로 돈을 빌려주고 받은 채권·채무 관계인지 아니면 증여한 것인데 증여세를 내지 않으려고 대여로 포장한 것인지를 따져봐야 한다.

상증법을 보면 재산 취득자금에 대한 자금 출처로 인정하는 경우를 규정하고 있는데 그 내용은 다음과 같다.

> **상증법 시행령 제102조(채무의 입증방법 등)**
> 채무부담계약서, 채권자확인서, 담보설정 및 이자 지급에 관한 증빙 등에 의해 채무임을 확인할 수 있는 서류

따라서 차용증을 작성하고 공증도 하고 차용증에 기재된 내용대로 이자도 매월 지급한다면 증여가 아닌 대여로 인정받을 수 있다. 하지만 위 규정의 후단을 보면 그런 증빙 등에 의해 "채무임을 확인할 수 있는 서류"라고 규정하고 있다. 그러니까 그런 증빙 등이 있다고 할지라도 그런 증빙들을 검증해보니 채무가 확실하다고 입증돼야 대여로 인정한다는 의미다.

사실 부모와 자식 간 돈거래이므로 차용증을 작성하거나 공증을 받거나 또는 근저당 등 담보권을 설정하는 행위는 얼마든지 서로가 짜고 할 수 있다. 그래서 그러한 사실만으로는 자금의 증여가 아닌 대여라는 주장을 전적으로 믿을 수 없다. 따라서 실제로는 돈을 빌리는 과정과 동기, 돈을 빌리는 시점에서 앞으로 원금과 이자를 갚을 능력이 있는지 그리고 차용증에 기재된 내용대로 원금과 이자가 제때 변제됐는지 등의 상황이 훨씬 중요하다.

2. 만약 이자를 연 4.6%보다 적게 주었다면 적게 준 만큼은 증여다

부모에게 빌린 자금이란 것을 명백하게 입증해 세무공무원이 인정한다면 그다음 따져야 할 게 이자를 적정하게 지급했는지다. 만약 이자를 적게 지급했다면 영철이가 이득을 봤기 때문에 증여세를 부과한다. 반대로 이자를 너무 많이 주면 부모가 이득을 본 것이므로 부모에게 증여세가 과세된다.

이때 많이 주거나 적게 주거나의 기준은 세법이 정하는 적정이자율인데 현행 세법은 적정이자율을 연 4.6%로 규정하고 있다. 예를 들어 영철이가 부모에게서 3억 원을 빌리면서 연이자로 3%(연 900만 원)를 지급하기로 했다면 적정 이자인 4.6%(1,380만 원)보다 1.6%포인트 낮은 이자를 지급한 것이 돼 영철이는 1.6%포인트(480만 원)만큼 이득을 본다. 따라서 영철이에게 1.6%(480만 원)에 해당하는 금액에 대해 증여세를 과세한다.

그런데 세법에서는 적게 주거나 많이 준 이자 차액이 연 1천만 원 미만이면 증여세를 과세하지 않는다고 규정하고 있다. 따라서 영철이는 3%의 이자를 지급해 연 480만 원의 이득을 보았지만, 과세 제외 기준금액인 연 1천만 원에 미달해 증여세를 내지 않아도 된다.

이자 차액에 대한 증여세 과세 금액 계산은 1년 단위로 적정 이자와의 차액을 계산하며 실제 대출받은 날로부터 1년이 되는 날의 다음 날에 또다시 계산한다. 그리고 1년간의 이자 차액이 1천만 원에 미달하면 증여로 보지 않기 때문에 다른 증여와 합산하지 않는다.

영철이가 부모로부터 돈을 빌리고 나서 1년 내에 갚았다면 이자 차액이 연 1천만 원에 미달해 증여세가 과세되지 않지만 1년 내에 변제하지 못하고 3년 후에 갚았다면 대출을 받은 날로부터 1년 후에 다시 적정 이자와의 차액을 계산해야 한다. 하지만 다시 계산한다고 해도 이자 차액은 연 1천만 원에 미달하며 직전 연도의 1천만 원 미만 금액은 소멸하기 때문에 이번 연도 이자 차액과 합산하지 않으므로 증여세는 부과되지 않는다.

상증법 제41조의 4(금전 무상대출 등에 따른 이익의 증여)

① 타인으로부터 금전을 무상으로 또는 적정이자율보다 낮은 이자율로 대출받은 경우에는 그 금전을 대출받은 날에 다음 각호의 구분에 따른 금액을 그 금전을 대출받은 자의 증여재산가액으로 한다. 다만, 다음 각호의 구분에 따른 금액이 1천만 원 미만인 경우는 제외한다.

1. 무상으로 대출받은 경우: 대출금액에 적정 이자율을 곱하여 계산한 금액
2. 적정이자율보다 낮은 이자율로 대출받은 경우: 대출금액에 적정이자율을 곱하여 계산한 금액에서 실제 지급한 이자 상당액을 뺀 금액

1. 3억 원을 3%에 빌린 경우 연도별 이자 차액과 과세 여부

1년간의 이자 차액 : (3억 원 × 4.6%) – (3억 원 × 3%) = 480만 원

경과 연수	이자 차액	누적 이자 차액	합산 증여가액	증여세 과세 여부
1년 차	480만 원	0	0	과세 안 함
2년 차	480만 원	0	0	과세 안 함
3년 차	480만 원	0	0	과세 안 함

2. 3억 원을 1%에 빌린 경우 연도별 이자 차액과 과세 여부

1년간의 이자 차액 : (3억 원 × 4.6%) – (3억 원 × 1%) = 1,080만 원

경과 연수	이자 차액	누적 이자 차액	합산 증여가액	증여세 과세 여부
1년 차	1,080만 원	1,080만 원	1,080만 원	과세함
2년 차	1,080만 원	2,160만 원	2,160만 원	과세함
3년 차	1,080만 원	3,240만 원	3,240만 원	과세함

3. 2억 1,700만 원을 무이자로 빌려줘도 증여세를 내지 않는다.

만약 원금 2.17억 원을 무이자로 빌린 경우 이자 차액은 998만 2천 원이 되어 1천만 원에 미달하기 때문에 증여세가 과세되지 않는다.

2.17억 원 × 4.6% = 998만 2,000원(1천만 원 미만으로 증여세 과세 제외 금액)

다시 한번 강조하지만 빌린 돈의 성격이 증여가 아니라 대여라는 사실을 먼저 인정받아야만 다음 단계인 적정 이자를 따진다는 것이다.

앞에서 설명한 내용들은 영철이가 부모로부터 돈을 빌린 후에 그 돈으로 전세보증금을 지급하거나 부동산을 구입한 후 세무서로부터 자금 출처에 대한 소명 요구나 세무조사를 받는 경우에 따져야 하는 일이다. 세무서의 조사 이전에 이미 변제를 완료했다면 일반적으로는 대여로 인정해 증여세를 물리지 않는다. 하지만 변제일 이전에 조사가 이뤄진다면 증여가 아니라 대여라는 사실을 어렵게 입증해야 한다.

3. 담보제공도 증여다

부모에게 현금을 빌리지 않고 대신 부모가 거주하는 집을 담보로 영철이가 금융기관으로부터 대출받은 경우에도 증여세가 과세된다.

그 이유는 부모가 담보를 제공하지 않았다면 돈을 빌릴 수 없거나 높은 이자율로 빌려야 되는데 부모의 담보 제공으로 대출을 받게 됐거나 낮은 이자율로 대출받은 것이기 때문에 영철이가 이득을 봤다고 보고 증여세를 매기는 것이다.

이런 경우 영철이가 금융기관으로부터 빌리면서 적용받은 대출이자율이 세법상 적정이자율인 4.6%보다 낮으면 그 차액에 대해 증여세를 매긴다. 이 경우도 부모에게 직접 빌린 경우와 마찬가지로 그 이자 차액이 연간 1천만 원 이상일 때 증여세를 부과한다.

예를 들어 부모가 담보를 제공하고 2%의 이자율로 6억 원을 대출받았다면 적정이자율인 4.6%와 영철이가 받은 대출 이자율 2%와의 차액이 증여세 과세 대상이며 그 차액이 연간 1,560만 원으로 1천만 원이 넘어 증여세를 매기게 된다.

세법상 적정이자	6억 원 × 4.6% = 2,760만 원
부모님의 담보 제공 덕분에 지급하는 이자	6억 원 × 2% = 1,200만 원
부모님 덕분에 이익을 본 이자 차액	2,760만 원 – 1,200만 원 = 1,560만 원

4. 이자차액이 연간 1천만 원 미만이면 증여가 아니다

한 가지 추가로 알아야 할 것은 부모로부터 빌린 돈이나 부모가 담보를 제공하고 금융기관으로부터 빌린 대출이자 두 가지 모두 이자 차액이 연 1천만 원 이상일 경우, 1천만 원을 차감한 금액에 대해 증여세를 과세하는 것이 아니라 이자 차액 전액에 대해 증여세를 과세하는 것이다.

예를 들어 부모로부터 5억 원을 2%로 빌린 경우 그 이자 차액은 1년간 1,300만 원이 되는데, 이럴 경우 1천만 원을 공제한 300만 원만 과세되는 것이 아니라 1,300만 원 전액에 대해 증여세가 과세된다.

이자 차액	증여세 과세 금액
998만 2,000원	0원
1,300만 원	1,300만 원

앞에서 설명한 이자 차액 중 연간 1천만 원 미만의 금액은 증여로 보지 않기 때문에 10년 내 증여합산 대상에도 포함하지 않는다. 그러나 1천만 원 이상일 경우는 증여로 보는 금액이기 때문에 소급해 10년 이내에 다른 증여가 있었다면 합산하여 증여세를 내야 하며 과거 증여가 없었더라도 향후 10년 이내에 다른 증여가 있다면 합산해 증여세를 산출하고 신고·납부해야 한다.

5. 꼭 증여가 아니라 대여로 해야 할 이유는 무엇일까?

자녀에게 현금을 줄 만한 능력이 있는 부모라면 당장의 증여세를 면하기 위해 대여 방식의 자금거래를 할 때 실익을 꼼꼼히 따져볼 필요가 있다.

대여 방식의 경우 자녀는 약정한 이자를 부모에게 지급해야 하고 이자 지급 때 이자 금액의 25%와 지방세 2.5%를 합쳐 총 27.5%에 해당하는 세금을 떼고 72.5%만 드려야 한다. 그리고 이자를 지급하는 자녀는 세금으로 뗀 27.5% 해당하는 세금을 세무서에 신고하고 납부해야 하는 번거로움도 감수해야 한다. 부모도 받은 이자에 대해 다른 소득과 합산해 종합소득세를 신고해야 하는 번거로움이 있다.

부모의 재산은 언젠가는 자녀에게로 흘러간다. 따라서 어차피 줄 건데 굳이 자녀로부터 원금과 이자를 받고 이자소득세까지 납부하는 것이 재무적으로 도움이 될 것 같지는 않다. 자녀 역시 그 원금과 이자를 갚아야 하는 부담을 갖게 되는데 특별한 이유가 있지 않는 한 실제로 도움이 될지는 의심스럽다.

물론 이미 과거 10년 이내에 증여한 재산이 있어 지금 추가로 증여할 경우 종전 증여가액과 합산해 과세하는 증여세의 특성상 누진세율이 적용된다. 그렇기 때문에 이를 회피하기 위해 과거에 증여한 날로부터 10년이 경과할 때까지 대여로 처리했다가 10년 이후에 증여로 처리하겠다고 한 것이라면 상당한 의미가 있어 보인다.

부모님들 중엔 '자금을 증여한 것이 아니라 대여한 것이라고 세무공무원에게 소명한 후 몇 년이 흐른 뒤에 원금과 이자를 안 받으면 세무서에서 모르겠지'라고 잔꾀를 내려는 분들도 있을 것이다. 하지만 세무서에서 대여라고 인정했다면 차용증 등으로 파악한 변제기일을 전산에 기록했다가 변제기일이 지나면 어김없이 원금과 이자를 갚았는지, 갚았다면 무슨 돈으로 갚았는지를 문서로 소명을 요구하며 변제가 완료될 때까지 사후관리를 할 것이다.

26. 세금 결정에 결정적인 역할을 하는 시가

영철이의 아버지는 아파트 한 채를 임대 중인데 사업에 실패한 둘째 아들이 도와달라고 사정하여 그에게 아파트를 증여하기로 했다. 첫째 아들에겐 오래전에 아파트 한 채를 사줬고 이번에는 둘째 아들에게 아파트를 주기로 했지만, 막내 아들인 영철이가 마음에 걸렸다. 아버지는 지방에 소유한 토지가 있어서 그 땅을 영철이에게 주려고 마음먹었다며 원하면 지금 가져가라고 했다.

아파트는 시가가 20억 원 정도인데 전세보증금으로 5억 원을 받았다. 토지는 거래가 잘 안 되지만 시가가 15억 원 정도라고 한다. 영철이는 지금 토지를 증여받으면 엄청난 증여세를 내야 한다는 소문을 듣고 걱정돼 증여받아야 할지, 증여세는 또 얼마나 내야 하는지를 알아보기 위해 유세무사를 찾았다.

이 사례에서 아파트의 시가는 20억 원이지만 5억 원의 전세보증금이 있어 둘째 아들이 전세보증금을 떠안고 증여받는 부담부증여의 경우 증여가액은 15억 원이다. 영철이가 받는 토지의 시가도 15억 원이기 때문에 둘 다 15억 원씩 증여받는 것이다.

둘 다 동일한 가치의 부동산을 증여받지만 두 사람이 부담하는 증여세는 다르다. 언뜻 이해가 안 될 수도 있지만, 현행 세법에 따라 계산하면 증여세가 달라질 수밖에 없으며 심지어 그 차이가 매우 크게 벌어질 수도 있다. 그 이유는 가족이나 그 외 특수관계인과 거래, 증여, 상속을 할 경우 세금을 매기는 기준은 증여재산의 '시가'라고 규정하고 있기 때문이다.

1. 시가란?

시가가 결정되면 이를 기준으로 세금을 산출하기 때문에 시가는 세금의 크기를 결정하는 데 가장 중요한 요소다. 그런데 만약 동일한 시장가치의 부동산에 대해 세법상 평가한 가액, 즉 시가가 달라진다면 세금은 차이가 날 수밖에 없다.

동일한 재산이어도 감정평가로 시가를 산정하는 방법이나 인근 유사부동산의 거래가액으로 평가하는 방법, 기준시가로 평가하는 방법 등 평가 방법에 따라 세금이 크게 달라진다.

이렇게 동일한 부동산에 대한 평가액이 평가 방법에 따라 달라져 부담할 세금에 차이가 난다는 것은 매우 불합리하지만 실제로 이러한 일이 발생할 수밖에 없도록 세법에 규정돼 있다. 따라서 평가 방법을 잘 활용한다면 세금을 줄일 수 있다는 결론에 도달한다.

일반적으로 특수관계가 없는 제3자 간에 부동산을 거래하기로 했다면 매도자와 매수자는 이익을 극대화하기 위해 치열하게 가격을 협상할 것이고 그런 과정에서 결정된 가액은 나름 합리적인 가액이 될 수 있다.

하지만 가족이나 특수관계인과 부동산을 거래한다면 둘 사이에는 서로의 이익을 극대화하기 위한 노력보다는 누군가에게 이익을 몰아줄 방법을 선택할 가능성이 클 수밖에 없다. 또한 무상으로 부동산을 이전하는 증여나 상속의 경우에는 거래가액 자체가 존재하지 않는다.

따라서 가족이나 그 외 특수관계인과의 유상거래 또는 증여나 상속과 같은 무상거래를 할 경우 누군가는 이익을 얻게 되므로 그 이익에 세금을 물리기 위해서는 유·무상으로 거래된 부동산 등의 가액을 확정해야 한다.

일반적으로 사람들은 자기 부동산에 대한 가격을 이야기할 때 "누가 얼마를 줄 테니 팔라고 한다", "인근에 유사한 부동산이 얼마에 팔렸으니 내 부동산의 가격도 그 거래가액에 견주어 어느 정도일 거야", "내 부동산은 이 정도의 가치가 있어"라고 한다. 물론 "현재 이 정도의 수익이 발생하고 현재 이자율이 얼마이니 수익률로 환산할 경우 이 정도 가격이 적당할 거야"라고 합리적으로 말하는 사람들도 있다. 그런데 이러한 가격들은 거래가 완성되어 확정된 가격이 아니다. 그러므로 주거나 받고 싶은 가액, 즉 호가인 것이다.

이러한 호가는 정확한 가액이 될 수 없다. 사람에 따라, 사정에 따라 얼마든지 달라지기 때문에 여러 개의 가액이 존재하며 그 크기의 간극도 상당할 수 있다. 이러한 가액을 기준으로 세금을 부과한다면 동일한 부동산에 여러 가지의 세금이 산출될 수 있어 매우 불합리하다.

따라서 세법은 가족이나 그 외 특수관계인 간의 유무상 거래 시 거래 부동산 등의 가액을 결정할 수 있는 기준을 규정하고 있다.

2. 시가의 종류와 적용 기간

시가

시가는 시장가격을 의미한다. 상증법에서도 "시가는 불특정 다수인 사이에 자유롭게 이뤄지는 경우 통상적으로 성립된다고 인정되는 가액"이라고 규정하고 있다. 시가가 존재하려면 동일한 물건이 다수 존재해야 하고 시장에서 자주 거래돼야 한다. 하지만 내가 소유하고 있는 부동산은 유일하게 존재하는 것일 뿐 아니라 자주 거래되는 것도 아니다.

따라서 내가 거래하고자 하는 부동산은 특별한 경우를 제외하고는 시가가 존재하지 않는다고 보는 것이 타당하다.

시가로 인정하는 가액

시가가 존재하지 않는 부동산에 대해서는 시가는 아니지만 '시가로 인정하는 가액'을 시가로 보아 적용하는데 그 종류는 다음과 같이 세 가지로 규정하고 있다.

① 당해 부동산의 실제 거래된 가액

② 당해 부동산의 경매, 공매, 수용된 가액

③ 당해 부동산의 감정가액

인근 유사부동산의 거래가액 등

시가로 인정하는 위 세 가지 가액은 당해 부동산 즉, 내가 거래 또는 증여나 상속하려는 부동산에 대한 세 가지 가액을 말한다. 그런데 당해 부동산에 대한 세 가지 가액이 존재하지 않을 수 있다. 이럴 경우 다음 단계로 인근의 유사부동산에 대한 세 가지 거래가액이 있다면 그 가액도 시가로 인정하는 가액으로 본다.

시가로 인정하는 가액의 적용 기간

시가로 인정하는 가액은 당해 부동산의 거래가액 등 세 가지 가액이 있다면 그 가액을 우선 적용하지만, 그러한 가액이 존재하지 않으면 인근 유사부동산의 위 세 가지 가액을 적용한다.

그런데 시가로 인정하는 가액을 적용할 때는 세 가지 가액이 발생한 시점에 대해 제한을 두고 있다. 예를 들어 3년 전 10억 원을 주고 산 주택에 대해 지금 시가를 결정하면서 3년 전이지만 당해 부동산에 대한 거래가액이 존재하므로 3년 전 매수가액인 10억 원을 시가로 인정하는 가액으로 여겨 세금을 부과하겠다고는 할 수 없다. 3년 전에 이뤄진 가액을 지금의 시가로 확정한다는 것은 시가의 본질에서 벗어나기 때문이다.

시가로 인정되는 가액은 상속의 경우에는 상속개시일을 기준으로 직전 6개월에서 직후 6개월 사이에 이뤄진 가액을 말하며, 증여의 경우에는 증여일을 기준으로 직전 6개월부터 직후 3개월간에 이뤄진 가액을 말한다.

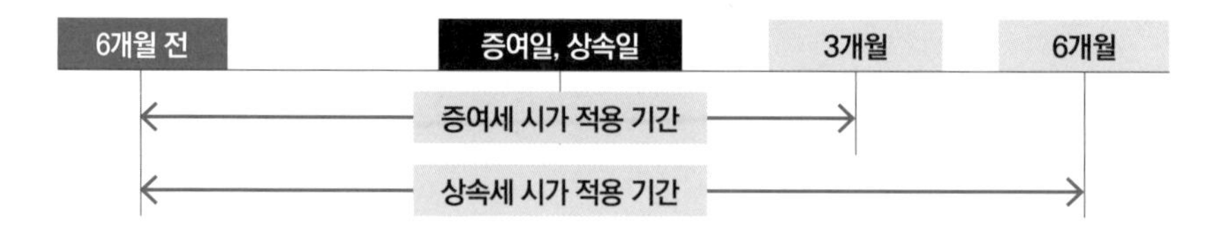

예를 들어 2023년 1월 1일 취득한 부동산을 2023년 11월 30일에 증여하려고 할 때 증여일로부터 소급해 6개월 이전에 취득한 부동산의 가액은 당해 부동산의 거래가액이 아니다. 따라서 11개월 전에 취득한 부동산의 취득가액을 시가로 인정해 증여세를 부과할 수 없다.

당해 부동산 또는 인근 유사부동산의 세 가지 가액 중 둘 이상의 가액이 존재하는 경우에는 상속, 증여일로부터 가장 가까운 날에 이뤄진 가액을 적용한다.

시가로 인정하는 가액의 적용 기간 확장

시가로 인정되는 가액은 증여는 증여일로부터 전 6개월 후 3개월의 기간 내에 이뤄진 세 가지 가액을 적용하며, 상속은 상속일 전후 6개월 동안에 이뤄진 가액을 적용하는 게 원칙이다.

그런데 다음 사유에 모두 해당한다면 그 적용 기간을 확장해 적용한다.

① 시간의 경과 및 주위 환경의 변화 등을 고려하여 가격 변동의 특별한 사정이 없다고 인정되는 경우로서

② 납세자 또는 세무공무원의 신청으로 국세청 내에 설치된 '평가심의위원회'의 심의를 거친 경우

위 두 가지 조건에 해당되면 시가로 인정되는 기간은 다음과 같이 확장된다.

1. 증여의 경우 증여일로부터 소급하여 2년 전부터 증여세 신고기한 이후 6개월의 기간

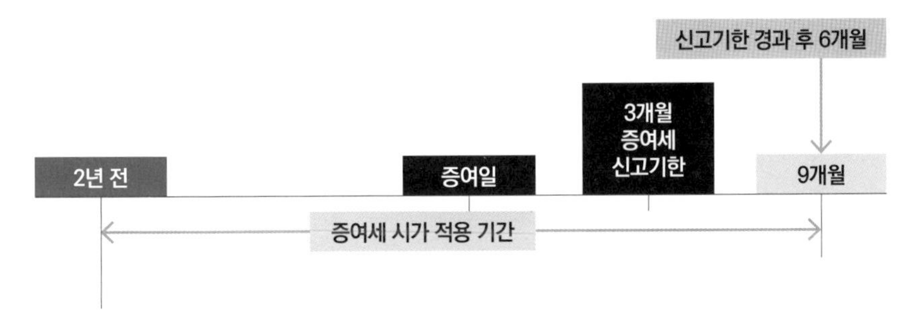

2. 상속의 경우에는 상속일로부터 소급하여 2년 전부터 상속세 신고기한 이후 9개월의 기간

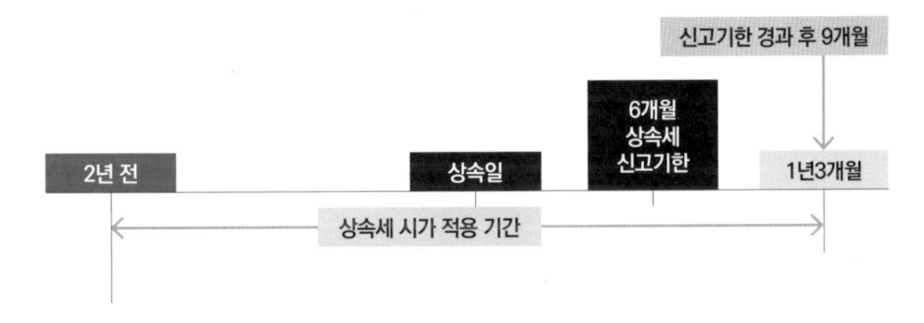

따라서 적용 기간의 확장 요건에 해당된다면 증여의 경우 증여일 전 2년 전부터 후 9개월간의 기간에 발생한 세 가지 가액을 시가로 인정하는 가액으로 사용할 수 있으며, 상속의 경우에는 상속일 전 2년 전부터 상속일 이후 1년 3개월까지 발생한 세 가지 가액을 시가로 인정하는 가액으로 사용할 수 있다.

시가의 결정 과정 및 기준시가 적용

가족 또는 특수관계인과 거래를 하는 경우 당해 부동산의 가액은 시가로 평가하는 것이 원칙이지만 시가가 불분명하면 시가로 인정하는 가액을 시가로 본다. 시가로 인정하는 가액을 계산하려면 먼저 당해 부동산에 대해 일정 기간 내에 이뤄진 세 가지 가액이 있는지를 파악해야 하며, 파악한 결과 당해 부동산에 대한 세 가지 가액 중 어느 하나도 없다면 두 번째로는 일정 기간 동안 이뤄진 인근 유사부동산의 거래가액 등을 살펴봐야 한다.

일정 기간에 당해 부동산 또는 인근 유사부동산의 거래가액 등 세 가지 가액이 없을 경우에는 확장된 기간에 당해 부동산 그리고 인근 유사부동산의 거래가액 등 세 가지 가액이 있는지 살펴봐야 한다.

이렇게 파악한 결과 시가로 인정하는 가액이 없는 경우에는 마지막으로 기준시가를 시가로 본다.

시가의 결정 과정

1단계	일정 기간 내 당해 부동산의 세 가지 가액
2단계	일정 기간 내 인근 유사부동산의 위 세 가지 가액
3단계	확장 기간 내 당해 부동산의 세 가지 가액
4단계	확장 기간 내 인근 유사부동산의 세 가지 가액
5단계	기준시가
6단계	신고기한 경과 후 일정 기간 내 국세청 등의 감정평가액

기준시가는 부동산의 종류에 따라 관계기관이 고시하는 가액으로 그 내용은 다음 표와 같다.

기준시가

물건	기준시가	고시담당	고시일
토지	개별공시지가	지자체장	5월 말일
오피스텔, 상업용 건물(3,000㎡)	국세청고시가액	국세청	1월 1일
단독, 다가구, 다세대, 중소형연립주택	개별주택가격	지자체장	4월 30일
공동주택(아파트, 전용50평 이상 연립)	공동주택가격	국토교통부	4월 30일
일반건물	국세청고시가액	국세청	1월 1일

3. 인근 유사부동산의 거래가액을 적용하는 방법

시가를 산정할 때 당해 부동산의 거래가액은 일정 기간 내에 거래하지 않으면 발생하지 않는다. 마찬가지로 경·공매, 수용가액도 예측이 가능하거나 발생하지 않도록 할 수 있다. 또한 감정가액도 감정을 받지 않으면 발생하지 않는다. 따라서 당해 부동산의 세 가지 거래가액은 본인의 의지에 따라 발생시키지 않을 수 있어 통제가 가능하다.

하지만 인근 유사부동산의 세 가지 가액은 본인의 통제하에 있지 않을 뿐 아니라 파악하기도 쉽지 않아 가족 간 거래나 증여를 하는 의사결정에 혼란이 올 수밖에 없다. 인근 유사부동산의 세 가지 거래가액을 시가로 적용하려면 당해 부동산과 면적, 위치, 용도, 종목, 및 기준시가가 동일하거나 유사해야 한다.

이와 관련해 상증법에서는 인근 유사부동산 중 공동주택의 경우에는 다음 세 가지 요건을 모두 충족해야만 인근 유사부동산으로 인정하고 그 부동산의 거래가액을 당해 부동산의 시가로 인정하고 있다.

① 동일한 공동주택단지 내에 있을 것

② 주거 전용면적의 차이가 5% 이내일 것

③ 고시된 주택 가격의 차이가 5% 이내일 것

만약 내가 증여하려는 아파트는 1층에 소재하는데 10층 로열층의 아파트가 거래된 경우라면, 10층 아파트와 1층 아파트는 동일 단지 내에 있으며, 주거 전용면적도 동일하지만 세 번째 조건인 고시가액은 달라질 수 있다. 1층과 10층은 로열층 여부에 따라 실제 거래가액도 다르지만 고시가액도 다른 것이 일반적이다. 따라서 거래된 10층 아파트의 고시가액과 내가 증여하려는 1층 아파트의 고시가액을 비교하여 그 차액이 5%를 초과하면 10층 아파트의 거래가액은 1층 아파트의 인근 유사부동산에 해당하지 않기 때문에 10층 아파트의 거래가액을 1층 아파트의 증여가액으로 사용할 수 없다.

공동주택이 아닌 경우에는 면적, 위치, 용도, 종목, 기준시가가 동일하거나 유사한 다른 재산을 말한다고 규정하고 있다. 일부 토지의 경우 분할됐다거나 인근에 있는 토지로서 용도나 기준시가가 비슷한 경우 인근 유사거래가액으로 인정하는 판례들도 있지만, 공동주택이 아닌 단독주택이나 다가구주택 또는 연립주택 그리고 주택 이외의 상업용 건물이나 토지 같은 경우에는 일반적으로 인근 유사부동산이 존재할 가능성이 매우 낮다.

따라서 인근 유사부동산의 거래가액이 시가로 인정되는 경우는 대부분 아파트 같은 공동주택에 한해 적용되며, 그 외 부동산은 극히 예외적으로 적용됨을 알 수 있다.

인근 유사부동산의 거래가액은 납세자가 그러한 가액이 있는지를 여러 가지 자료 등을 통해 파악해야 알 수 있다. 주로 국토부에서 발표하는 실거래가액을 통해 파악할 수 있는데 이러한 가액도 실제 계약일과 발표하기까지의 시차가 있어 관련된 세금 신고를 하는 시점에서 정확한 사례를 파악하기가 쉽지 않은 상황이다.

인근 유사부동산의 거래가액을 시가로 인정하는 가액으로 확정해 신고할 때 신고 마감일보다 일찍 신고하는 경우에는 신고일 이후에 거래된 가액은 적용하지 않는다. 예를 들어 8월 말일에 증여한 경우 증여일이 속하는 달의 말일 다음 날, 즉 9월 1일부터 3개월 이내인 11월 말일까지 증여세를 신고하면 된다.

시가로 인정되는 가액은 증여일로부터 전 6개월에서 증여일 후 3개월 이내에 거래된 가액이라고 했기 때문에 3개월이 되는 11월 말일 이전에 인근의 유사한 부동산이 거래됐다면 그 가액은 시가로 인정되는 가액이 된다. 하지만 예외적으로 증여세 신고를 신고기한보다 일찍 한다면 신고일 이후 신고기한인 11월 말일 이전에 거래된 인근 유사부동산의 거래가액은 시가로 인정하지 않는다.

만약 6월 말일에 급매로 8억 원에 계약된 것을 확인하고 8월 말일에 증여했는데 9월 말일에 인근 유사부동산에 해당하는 주택이 10억 원에 계약된 경우, 증여일 전 6개월부터 증여일 후 3개월 사이에 거래된 인근 유사부동산의 거래가액 중 증여일로부터 가장 가까운 날에 거래된 가액을 인근 유사부동산의 거래가액으로 인정하기 때문에 9월 말일에 계약된 10억 원을 증여가액으로 하여 증여세를 신고·납부해야 한다.

그러나 10억 원으로 계약된 9월 말일 이전에 증여세를 신고하면 신고일 이후에 발생한 인근 유사부동산의 거래가액은 사용할 수 없다. 따라서 증여일을 기준으로 보면 9월 말일에 계약된 10억 원이 증여일로부터 더 가까운 날의 거래지만 9월 말 거래가액은 신고일 이후에 거래된 가액이므로 사용할 수 없어 6월 말에 거래된 가액 8억 원이 시가 인정액이 된다.

4. 감정가액의 적용 방법

시가로 인정하는 가액에는 감정가액이 포함돼 있다. 이러한 감정가액은 원칙적으로 두 군데 이상의 감정평가법인이 감정한 가액을 평균한 것이다. 하지만 기준시가 10억 원 이하의 부동산에 대해서는 한 군데의 감정평가법인으로부터 감정받은 가액도 시가로 인정하는 가액에 해당된다.

10억 원 이하는 부동산에 한정되므로 입주권이나 분양권 등 부동산이 아니라면 10억 원에 미달하더라도 두 군데 이상의 감정평가법인으로부터 감정을 받아야만 한다.

주식의 경우 상장주식은 증여일 또는 상속일 전후 2개월간의 종가 평균액으로 평가하며 비상장주식은 상증법에 규정된 방법으로 평가해야 하고 감정평가의 방법으로는 평가할 수 없다.

감정평가를 누가 의뢰했는지는 따지지 않는다. 당사자가 평가를 의뢰하지 않고 은행 등 다른 기관에서 평가 의뢰한 감정가액도 적용될 수 있다. 세무공무원이 평가 의뢰한 가액도 가능하다. 따라서 본인이 감정을 의뢰하지 않았다고 해서 감정가액이 없다고 판단하면 안 된다.

다만 은행의 경우 감정평가법인에 의뢰하지 않고 주로 자체 감정을 하는데 그 가액은 감정평가법인이 평가한 가액이 아니므로 시가 인정가액에 해당하지 않는다. 설령 누군가가 감정평가법인에 감정을 의뢰했더라도 두 군데 이상에서 하지 않았다면 그 또한 시가 인정가액이 될 수 없다.

본 감정을 하기 전에 예비적으로 감정가액을 문의해 알아보는, 이른바 탁상감정은 정식적인 감정이 아니어서 시가 인정가액이 될 수 없다. 의뢰인이 감정평가를 의뢰하면서 감정평가사에게 감정평가액을 조정해달라고 부탁할 수는 있지만 감정평가액이 다른 감정평가기관이 평가한 가액의

80%에 미달하면 1년간은 시가불인정 감정기관으로 지정될 수 있다. 따라서 감정평가기관이 특정 부동산에 대해 의뢰인의 부탁을 받고 감정평가액을 낮게 평가하는 행위는 되기가 어렵다.

납세자가 감정평가를 실행해 상속세나 증여세를 신고·납부한 경우에 감정평가에 소요된 비용은 세금을 계산할 때 비용으로 인정해 세금의 일부를 공제해준다.

5. 시가 인정가액이 여러 개인 경우 적용 순서

시가로 인정하는 가액은 첫 번째로 당해 부동산의 '거래가액', '경·공매', 수용가액 '감정가액'을 적용하며, 당해 부동산의 세 가지 가액이 없으면 인근 유사부동산의 세 가지 거래가액을 적용한다. 이때 이러한 가액들이 중복으로 발생한 경우에는 증여일 또는 상속일로부터 가장 가까운 날에 이뤄진 가액을 시가인정액으로 한다.

인근 유사부동산의 거래가액도 마찬가지이다. 인근 유사부동산이 여러 건 거래가 됐다면 그중 증여일 또는 상속일로부터 가장 가까운 날에 거래된 가액이 시가인정액이 된다.

가장 가까운 날을 판단하거나 시가인정 기간인 상속의 경우 전후 6개월, 증여의 경우 전 6개월 후 3개월 사이에 이뤄진 가액을 판단할 때 기준이 되는 일시는 다음과 같다.

① 매매의 경우에는 매매계약일

② 감정평가의 경우에는 가격산정 기준일과 감정평가서 작성일

③ 경·공매 수용의 경우에는 보상가액, 경매가액, 공매가액이 결정된 날

일반적으로 매매의 경우에는 매매의 시기를 잔금 청산일로 보는데 시가로 인정하는 매매가액의 기준일은 매매계약일로 본다는 점에 유의해야 한다.

6. 국세청에서 감정가액으로 세금을 추징하는 문제에 대해서

가족 또는 특수관계인 간 거래나 증여·상속의 경우 시가를 산정하는 방법은 앞에서 자세히 설명했다. 그런데 당해 부동산에 대한 세 가지 가액은 통제가 가능하기 때문에 그런 가액이 발생하지 않도록 조치를 취하면 된다. 그리고 인근 유사부동산의 세 가지 가액은 전제조건이 법에서 규정하는 인근의 유사부동산이어야 하므로 공동주택 이외에는 적용하기 힘들다.

따라서 단독주택이나 다가구주택 또는 상가나 상업용 건물 또는 토지 등은 인근 유사부동산이 존재할 가능성이 매우 희박하므로 인근 유사부동산의 거래가액을 시가인정액으로 적용하는 일은 드물다.

따라서 통제가 가능한 당해 부동산의 시가인정가액 세 가지를 발생시키지 않는다면 결국 시가로 인정하는 가액이 존재하지 않게 된다. 그럴 경우 마지막으로 기준시가를 시가로 보아 세금을 계산할 수밖에 없다.

그런데 앞의 '2. 시가의 종류와 적용 기간'에서 법정 신고기한이 경과한 이후 세금의 결정 기간 즉, 증여세의 경우 신고기한으로부터 6개월, 상속의 경우 9개월 내에 시가로 인정하는 가액이 발생한다면 그 가액도 시가로 보

아 세금을 추징할 수 있다고 했다.

그러나 자세히 살펴보면 신고 후 확장기간 중에 시가로 인정하는 세 가지 가액 중 거래가액이나 경·공매, 수용가액은 본인이 통제 가능하지만 감정가액은 통제가 불가능하다. 왜냐하면 감정평가는 본인이 의뢰한 것만 인정하는 것이 아니라 은행 같은 다른 기관이나 세무공무원이 의뢰한 가액도 시가인정액에 포함되기 때문이다.

예를 들어 강북의 꼬마빌딩을 자녀에게 증여하려고 한다. 그 빌딩의 시가는 100억 원이지만 기준시가는 50억 원이다. 그 빌딩은 증여일로부터 소급해 6개월 또는 확장해 2년 내에 거래한 사실이 없다. 그리고 경·공매를 받거나 수용당한 사실도 없다. 은행으로부터 대출을 받기 위해 감정을 받기는 했지만 감정 시점은 3년 전이다. 그리고 증여를 받은 후 3개월 내에 매매하거나 감정을 할 계획도 없다. 이 경우 당해 부동산에 대한 시가인정액은 존재하지 않는다.

그다음으로 인근 유사부동산에 대한 세 가지 가액을 살펴봐야 하는데 꼬마빌딩의 특성상 인근 유사부동산이 존재할 가능성은 매우 낮아 인근 유사부동산의 거래가액은 고려하지 않아도 되는 상황이다. 이럴 경우 시가는 100억 원이지만 납세자는 기준시가로 증여세를 신고할 수밖에 없다.

'시가가 100억 원인데 어떻게 기준시가 50억 원으로 신고하지? 양심상 중간 정도인 70억 원으로 신고하면 안 될까?'라고 생각할 수 있겠지만 현행 세법상으로는 50억 원으로 신고하는 방법 이외에는 다른 선택이 없다. 물론 시가에 근접한 가액으로 증여세를 내기 위해 스스로 자진해서 감정평가를 받는다면 감정가액으로 증여세를 신고할 수도 있지만 감정을 받지 않는다면 기준시가 이외에는 신고할 방법이 없다.

보통 납세자는 세금을 적게 내고 싶기 때문에 굳이 자원해서 감정평가를 받아 증여세를 내려고 하지 않을 것이다. 그렇게 하는 행위가 불법행위도 아니다.

하지만 이런 방법으로 부자들이 자녀들에게 고액의 자산을 기준시가로 증여하는 행위가 만연하자 이를 막기 위한 제도가 신설됐다. 그 제도가 바로 앞에서 언급한 신고기한 이후 결정 기간 내에 국세청이 감정을 의뢰하여 세금을 추징하는 제도이다.

이 제도에 의하면 시가와 기준시가의 차이가 많은 상업용 빌딩이나 토지 등을 기준시가로 증여 또는 상속할 경우 신고기한일로부터 증여세는 6개월, 상속세의 경우에는 9개월 내에 세무공무원이 감정평가를 의뢰해 세금을 추징할 수 있다. 그런데 이 제도는 상증법에서 "… 포함시킬 수 있다"라고 규정하고 있다. 따라서 강제 규정이 아니라 임의 규정이다.

감정평가를 국세청이 실행할 경우 그 비용은 국세청이 부담해야 하며 이를 위해서는 국회로부터 감정평가 비용에 대한 예산을 확보해야 하기 때문에 국세청 입장에서는 기준시가로 신고한 모든 재산에 대해 감정평가를 실행할 수는 없다. 그뿐만 아니라 기준시가로 신고하는 모든 경우를 대상으로 감정평가를 한다면 그 많은 행정력을 감당할 수도 없거니와 그러려면 굳이 "…할 수 있다"라고 규정할 것이 아니라 강제 규정으로 "…한다"라고 규정해야 한다.

따라서 국세청은 시행 초기에 기준시가로 신고한 것 중 우선 비주거용 부동산에 대해서만 감정평가 사업을 진행한다고 발표했지만 구체적인 금액 기준이나 대상자 수를 발표하지 않아 많은 납세자들로부터 예측 가능성을 저해한다는 비판을 받아왔다. 그러다가 2023년 7월 3일에 구체적인 기준을 다음과 같이 발표했다.

상증법 사무처리 규정 제72조(감정평가 대상 및 절차)

① 비주거용 부동산 감정평가 대상은 비주거용 부동산으로 하며 부동산 과다 보유 법인이 보유한 부동산도 포함한다.

② 국세청은 감정평가 대상을 선정하기 위해 5군데 이상의 감정평가법인에 의뢰하여 추정시가를 산정할 수 있다.

③ 추정시가를 산정한 이후 추정시가와 기준시가와의 차이가 10억 원 이상이거나 그 차이가 추정시가의 10% 이상인 경우 감정평가 대상자로 선정할 수 있다.

납세자가 기준시가로 신고한 경우 국세청은 5군데 이상의 감정평가법인으로부터 소위 탁상감정이라고 하는 추정시가를 받아본 후 추정시가와 신고한 기준시가의 차액이 10억 원 이상인 경우 또는 추정시가의 10%에 해당하는 금액 이상 차이가 나는 부동산에 대해서만 감정평가를 실시할 수 있다고 고시했다.

7. 시가를 잘못 적용해 신고한 경우 가산세

세금을 내기 위한 첫 번째 과정인 시가를 산정하는 것은 앞에서 살펴보았듯이 매우 어려운 과정을 거쳐야 한다. 그런 과정을 거치면서도 인근 유사부동산의 거래가액을 확인하지 못했거나 잘못 확인해 세금을 적게 낼 수도 있고, 마지막에 설명한 납세자가 기준시가로 신고했는데 국세청에서 감정평가를 실행해 세금을 추징하는 경우도 생길 수 있다. 그런데 이런 경우 납세자에게 잘못이 있다고 볼 수 없어 과소신고 가산세와 납부지연 가산세를 추징하지 않는다.

따라서 납세자의 입장에서는 기준시가로 신고한 경우 국세청이 반드시 감정평가를 실행하는 것이 아니기 때문에 신고한 기준시가 그대로 결정될 수도 있고, 설령 국세청이 감정평가를 하여 세금을 추징한다고 해도 감정평가 비용은 국세청이 부담하고 가산세도 없으므로 굳이 자진해서 비용 부담을 하면서까지 감정평가해서 신고할 필요는 없어 보인다.

27. 부모님 재산을 공짜로 사용할 때 내야 하는 세금

영철이는 직장을 그만두고 카페를 창업하기로 했다. 창업 초기에 임대료라도 줄여보기 위해 아버지가 소유하고 있는 상가에다 카페를 열고, 그 대신 아버지를 자신의 집으로 모셔서 같이 살기로 했다.

영철이는 상가를 무상으로 쓰는 것이기 때문에 세금 문제는 전혀 없을 것으로 생각했다. 하지만 사업자 등록을 위해 유세무사를 찾은 영철이는 뜻밖의 설명을 듣게 됐다. 가족 간 재산을 사용할 때도 빈틈없이 세금이 부과된다는 설명을 들은 것이었다. 그뿐만 아니라 무상으로 빌려주는 사람에게도 세금이 부과되고, 무상으로 빌려 쓰는 사람에게도 세금이 부과된다고 한다.

부모의 재산을 무상으로 사용하는 일은 흔한 일이며 오히려 대가를 지급하는 것이 이상하게 생각되는 것이 우리의 정서이다. 하지만 세법은 상대에게 이익을 제공하거나 지원하는 행위를 증여로 보고 있으며 가족 간에도 마찬가지이므로 증여세 과세 대상에 해당한다.

1. 무상으로 가족 재산을 사용하는 경우

무상으로 사용하는 사람은 증여세를 내세요

상증법에는 타인의 재산을 무상으로 사용하면서 이익을 얻게 되면 그 이익을 증여받은 것으로 본다고 규정하고 있다. 타인이란 나 자신 외의 다른 사람을 뜻하는 단어이니 가족도 타인에 속하며 심지어 배우자도 타인에 속한다. 따라서 영철이가 아버지 소유의 상가를 무상으로 사용하는 것은 영철이가 증여세를 내야 한다는 의미다.

아버지 상가의 시가는 30억 원이다. 그렇다면 영철이는 얼마의 증여세를 내야 할까? 상증법에서는 상가를 무상으로 사용하는 경우 이에 따른 1년 동안의 이익은 부동산 시가의 2%라고 규정하고 있다.

1년간의 무상사용 이익 : 부동산 시가 × 2% = 1년간의 증여 금액

그런데 부동산을 무상으로 사용하는 경우에는 1년 단위로 증여세를 과

세하는 것이 아니라 5년 단위로 과세한다. 다만 무상으로 부동산 사용을 개시한 날을 증여일로 보기 때문에 향후 5년간 발생할 증여이익을 합한 후에 그 금액을 현재가치로 환산해야 정확한 증여 금액이 산출된다. 이를 산식으로 표시하면 다음과 같다.

5년간의 증여이익 = 부동산 시가 × 2% × 3.79079(현재가치 할인율)

이에 근거해 영철이의 5년간 증여이익을 계산하면 다음과 같다.

영철이의 5년간 이익 : 30억 원 × 2% × 3.79079 = 2억 2,744만 7,400원

따라서 영철이는 무상으로 아버지 소유의 상가를 사용하기 시작한 날에 아버지로부터 2억 2,744만 7,400원을 증여받은 것으로 보기 때문에 무상으로 사용하기 시작한 날의 말일로부터 3개월 내에 증여세를 신고·납부해야 한다.

그 후 5년간은 증여세를 계상하지 않지만 5년이 지나는 날 다시 새로운 증여가 일어난 것으로 보아 그 후 5년간의 무상임대에 대한 이익을 다시 계산해 5년 단위로 증여세를 과세하게 된다.

무상으로 임대를 개시한 날에 이미 5년간의 임대료에 대한 증여세를 납부한 것이기 때문에 5년 이전에 무상 사용을 종료한다면 당연히 종전에 낸 증여세 중 미사용 기간에 대한 증여세는 환급받을 수 있다.

사업을 시작할 때 영철이가 내야 하는 증여세는 다음과 같다.

5년간의 증여이익 = 2억 2,744만 7,400원
성년자녀 공제 = 5,000만 원

과세표준 = 1억 7,744만 7,400원
증여세율 × 20% – 누진공제액 1,000만 원

증여세 산출세액 = 2,548만 9,480원

다음 5년 후에도 계속 부친 상가를 무상으로 사용한다면 5년이 되는 날에 또다시 증여세를 과세한다. 만약 부동산의 시가가 5년 후 35억 원이 됐다면 증여이익과 증여세는 다음과 같다.

1. 증여이익

35억 원 × 2% × 3.79079 = 2억 6,535만 5,300원

2. 영철이의 증여세

5년간의 증여이익 = 2억 6,535만 5,300원
소급 10년 내 증여금액 = 2억 2,744만 7,400원
과세 대상 증여금액 = 4억 9,280만 2,700원
성년자녀 공제 = 5천만 원

과세표준 = 4억 4,280만 2,700원
증여세율 × 20% - 누진공제액 1천만 원

증여세 산출세액 = 7,856만 540원
5년 전에 납부한 증여세 차감 - 2,548만 9,480원

이번에 납부할 증여세 = 5,307만 1,060원

예외적으로 증여세를 안 내도 되는 경우

가족의 재산을 무상으로 사용한다고 해서 무조건 증여세를 과세하는 것은 아니다. 규모가 큰 부동산을 무상으로 사용하는 경우에는 증여세를 과세하지만 소규모의 부동산을 무상 사용하면 증여세를 물리지 않는다. 세법에서는 앞에서 산출된 5년간의 증여이익이 1억 원 이상인 경우에만 증여세를 과세한다고 규정했다. 만약 영철이가 무상으로 사용하는 아버지 상가의 시가가 30억 원이 아니라 10억 원이라면 증여세를 한 푼도 안 낼 수 있다.

시가가 10억 원인 경우 5년간의 증여이익

영철이의 5년간 이익 : 10억 원 × 2% × 3.79079 = 7,581만 5,800원
5년간의 증여이익이 1억 원에 미달하기 때문에 무상 사용 이익은 증여에 해당하지 않는다.

다시 5년 후에도 계속 무상으로 사용한다면 어떨까? 그때 아버지 상가의 시가가 13.1억 원이라면 5년 후에 영철이는 증여세를 내게 될까?

5년 후 시가가 13.1억 원인 경우 5년간의 증여이익

> 영철이의 5년간 이익 : 13.1억 원 × 2% × 3.79079 = 9,931만 8,698원
> 이때도 5년간의 증여이익이 1억 원에 미달하기 때문에 무상 사용 이익은 증여에 해당하지 않는다.

주택도 공짜로 살면 증여세를 내야 한다

만약 가족이 아닌 다른 사람 소유의 주택에 거주한다면 적정 시세에 맞게 보증금과 월세를 내고 살아야 하는데 가족이라는 이유로 무상으로 또는 시가보다 낮은 가액으로 거주한다면 그만큼의 이익을 얻은 것이기 때문에 증여세를 매기는 것이다.

주택을 무상으로 사용하는 경우 내야 할 증여세의 계산 방법은 앞에서 언급한 상가의 경우와 동일하다. 단 주택 소유자와 함께 살면서 무상으로 거주하는 경우에는 증여세를 물리지 않는다. 따라서 영철이와 같이 살기로 한 부모의 경우 영철이에게 주택 사용료를 내지 않는다고 해도 부모에게 증여세가 과세되지 않는다.

2. 시가보다 낮은 임대료를 준 경우에도 증여세가 과세된다

만약 상가가 다른 사람 소유였다면 영철이가 부담해야 할 임대료는 매월 1천만 원 정도로 추정하고 있다. 그런데 부친 소유의 상가이기 때문에 월

임대료를 400만 원만 주었다면 영철이는 월 600만 원의 이익을 본 게 된다. 그러니 당연히 영철이는 증여세를 내는 것이 맞다.

적게 낸 금액은 어떻게 계산할까?

영철이가 임대료를 적게 부담해 이익을 본 증여 금액은 적정 임대료, 즉 '임대료의 시가'에서 '실제 지급한 임대료'를 차감해 계산한다.

여기서 임대료의 시가란 세법에서 "해당 거래와 유사한 상황에서 불특정 다수인 간 통상적인 지급 대가로 한다"고 규정하고 있다. 하지만 실제로 이 문구를 해석하고 적용하기는 쉽지 않다.

만약 영철이의 아버지가 소유하는 상가를 다른 사람에게 월 천만 원에 임대하던 중이었다면 그 상가의 임대료에 대한 시가는 월 천만 원으로 보는 것이 타당하다. 그러나 아버지가 직접 사용하던 상가라면 그 상가의 임대료에 대한 시가는 불분명해진다. 왜냐하면 아버지가 소유한 상가 근처의 다른 상가 임대료를 감안해 산출할 수도 있다고 하겠지만 인근의 어떤 상가가 아버지 소유 상가와 면적이나 위치, 구조 등을 비교했을 때 유사한지에 대한 논란의 여지가 생기기 때문이다. 불분명하다면 임대료의 적정 시가는 세법의 규정에 따라 다음과 같이 계산한다.

> **상증법 시행령 제32조 3항**
>
> 1년간의 임대료의 시가 = 부동산의 시가 × 2%

영철이는 아버지에게 월 400만 원의 임대료를 지급하기로 했다. 그렇다면 영철이는 증여세를 내야 할까?

> 1년간의 적정 임대료(임대료의 시가) : 30억 원 × 2% = 6천만 원
> 영철이 실제 지급한 임대료 : 월 400만 원 × 12달 = 4,800만 원
> 적게 주어서 이익 본 금액 : 6천만 원 – 4,800만 원 = 1,200만 원

이로써 영철이는 1년에 1,200만 원의 이익을 본 것이므로 1,200만 원에 대해 증여세를 내야 한다.

앞에서 부동산을 무상으로 사용하는 경우 증여세는 5년 단위로 계산해 선납한다고 했는데 저가 임대는 1년 단위로 하고 임대를 시작한 날을 증여일로 하여 증여세를 계산한다.

예외적으로 증여세를 안 내도 되는 경우

임대료의 경우, 앞에서 언급한 대로 산출된 시가에서 실제 지급한 임대료를 차감한 금액, 즉 임대료 차액을 증여가액으로 본다고 했다. 그런데 예외적으로 임대료 차액이 임대료 시가의 30% 이내라면 증여세를 과세하지 않는다.

영철이의 경우, 임대료의 시가는 연 6천만 원이고 실제로 지급한 임대료는 연 4,800만 원이어서 임대료 차액이 연 1,200만 원이다. 하지만 임대료 시가 6천만 원의 30%인 1,800만 원까지는 임대료 차액이 발생하더라도 증여로 보지 않는다. 따라서 영철이는 임대료 차액이 1,200만 원이기 때문에

임대료 차액 1,200만 원에 대해서는 증여로 보지 않으며 당연히 증여세도 부과되지 않는다.

임대료의 시가 = 연 6천만 원
증여로 보지 않는 임대료 차액 : 연 6천만 원 × 30% = 연 1,800만 원
영철이의 임대료 차액 : 임대료 시가 6천만 원 – 실제 지급한 임대료 4,800만 원 = 1,200만 원
증여세 과세 여부 → 실제 임대료 차액 1,200만 원은 증여 제외 기준금액인 1,800만 원에 미달해 증여로 보지는 않음

특수관계인으로부터 부동산을 임대하는 경우 증여 실익

시가 30억 원짜리 상가의 임대수익률을 4%로 가정한다면 연 1.2억 원의 임대료 수입이 발생해야 한다. 그런데 세법상으로 적정 임대료는 6천만 원이며, 여기에 30%를 가감한 4,800만 원만 주어도 증여세가 과세되지 않는 것을 알게 됐다.

결론적으로 1.2억 원의 임대료를 줘야 하지만 임대계약을 연 4,800만 원으로 한다면 연 7,200만 원의 경제적 이익을 얻게 되면서 증여세는 한 푼도 안 내게 된다.

3. 상가를 빌려준 아버지는 세금을 안 내도 되나?

상가를 임대하면 수입임대료에 대해 부가가치세와 소득세를 내야 한다.

그런데 자녀 등 특수관계인에게 상가를 임대하면서 임대료를 안 받거나 시가보다 저렴하게 받는다고 해도 세법은 세법에서 정한 임대료의 시가만큼 받았다고 가정해 세금을 계산하고 과세한다.

부가가치세의 추징

부가가치세법에서는 특수관계인에게 부동산을 무상으로 사용하게 하는 경우에는 임대료의 시가를 공급가액으로 하여 부가가치세를 과세하고, 시가보다 낮은 임대료를 받는 경우에는 임대료의 시가와 실제 지급한 임대료와의 차액에 대해 부가가치세를 과세한다고 규정하고 있다.

이때 부동산 임대료의 시가는 다음과 같이 계산한다.

$$\text{부동산의 시가} \times 50\% \times \text{연 } 2.9\% \times \frac{\text{과세기간의 일수}}{365\text{일}}$$

앞 글에서 다룬 증여세의 과세기준에서는 연 2%로 계산했는데 부가가치세와 소득세의 과세기준은 시가의 50%에 연 2.9%를 곱한 금액을 과세표준으로 하는 것으로 증여세 과세기준과 다름을 알 수 있다.

영철이의 아버지는 부가가치세를 얼마나 내야 할까?

1. 영철이가 무상으로 사용하는 경우 내야 하는 부가가치세

30억 원 × 50% × 연 2.9% = 4,350만 원
영철이의 부친이 내야 할 연간 부가가치세 : 4,350만 원 × 부가가치세율10% = 435만 원

영철이의 아버지는 임대료를 한 푼도 받지 않았는데 연 435만 원의 부가가치세를 내야 한다.

2. 영철이가 월 400만 원씩 임대료를 지급한 경우 내야 할 부가가치세

임대료의 시가 = 4,350만 원
실제 지급한 임대료 : 월 400만 원 × 12달 = 4,800만 원
임대료의 시가보다 더 많이 지급했기 때문에 추가로 납부할 부가가치세는 없음

다만 주택의 임대소득에 대해서는 부가가치세가 면제되기 때문에 무상거주 또는 저가 임대의 경우에도 부가가치세가 과세되지 않는다.

소득세 추징

앞에서 부동산을 무상으로 사용하는 자는 무상 사용 이익을 얻었기 때문에 증여세를 내야 한다고 했다. 반대로 부동산 소유자의 입장에서 부동산을 무상으로 제공할 시 소득이 발생하지 않음에도 불구하고 임대료를 받은 것으로 가정해 소득세를 과세하고 있다. 그뿐만 아니라 저가로 임대한 경우에도 임대료의 시가와 실제 지급한 임대료와의 차액에 대해 소득세를 부과한다. 소득세를 물릴 때 임대료의 시가는 부가가치세와 동일하게 계산한다.

> **법인세법 시행령 제89조 4항**
>
> 1. 유형 또는 무형의 자산을 제공하거나 제공받는 경우에는 당해 자산 시가의 100분의 50에 상당하는 금액에서 그 자산의 제공과 관련하여 받은 전세금 또는 보증금을 차감한 금액에 정기예금 이자율(연 2.9%)을 곱하여 산출한 금액

위 규정에 의한 임대료의 시가는 다음과 같이 계산된다.

소득세 과세를 위한 임대료의 시가 = 부동산의 시가 × 50% × 연 2.9%

1 무상 임대 시 영철이 아버지의 연간 임대료 수입 금액(매출액)

부동산 시가 30억 원 × 50% × 연 2.9% = 4,350만 원

2 저가 임대 시 소득세 추징

임대료의 시가 = 4,350만원
실제 지급한 임대료 = 4,800만 원
시가보다 임대료를 고가로 지급한 것이므로 저가 임대에 해당하지 않는다.

주택을 임대하는 경우 주택임대소득세가 과세되는 것이 원칙이지만 1세대 1주택으로서 고시가액이 12억 원 이하인 주택을 임대하는 경우에는 주택임대소득세가 과세되지 않는다. 따라서 영철이가 소유하는 주택의 고시

가액이 12억 원을 넘는다면 부모가 무상으로 거주하거나 임대료의 시가보다 낮은 가액으로 임대료를 지불하는 경우 추가적인 임대소득세의 과세를 따져봐야 한다.

하지만 그럴 필요가 없는 것이 직계존비속이 당해 주택에 실제 거주하는 경우에는 무상으로 거주하더라도 주택임대소득세를 매기지 않기 때문이다.

28. 가족 간 부동산 매매거래

명절이 되어 영철이는 처갓집에 갔다. 삼남매가 모였는데, 부모님의 생활비를 삼남매가 공동으로 부담해야 한다는 이야기가 나오면서 논쟁이 벌어졌다.

장인은 사위가 생활비를 보태주어 생활하고 있었다. 그런데 나중에 상속이 발생하면 유일한 상속재산인 집 한 채도 장남이 가져가려고 하면서 분쟁이 일어날지도 모른다는 불안감을 느끼고 있었다. 그래서 장인 소유집을 생전에 영철이의 배우자가 가져가는 것이 좋겠다는 의사를 밝혔다.

영철이 부부는 부친 소유의 집을 가져오는 것에는 동의를 했지만 당장의 증여세와 나중에 발생할 수도 있는 유류분 등이 고민됐다.

가족 간에 자산을 매매하는 방식으로 이전하는 경우에는 형식만 매매이지 본질은 증여가 아닌가 하는 세무공무원의 의심을 불식시켜줘야 한다. 안 그러면 증여세가 과세된다. 그뿐만 아니라 매매로 인정받는다고 해도 거래의 대가가 적정한지에 대한 검증도 받아야 한다. 또한 세법이 정한 적정가액보다 낮은 가액으로 거래를 할 수도 있다는 것도 알아야 한다.

유세무사는 증여받을 경우 시가 12억 원짜리 주택이므로 증여세와 취득세로 총 3억 4,800만 원의 세금을 부담해야 한다고 알려주었다.

> 증여세 : (증여가액 12억 원 – 증여공제 5천만 원) × 40% – 누진공제 1.6억 원 = 3억 원
> 취득세 : 12억 원 × 증여 취득세율 4% = 4,800만 원

지금은 시가가 12억 원이지만 상속 시점에 시가가 20억 원으로 오를 경우 사위 영철이가 유류분으로 청구할 수 있는 지분은 1/9이기 때문에 금액으로는 2.22억 원이며, 원물로 반환을 원하면 1/9을 지분등기해줘야 한다.

> 상속인 = 배우자, 자녀 3명
> 영철이의 법정 상속분 : $\frac{1}{1+1+1+1.5} = \frac{1}{4.5}$
> 영철이의 유류분 : $\frac{1}{4.5} \times \frac{1}{2} = \frac{1}{9}$

유세무사는 증여 방식이 아닌 매매 방식으로 이전하는 것을 추천했다.

영철이는 가족 간에 매매는 인정하지 않는다고 알고 있었는데 매매해도 된다는 유세무사의 조언을 듣고 의아해했다.

부모의 재산은 어차피 자녀에게 물려줄 수밖에 없으므로 자녀에게 물려줄 때의 형식은 무상이전인 증여나 상속인 경우가 일반적이다. 그러다 보니 부모의 재산을 자녀에게 돈을 받고 유상으로 넘겨주는 행위는 일반적이지 않는다는 것이 사회통념이다.

1. 가족 간 매매를 인정하는가?

우리 헌법과 민법은 계약 자유 원칙을 선언하고 있으며 일부 제한을 가하고 있지만, 부모와 자녀 간 매매계약을 제한하고 있지는 않다.

하지만 가족 간 자산거래의 경우 세법은 그 거래를 매매가 아닌 증여일 가능성이 높다고 보아 증여로 추정한다. 세법이 가족 간 거래에 대해 증여로 추정하는 규정을 둔 취지는 가족 간 매매는 실제 유상거래보다는 증여일 개연성이 높은 데다 가족 간의 거래는 그 내용을 은폐하기 쉬워 세무공무원이 실질 내용이 무엇인지를 파악하기가 어렵기 때문이다. 대가를 지급하고 정상적으로 양도받은 사실이 명백하게 입증되는 경우 외에는 증여한 것으로 추정하겠다는 것이어서 한편으로는 이해가 된다.

서울고등법원은 가족 간 거래에 대해 다음과 같이 판시했다.

서울고법2019누61092, 2020.7.17.

배우자나 직계존비속에게 재산이 양도되는 때에는 정상적인 대가가 지급되는 유상양도인 경우보다는 증여하는 것일 개연성이 높은 데다가, 이와 같은 특수한 관계에 있는 사람들 간에는 그 거래의 내용을 은폐하기 쉬워서 양도 행위의 실질을 객관적으로 파악하기 매우 곤란하기 때문에 상당한 대가를 지급하고 정상적으로 양도받은 사실이 객관적이고 명백하게 인정되는 경우 외에는 증여로 보는 것이다.

그렇기 때문에 가족 간 부동산을 매매하는 경우 제일 먼저 그 거래를 세법상 매매로 볼 것인지 아니면 증여로 볼 것인지 판단해야 한다. 왜냐하면 당사자 간에는 합법적으로 매매했지만 세법상으로는 가족 간 자산을 거래할 경우 자금 출처가 입증된 자금으로 대가를 지급한 사실이 명백히 입증되지 않으면 매매가 아닌 증여로 추정한다고 규정하고 있기 때문이다.

상증법 제44조(배우자 등에게 양도한 자산의 증여추정)

① 배우자 또는 직계존비속(이하 이 조에서 "배우자 등"이라 한다)에게 양도한 재산은 양도자가 그 재산을 양도한 때에 그 재산의 가액을 배우자 등이 증여받은 것으로 추정하여 이를 배우자 등의 증여재산가액으로 한다.

다만 배우자 등에게 대가를 받고 양도한 사실이 다음과 같은 사실로 명백히 인정되는 경우에는 증여로 추정하지 않는다.

① 재산을 서로 교환한 경우

② 세무서에 신고한 소득 또는 상속·증여받은 금액으로 매매 대가를 지급한 경우

③ 다른 재산을 처분한 자금으로 매매 대가를 지급한 경우

④ 명백하게 입증된 채무로 대가를 지급한 경우

상증법 제44조(배우자 등에게 양도한 자산의 증여추정)

1. 권리의 이전이나 행사에 등기 또는 등록을 요하는 재산을 서로 교환한 경우
2. 당해 재산의 취득을 위하여 이미 과세(비과세 또는 감면받은 경우를 포함한다) 받았거나 신고한 소득금액 또는 상속 및 수증재산의 가액으로 그 대가를 지급한 사실이 입증되는 경우
3. 당해 재산의 취득을 위하여 소유재산을 처분한 금액으로 그 대가를 지급한 사실이 입증되는 경우

상증법 집행기준 제44조

④ 배우자 등의 채무 부담 사실이 명백하고 동 채무로 대가를 지급한 경우

이는 배우자 또는 직계존비속에게 양도한 자산에 대해 적용하는 규정이므로 직계존비속이 아닌 사위나 며느리에게 양도한 경우에는 적용되지 않는다. 따라서 사위인 영철이가 매매로 취득한다면 이러한 증여추정 규정은 적용되지 않는다.

또한 지급한 대가의 출처가 명백해야 한다. 위 규정을 보면 세무서에 신고한 소득이나 상속·증여받은 재원 또는 자산을 처분하고 받은 재원 그리

고 차입한 자금임이 명백히 입증되는 자금을 지급해야 한다. "대가를 지급한 사실이 입증되는 경우"라고 했기 때문에 등기 이전이 완료된 시점까지 잔금을 지급하지 않았거나 외상거래 또는 장기 할부거래를 할 경우 증여로 추정하게 된다.

> **상증법 집행기준 44-33-1(증여추정의 배제)**
> ⑤ 배우자 등에게 대가를 받고 양도한 사실이 명백히 인정되는 경우 단, 양도일 현재 대가를 추후 지급하기로 한 경우에는 명백히 양도한 것으로 보지 아니한다.

이러한 규정에 따라 세무공무원들은 대금을 나중에 지급하겠다는 외상거래나 20~30년 장기 할부로 지급하겠다는 매매거래에 대해서는 매매를 부인하고 증여로 추정해 증여세를 부과해왔다.

하지만 서울행정법원은 부모의 경제적 상황이 여의치 않아 자녀가 부동산을 매수하되 부동산의 매수 대금 중 일부는 부모의 채무를 변제하고 나머지 잔금은 정기적으로 부모에게 보내드려 안정적으로 생활할 수 있게 조치한 매매계약에 대해 다음과 같이 판결했다.

> **서울행법2012구합40728, 2013.7.26.**
> 자녀가 부모에게 지속적으로 매달 일정 금액을 보내드리는 것을 단순히 부모를 부양하는 미풍양속이나 부양의무만을 이행한 것이라고 볼 수 없고 이러한 거래를 단

> 순한 증여라기보다는 소유 주택을 담보로 맡기고 평생 연금방식으로 매월 노후 생활자금을 지급받는 주택연금과 비슷하다고 볼 여지가 있다고 보아 가족 간 매매거래를 함에 있어 등기 완료 시점까지 대가를 지급하지 않고 장기 할부 매매거래의 형식을 취한 사건에 대해 증여세를 과세한 것은 잘못된 것이다.

따라서 자녀가 부모에게 노후 생활비 등을 드리는 것을 전제로 부동산을 매매로 등기 이전할 경우 세무공무원들은 상증법 규정과 자체 행정지침에 따라 증여로 추정해 증여세를 부과할 가능성이 크지만 법원은 상황에 따라 달리 판단할 가능성도 있다.

부모의 재산을 넘겨오면서 세금을 가장 적게 내는 방법을 모색하다 보면 증여보다는 양도가 유리하다는 판단을 할 수도 있다. 그러다가 자녀로부터 대가를 받는 것이 부담스러워 매매계약서에는 대가를 지급하기로 하고 실제로는 대가를 지급하지 않거나 대가를 지급한 이후에 다시 돌려받는 것을 계획할 수도 있다. 그런데 가족 간 매매거래 자체를 증여로 추정하는 법률 규정이 있기 때문에 세무공무원이 증여추정에 해당하는지 여부를 면밀히 검토할 가능성이 높다고 봐야 한다.

영철이 배우자의 경우 부모에게 드리는 생활비를 매매대금으로 하는 매매계약, 일종의 효도 계약을 체결하고 주택의 소유권 이전 등기를 한다면 논란의 소지는 있겠지만 위에서 언급한 판례에 따르면 매매로 인정받을 길이 없는 것은 아니다.

가족의 재산을 매매 형식으로 거래하는 것에 대해 세법을 오인해 가족 간 매매를 인정하지 않는다는 항간의 소문은 상증법에 가족 간 매매를 증여로 추정한다는 규정을 오인한 데서 비롯된 잘못된 소문이다.

그러나 가족 간에 자산을 매매할 경우 앞에서 언급한 자금 출처가 입증된 대금으로 대가를 지급한 사실이 명백히 입증되지 않으면 매매로 이전 등기를 했더라도 증여로 추정해 증여세를 부과한다는 규정을 잘 이해해야 한다. 그렇기 때문에 매매계약서의 작성과 대가의 자금 출처 그리고 대가의 지급에 관한 증빙 등을 잘 챙겨야 한다.

2. 매매로 인정받으면 끝인가?

부모가 자녀에게 부동산을 매매하려면 매매가액을 결정해야 한다. 부모와 자녀의 관계이기 때문에 매매가액이 제3자와 거래할 때의 가액으로 거래된다는 보장이 없다. 양 당사자의 사정에 따라 시가보다 높은 가격으로 거래할 수도 있지만, 대부분은 시가보다 낮은 가액으로 거래되기를 원할 것이다.

만약 시가보다 높은 가액으로 거래한다면 양도하는 사람이 이익을 보게 되며 시가보다 낮은 가액으로 거래한다면 매수하는 사람이 이익을 보게 된다. 따라서 세법은 가족 또는 그 외 특수관계인과의 자산 거래 시 시가보다 높거나 낮은 가액으로 거래한 경우 그 거래로 인해 이익을 얻은 자에게는 증여세를 부과하고 있다.

상증법 제35조(저가 양수 또는 고가 양도에 따른 이익의 증여)

① 특수관계인 간에 재산을 시가보다 낮은 가액으로 양수하거나 시가보다 높은 가액으로 양도한 경우로서 그 대가와 시가의 차액이 기준금액 이상인 경우에는 해당 재산의 양수일 또는 양도일을 증여일로 하여 그 대가와 시가의 차액에서 기준금액을 뺀 금액을 그 이익을 얻은 자의 증여재산가액으로 한다.

시가

이때 거래된 가액이 적정한지 판단하는 기준은 시가이다.

기준금액

거래가액이 적정한지는 시가를 기준으로 판단한다. 그런데 시가라는 것은 시장에서 형성된 호가가 아니라 세법에서 규정하는 방법으로 산출된 금액이기 때문에 호가가 시가를 정확하게 반영한다고 볼 수 없다. 또한 세법에서 정한 시가가 시장가격을 적절하게 반영했다고 해도 그 금액보다 조금이라도 차이가 발생한다고 해서 그 차이 금액의 크기와 관계 없이 증여세를 과세한다는 것도 합리적이지는 않다.

따라서 상증법에서는 세법에서 정한 시가를 기준으로 판단하되 일정한 범위 내의 금액은 적정한 가액으로 거래한 것으로 보아 그 범위 내에서의 차이에 대해서는 증여세를 과세하지 않는다. 일정 범위 내의 금액 기준을 '기준금액'이라고 하며 기준금액은 다음과 같다.

다음 두 가지 가액 중 적은 금액

① 시가의 30%

② 3억 원

사례

기준금액 산출 사례

① 시가가 9억 원인 경우 시가의 30%인 2.7억 원과 3억 원 중 적은 금액인 2.7억 원이 기준금액이 된다.
② 시가가 12억 원인 경우 시가의 30%인 3.6억 원과 3억 원 중 적은 금액인 3억 원이 기준금액이 된다.
따라서 시가가 10억 원 이하면 30%, 10억 원을 초과하면 3억 원까지는 차이가 나더라도 증여로 보지 않는다.

3. 저가로 매매한 경우 증여세

부동산을 매매한 경우 양도한 사람은 양도소득세를 부담해야 하며 취득한 사람은 대가를 지급하고 취득세만 부담하면 되는 것이 일반적이다. 하지만 취득하는 사람이 시가보다 저가로 매수하면 시가보다 적게 취득함으로써 그 차액만큼 이익을 얻은 것임으로 그 차액에 대해서 증여세를 부과한다. 결과적으로 가족 간에 부동산을 매매로 거래한 경우에는 양도자에게는 양도소득세의 과세 문제, 매수자에게는 증여세 과세 문제를 함께 검토해야 한다.

기준금액 이내로 거래한 경우 증여세

시가보다 저가로 취득했지만 시가와 실제 지급한 대가와의 차액이 기준금액보다 적은 경우에는 증여세를 부과하지 않는다.

사례

시가가 12억 원인 부동산을 자녀에게 10억 원에 매매한 경우

① 시가와 대가의 차액 : 시가 12억 원 – 대가 10억 원 = 2억 원
② 기준금액 = 시가의 30%인 3.6억 원과 3억 원 중 적은 금액인 3억 원
따라서 기준금액은 3억 원인데 시가와 대가와의 차액은 2억 원이어서 기준금액인 3억 원에 미달하기 때문에 시가보다 싸게 산 2억 원에 대해서는 증여세를 과세하지 않는다.

기준금액을 초과해 거래한 경우

시가와 대가와의 차액이 기준금액을 초과하는 경우에는 증여세를 과세한다. 이때 증여세 과세금액은 기준금액을 초과하는 금액이다.

사례

시가가 12억 원인 부동산을 자녀에게 8억 원에 매매한 경우

① 시가와 대가의 차액 : 시가 12억 원 – 대가 8억 원 = 4억 원
② 기준금액 = 시가의 30%인 3.6억 원과 3억 원 중 적은 금액인 3억 원
따라서 기준금액은 3억 원인데 시가와 대가와의 차액은 4억 원이어서 기준금액인 3억 원을 초과하기 때문에 증여세를 과세한다.

앞의 사례의 경우 시가 12억 원짜리를 4억 원이나 낮은 가액으로 취득해 4억 원의 이익을 보았지만 증여세는 기준금액을 초과하는 1억 원에 대해서만 과세한다.

증여세 과세가액 : 시가 12억 원 − 대가 8억 원 − 기준금액 3억 원 = 1억 원

쪼개기로 매매한 경우

저가매매를 한 경우 시가와 대가의 차액이 기준금액 미만이면 증여로 보지 않는다고 했다. 그런데 증여로 보지 않는다는 것은 당해 거래에 대해 증여세를 매기지 않을 뿐 아니라 다른 증여와도 합산하지 않으며 10년간의 증여에 대한 합산과세 대상에도 포함되지 않고 10년 이내 증여재산을 상속재산에 합산하는 대상에서도 제외된다는 의미다.

이러한 세법의 맹점을 이용해 하나의 거래를 쪼개서 건마다 기준금액 이하로 매매거래하는 방법을 고려해볼 수 있다. 이러한 방법을 사용하는 것은 불법은 아니어서 잘 사용하면 절세에 큰 도움이 된다. 하지만 주의할 점은 기준금액의 초과 여부는 1년 단위로 합산해 계산한다는 점이다.

> **상증법 제43조(증여세 과세특례)**
> ② 제35조에 따른 이익을 계산할 때 그 증여일부터 소급하여 1년 이내에 동일한 거래 등이 있는 경우에는 각각의 거래 등에 따른 이익(시가와 대가의 차액을 말한다)을 해당 이익별로 합산하여 계산한다.

예를 들어 시가 12억 원인 부동산을 기준금액 이내인 10억 원에 거래한 경우 당해 거래에 대해서는 기준금액 미만으로 거래했기 때문에 증여세가 과세되지 않는다. 하지만 그 거래일로부터 1년 이내에 또 다른 거래를 하면서 시가 12억 원 부동산을 10억 원에 거래한 경우 두 번째 거래만으로는 기준금액 이내의 거래이기 때문에 증여세가 과세되지 않지만, 두 번째 거래일로부터 소급해 1년 이내의 종전 거래가 있기 때문에 두 거래를 합산해 증여세 과세 여부를 따져야 한다.

증여세 과세금액 : {시가(12억 원 + 12억 원) - 대가(10억 원 +10억 원)} - 기준금액 3억 원 = 기준금액 초과액 1억 원

만약 첫 번째 거래와 두 번째 거래의 시기가 1년 이상 차이가 난다면 두 거래는 합산하지 않고 각각 기준금액 초과 여부를 따지는 것이므로 시기를 조절해 매매해야 절세가 가능하다.

이런 규정을 이용해 하나의 부동산을 1년 이상의 시차를 두고 쪼개서 매매한다거나 회사의 주식을 1년 이상의 시차를 두고 쪼개서 매매하는 경우도 생각해볼 수 있다. 이럴 경우 국세기본법에 규정된 '실질과세 원칙'이 적용될 수 있어 유의해야 한다.

> **국세기본법 제14조(실질과세)**
> ③ 제3자를 통한 간접적인 방법이나 둘 이상의 행위 또는 거래를 거치는 방법으로 이 법 또는 세법의 혜택을 부당하게 받기 위한 것으로 인정되는 경우에는 그 경제적 실질 내용에 따라 당사자가 직접 거래를 한 것으로 보거나 연속된 하나의 행위 또는 거래를 한 것으로 보아 이 법 또는 세법을 적용한다.

실질과세 원칙을 적용하면 쪼개기로 매매한 이유가 저가 매매를 하더라도 기준금액 내의 거래를 한 경우 증여세가 과세되지 않는다는 점을 이용해 조세를 회피할 목적 이외에 쪼개기로 매매할 만한 다른 이유가 없다고 판단되면 둘 이상의 거래를 거치는 방법으로 세법의 혜택을 받은 것으로 보고 그 두 건의 거래를 하나의 거래로 보아 증여세를 물릴 수도 있다.

4. 저가로 양도한 사람의 양도소득세(부당행위계산의 부인)

부동산을 양도하면 양도소득세를 내야 한다. 양도소득세는 양도가액에서 취득가액을 차감하고 양도 차액의 일정 부분을 장기보유특별공제 금액으로 공제하는 방법으로 과세한다. 이때 양도가액은 매수자로부터 받은 매매 대가다.

하지만 가족이나 특수관계인과의 거래에서 시가보다 저가로 양도한 경우에는 실제로 받은 매매대금을 양도가액으로 하지 않고 시가를 양도가액으로 하여 양도소득세를 계산한다. 이러한 규정을 '부당행위계산의 부인'이라고 한다.

다만 저가 매매의 경우에도 기준금액 이내의 가액으로 거래하면 증여로 보지 않듯이 양도소득세에서도 기준금액 이내의 가액으로 거래하면 그 당사자 간에 합의해 거래한 거래가액을 양도가액으로 인정하고 있다.

그런데 양도소득세의 부당행위계산의 부인 규정에서의 기준금액은 저가 매매에 대한 증여세 과세 규정에서의 기준금액과 다르다. 양도소득세의 부당행위계산의 부인 규정에서 정하는 기준금액은 다음과 같다.

다음 두 가지 금액 중 적은 금액
① 시가의 5%(증여세는 30%)
② 3억 원

사례

시가 12억 원인 부동산을 10억 원에 매매한 경우

① 시가 12억 원과 대가 10억 원의 차이 = 2억 원
② 기준금액 : 시가의 5%인 6천만 원과 3억 원 중 적은 금액 = 6천만 원
따라서 시가와 대가와의 차액(2억 원)은 기준금액(6천만 원)을 초과하기 때문에 양도소득세는 시가 12억 원을 양도가액으로 하여 양도소득세를 계산한다.

양도자에게 적용하는 부당행위계산의 부인의 규정과 저가 매수로 인해 이익을 얻은 매수자에게 적용하는 증여세 과세 방법과의 차이는 두 가지다. 첫째는 증여세의 저가 매매 시 기준금액은 시가의 30%와 3억 원 중 적

은 금액이었지만 부당행위계산의 부인 규정에서의 기준금액은 시가의 5%와 3억 원 중 적은 금액이다. 두 번째는 저가 매매의 경우 증여로 보는 금액은 기준금액을 초과하는 금액을 증여로 보았지만, 부당행위계산의 부인의 경우에는 기준금액을 초과하면 기준금액을 차감하지 않고 시가를 양도가액으로 본다.

사례

시가 12억 원 부동산을 8억 원에 매매한 경우

① 저가 매매에 대한 증여세는 기준금액 3억 원을 초과 하는 1억 원에 대하서만 증여세를 과세한다.
② 양도소득세는 기준금액 6천만 원을 초과해 부당행위계산의 부인 규정을 적용하며 이때 양도가액은 기준금액 6천만 원을 차감하지 않고 시가 12억 원을 양도가액으로 한다.

5. 고가로 매매한 경우

증여세

고가로 매매했다면 양도한 사람이 이익을 보게 되므로 양도한 사람에게 증여세를 과세한다. 양도한 사람에게 증여세를 부과하는 방법은 저가 매수 방법과 동일하다. 즉 매매가액과 시가와의 차액이 기준금액을 초과하지 않으면 증여세를 물리지 않지만 기준금액을 초과하면 그 초과하는 금액에 대해서만 증여세를 과세한다.

일반적으로 가족 간에 부동산을 매매로 거래하면서 시가보다 높은 가액으로 거래할 일이 없을 것 같지만 자녀가 부모에게 매매한다면 높은 가액으로 매매해야 자녀에게 이익이 된다. 또한 회사의 주주가 회사를 매수자로 하는 거래를 할 경우 되도록 높은 가액으로 매매해야 매도자에게 이익이 발생한다. 따라서 고가 매매도 매도자의 입장에 따라서 잘 활용하면 절세에 도움이 될 수 있다.

양도소득세

저가 매매의 경우에 기준금액이 초과되면 실제로 지급받은 대가가 아닌 시가를 양도가액으로 하여 양도소득세를 부과한다고 했다.

그런데 고가 매매는 부당행위계산의 부인 규정이 적용되지 않는다. 다만 소득세법 제96조 3항 2호에 따라 양도소득세 산출 시 양도가액은 실제 양도가액에서 시가 초과금액 중 기준금액을 초과한 금액을 차감한 금액으로 한다. 이때 기준금액이란 시가의 30%와 3억 원 중 적은 금액을 말한다.

사례

시가 12억 원 부동산을 16억 원에 양도한 경우

① 고가에 양도함으로써 양도자가 이익을 보았으므로 기준금액 3억 원을 초과한 1억 원에 대해 양도자에게 증여세를 과세한다.

② 고가양도에 해당하여 실제로는 16억 원을 받았지만 양도소득세의 산출 기준이 되는 양도가액은 실제 양도가액 16억 원에서 시가 초과금액인 4억 원 중 기준금액(3억 원)을 초과한 1억 원을 차감한 금액인 15억 원을 양도가액으로 하여 양도소득세를 산출한다.

6. 고·저가 매매 시 취득가액

고가 매매 시 취득가액

고가양도(시가의 5%와 3억 원 중 적은 금액 이상 차이 나게 거래한 경우)의 경우 시가보다 높은 가액을 받은 금액에 대해서는 매수자로부터 증여를 받은 것으로 보기 때문에 양도가액은 실제 양도가액에서 시가 초과금액 중 기준금액을 초과한 금액을 차감한 금액으로 하는 것이며, 이때 매수자의 입장에서는 시가를 초과하여 지급한 대가는 부동산의 매수대가가 아닌 증여가액이므로 취득가액으로 인정받을 수 없다. 따라서 나중에 당해 부동산을 처분할 때의 취득가액은 실제 지급한 가액이 아닌 시가를 취득가액으로 하여 양도소득세를 산출해야 한다(양도소득세 집행기준 97-163-7).

사례

시가 12억 원짜리를 16억 원에 매수한 경우

실제 지급한 대가 중 시가 12억 원을 초과한 4억 원은 증여한 것으로 보기 때문에 취득가액으로 인정되지 않는다. 따라서 당해 자산을 양도할 때 양도가액에서 차감하는 취득가액은 실제로는 16억 원에 취득했지만 그중 증여가액으로 보는 4억 원은 취득가액에서 차감해야 하므로 양도가액에서 공제하는 취득가액은 12억 원이 된다.

저가 매매 시 취득가액

저가로 매수할 때 기준금액을 초과한 부분에 대해서는 증여세를 부담하기 때문에 증여세를 부담한 가액만큼은 취득가액으로 인정하고 있다.

사례

시가 12억 원짜리를 8억 원에 취득한 경우

취득가액은 시가보다 4억 원 낮은 가액으로 취득함으로써 기준금액인 3억 원을 초과하는 1억 원에 대해서는 증여세를 부담하게 된다. 따라서 취득가액은 실제 지급한 가액 8억 원과 증여세가 과세된 가액 1억 원을 합쳐 9억 원이 된다.

29. 저가 매매를 통한 절세전략

영철이의 아버지가 소유한 다가구주택이 곧 재개발된다고 한다. 영철이는 그 주택이 재개발되면 가치가 상승할 것이고 그러면 나중에 증여나 상속을 받을 때 많은 세금을 내야 한다는 것을 알기 때문에 재개발 전에 증여받아야겠다고 판단했다.

이 다가구주택의 시가는 20억 원이지만 6세대가 보증금 9억 원에 세 들어 살고 있다. 아버지는 다른 주택이 없어 1세대 1주태에 해당한다. 영철이는 5년 전에 아버지로부터 이미 5억 원을 증여받은 상태여서 이번에 주택을 증여받으면 세금폭탄을 맞는다고 생각하니 지금 증여받는 것이 맞는지 고민이 됐다. 이에 유세무사는 영철이에게 돈 한 푼 안 들이고 그 집을 인수할 수 있는 방법을 제안했다.

부동산을 가족에게 매매할 경우 가장 중요한 쟁점은 자산의 가격을 결정하는 문제인데, 다가구주택의 경우 규모에 따라서 기준시가로 매매를 하는 것이 가능하며 이를 이용하여 절세·매매전략을 세운다면 절세에 도움이 될 수도 있다.

1. 다가구주택의 시가 결정

영철이 부친 소유의 주택은 다가구주택이며 시가는 20억 원이지만 기준시가는 12억 원이다. 영철이가 이 주택을 이전받기 위해서는 몇 가지 사항들을 검토해야 한다.

첫 번째는 가족 간 거래여서 세법상 시가를 먼저 판단해야 한다. 부친 소유의 주택은 다가구주택으로 시가로 인정하는 가액인 일정 기간 내의 거래가액, 경·공매 수용가액, 감정가액이 존재하지 않는다. 중요한 점은 다가구주택이다 보니 인근 유사부동산이 존재할 가능성이 거의 없으므로 인근 유사부동산의 거래가액도 없을 가능성이 매우 높다. 그러다 보니 자연스럽게 당해 부동산의 시가는 기준시가로 결정이 된다. 당해 주택의 현재 기준시가는 12억 원이다.

아파트 등 공동주택은 세대 수가 많아서 유사한 부동산이 존재하며 세대 수가 많으면 일정 기간 내에 거래가액이 존재할 수 있으므로 상대적으로 기준시가를 적용한 가족 간 거래가 쉽게 일어나지 않는다.

하지만 공동주택이라도 가구 수가 적은 나홀로 아파트 또는 대단지 아파트라고 하더라도 전용면적이 같은 주택의 수가 적은 경우 유사부동산의 거래가액이 존재하지 않을 가능성이 높다.

이럴 경우 공동주택에도 기준시가를 적용할 수 있다. 기준시가로 신고한 경우 국세청이 감정평가를 통해 세금을 추징하는 규정이 있지만, 현재까지의 국세행정은 감정평가 사업의 대상을 비주거용 건물에 한해 시행하고 있어 기준시가로 신고한 이후에 국세청에서 감정평가 사업을 통해 세금을 추징하는 일은 아마도 없을 것이다. 조심스럽게 전망해보자면 향후 주택에 대해서도 감정평가 사업을 진행하겠다고 하는 국세청의 발표가 있기 전까지는 걱정하지 않아도 될 것 같다. 따라서 시가는 20억 원이지만 가족 간 거래를 할 경우에는 자원해서 감정을 받기 전에는 기준시가인 12억 원으로 거래하는 방법밖에는 없다.

2. 다가구주택을 이전해오는 방법

증여

부친이 무상으로 주는 것이기 때문에 당연히 증여로 가져와야 한다고 생각할 수 있다. 증여로 가져오면 당해 부동산에 임차보증금 9억 원이 존재하기 때문에 9억 원에 대해서는 매매로 나머지 3억 원에 대해 증여로 하는 부담부증여의 형태가 된다. 이럴 경우 증여세는 증여가액 12억 원에서 임차보증금 9억 원을 차감한 3억 원을 증여가액으로 하는데 그전에 이미 5억 원을 증여받은 것이 있어 이번에 부담할 증여세는 8,500만 원이다.

① 1차 증여 시 증여세 : (5억 원 − 5천만 원) × 20% − 누진공제 1천만 원 = 8천만 원
② 2차 증여 시 증여세 : (기존 증여 5억 원 + 이번 증여 3억 원 − 증여공제 5천만 원) × 30% − 누진공제 6천만 원 − 기존 증여 시 증여세 8천만 원 = 8,500만 원

임차보증금에 해당하는 9억 원은 영철이가 인수하기 때문에 매매 대가를 지급한 것과 동일해 부친에게 양도소득세를 과세한다. 하지만 당해 주택은 1세대 1주택이며 시가(기준시가)가 12억 원이기 때문에 비과세 대상에 해당해 부친이 양도소득세로 부담할 세금은 없다.

취득세는 부담부증여 부분에 대해서는 매매로 보아 매매취득세율이 적용되고 나머지 3억 원에 대해서는 증여에 대한 취득세율이 적용된다. 매매취득세는 교육세와 농특세를 합쳐 3.5%가 과세되며, 증여의 경우 4%의 취득세율이 적용된다.

취득세 : ① 3,150만 원 + ② 1,200만 원 = 4,350만 원
① 부담부(매매)취득세 = 9억 원 × 3.5% = 3,150만 원
② 증여취득세 = 3억 원 × 4% = 1,200만 원

부동산을 이전하는 데 발생한 총 부담세금은 2차 증여세 8,500만 원에 취득세 4,350만 원을 합쳐 총 1억 2,850만 원이 발생한다.

세법상 시가로 매매

그런데 유세무사가 제안한 대로 매매로 가져온다면 시가 12억 원 부동산에 임차보증금 9억 원이 있어 3억 원을 매매 대가로 지급해야 하고 취득세로 3.5%인 4,200만 원을 부담해야 한다.

영철이가 부담할 세금은 4,200만 원이지만 영철이는 부친에게 3억 원의 매수 대가를 지급해야 하므로 총 3억 4,200만 원의 자금 부담이 발생한다. 물론 매매 대가로 지급한 3억 원은 부친에게 귀속되기 때문에 나름대로 의미가 있어 보이지만 영철이의 입장에서는 3억 원의 자금 부담을 갖게 된다. 이 3억 원에 대해서 나중에 부친 사망 시 상속세가 과세될 수 있는 것도 고려하지 않을 수 없다.

어쨌든 이렇게 부자간에 12억 원에 매매를 한 경우 부친은 양도소득세를 부담해야 하는데 1세대 1주택자의 경우 양도가액 12억 원까지는 비과세 대상이므로 부친이 부담할 양도소득세는 없다.

저가 매매를 활용한다면

저가 매매를 하면 매수자에게 부과되는 저가 매수에 대한 증여세 과세 문제와 양도자에게 부과되는 양도소득세 부당행위계산의 부인 규정을 함께 검토해야 한다.

- 저가 매수에 대한 증여세 과세 문제

저가 매수를 할 경우 저가 매수한 금액에 대해서는 증여세를 부과한다.

이때 저가 매수한 금액이란 기준금액을 초과한 금액이며 기준금액은 시가 12억 원의 30%에 해당하는 3.6억 원과 3억 원 중 적은 금액인 3억 원이다. 따라서 시가는 12억 원이지만 기준금액 3억 원 이내인 9억 원 이상으로 거래를 한 경우 증여세는 발생하지 않는다.

- 저가 매도에 대한 양도소득세 부당행위계산의 부인 문제

양도소득세는 양도가액에서 취득가액을 차감하는 방법으로 과세한다. 이때 양도가액은 실제 양도의 대가로 받은 금액이지만 특수관계인 간 거래는 부당행위계산의 부인 규정을 적용해 기준금액을 초과하는 금액으로 거래를 한 경우 실제 수령한 매매 대가가 아닌 시가를 양도가액으로 해 양도소득세를 부과한다.

양도소득세의 부당행위계산의 부인 규정을 적용할 때 기준금액은 시가의 5%와 3억 원 중 적은 금액이다. 따라서 이 경우 기준금액은 시가 12억 원의 5%인 6천만 원과 3억 원 중 적은 금액인 6천만 원이다.

시가 12억 원 부동산을 9억 원에 매매한 경우 기준금액 6천만 원을 초과한 저가 매매이기 때문에 부당행위계산의 부인 규정을 적용해 양도가액을 12억 원으로 하여 양도소득세를 계산한다.

그런데 1세대 1주택이어서 양도가액을 12억 원으로 하더라도 양도소득세는 비과세 대상이 되어 부친이 부담할 양도소득세는 없다.

이럴 경우 영철이는 매매 대가로 9억 원을 지급하면 3억 원의 자금 부담을 덜 수 있으며 3억 원까지는 증여세도 부담하지 않는다. 또한 부친의 경

우 양도소득세의 부담이 없기 때문에 영철이와 부친 모두 부담할 세금이 하나도 없게 된다.

세법상 시가로 매매하는 경우와 비교했을 때 영철이의 자금 부담 3억 원이 줄게 되는 이익이 발생하며 결국 영철이는 3억 원에 대한 증여세 8,500만 원을 절세할 수 있다.

이렇게 저가 매매를 활용하면 영철이는 부친에게 9억 원만 매매 대가로 지급하면 되는데 당해 주택의 임차보증금 9억 원이 존재하므로 임차보증금을 인수하게 되면 사실상 돈 한 푼 안 들이고 시가 20억 원짜리 다가구주택을 넘겨받을 수 있는 것이다.

• 저가 매수 시 취득세 문제

취득세의 경우 시가인정액으로 과세하도록 규정하고 있다. 시가인정액이란 상증법상 시가와 동일한 개념이기 때문에 주택고시가액인 12억 원을 취득가액으로 하여 취득세를 산출하면 된다. 이럴 경우 취득세는 12억 원의 3.5%인 4,200만 원이 된다. 취득세의 과세표준은 시가인정액이 원칙이지만 시가인정액을 산정하기 어려운 경우에는 시가표준액(주택고시가액)으로 한다. 다만 납세자가 취득세 신고 당시 주택의 고시가액으로 신고하였더라도 취득세 신고기한(취득 후 60일)으로부터 6개월 이내에 과세관청이 감정을 의뢰하여 감정가액으로 취득세를 추징할 수 있는 (상증법과 유사한) 내용을 법률에 규정하고 있다.

※ 주택을 매매로 취득한 경우 취득세는 주택 가격이 9억 원을 초과할 경우 3%를 적용하며

교육세가 0.3% 부과된다. 그리고 전용면적이 85㎡를 초과하는 주택에 대해서는 농특세가 0.2% 과세되어 총 3.5%의 취득세를 부담한다.

30. 세금 때문에 증여하기 힘들다면 건물만 먼저 증여하세요

철수의 아버지는 월 임대료가 3천만 원인 상가 빌딩을 소유하면서 다른 재산도 많은 재력가다. 아직은 70대 초반이라 상속을 걱정할 정도는 아니지만 부동산의 가치가 계속 올라 나중에 상속하면 재산의 절반 정도를 세금으로 내야 한다는 얘기를 듣고서 걱정이 들었다. 그래서 철수는 아버지를 대신해 상속세를 절세할 방법이 없는지 알아보다가 유세무사를 찾았다. 유세무사는 상가를 증여하는데 세금 때문에 고민하고 있다면 건물이라도 먼저 증여받으라고 권했다.

건물주가 가족인 토지주에게 지급하는 임대료를 얼마나 줘야 하는지에 대해서 일반인들의 상식과는 다른 대법원 판례가 있어 이를 이용한 절세전략을 세운다면 훌륭한 절세전략이

될 수 있다.

1. 부동산 임대소득은 건물주가 먼저 갖는다

토지와 건물의 소유자가 다른 부동산을 임차한 사람은 건물을 사용하는 것이기 때문에 건물주와 임대차 계약을 체결해야 한다. 따라서 임대료는 건물주가 받게 된다.

건물만 증여받은 후에는 세입자와 임대차 계약을 그대로 승계하게 되므로 당초 부동산 소유자인 부친이 받아놓은 임대보증금을 부친으로부터 인수받을 수 있다.

건물만을 소유하게 된 자녀는 그 후 세입자로부터 임차료를 받을 수 있는 주체가 된다. 건물주는 세입자로부터 임차료를 받은 후에 토지주에게 토지 사용료를 지급한다. 따라서 건물을 소유한 자는 토지주와 토지 사용에 대한 임대차 계약을 체결한다.

2. 토지 사용료는 얼마나 줘야 하나?

철수 부친이 소유하고 있는 상가 빌딩의 호가는 100억 원인데 이 중 토지의 가치는 80억 원이고 건물의 가치는 20억 원이라고 가정해보자. 그리고 세입자로부터 받은 보증금은 15억 원이다.

월 임대료는 전체 부동산에 대한 임대료이기 때문에 건물의 소유주가 받은 임대료는 토지주에게 토지 임차료를 지급하는 방식으로 나누어 가지게 된다. 만약 토지주와 건물주가 가족 등 특수관계인이 아니라면 양자가 합리적인 가격을 합의해 토지 사용료를 주고받을 것이다.

그런데 토지주와 건물주가 가족 등 특수관계인이라면 제3자와의 임대차 계약처럼 합리적인 가격으로 결정되기보다는 누군가에게 이익이 쏠리는 계약을 할 개연성이 훨씬 높다. 만약 적정한 가액을 받지 않는다면 그러한 결과로 인해 둘 중 한 사람이 이익을 얻을 것이고 세법은 그러한 이익을 증여로 보아 증여세를 과세하게 된다.

대개 이러한 경우 토지와 건물의 가액을 기준으로 배분하는 것이 합리적이다. 이때 토지와 건물의 가액은 당연히 시가를 기준으로 하는 것이 타당하다고 보여진다.

월 임대료가 3천만 원이고 토지의 가치는 80억 원, 건물의 가치는 20억 원이기 때문에 이러한 가치를 기준으로 월 임대료를 배분한다면 토지 사용료는 2,400만 원이 된다.

부동산의 가치를 기준으로 산정한 토지 임대료

전체 임대료 = 3,000만 원

토지 임대료 : $3{,}000\text{만 원} \times \dfrac{80\text{억 원}}{100\text{억 원}} = 2{,}400\text{만 원}$

건물 임대료 : $3{,}000\text{만 원} \times \dfrac{20\text{억 원}}{100\text{억 원}} = 600\text{만 원}$

위와 같은 방식으로 임대료를 배분하는 것은 매우 합리적인 것으로 보인다. 하지만 가족 등 특수관계인과의 토지 임대료를 산정할 때 가장 객관적인 기준은 세법에서 정한 기준대로 배분하는 것이다. 그래야 국세청으로부터 세금 추징을 당하지 않을 것이기 때문이다. 세법상 배분 기준을 적용하기 위해서는 제일 먼저 배분의 기준이 되는 토지와 건물의 시가를 산정해야 한다.

앞에서 토지 가액은 80억 원, 건물 가액은 20억 원이라고 한 것은 시중에서 추정하는 가액을 참고해 부동산의 주인이 추정한 가액이다. 이러한 가액은 평가하는 사람에 따라 얼마든지 달라질 수 있다. 즉, 시중 호가를 기준으로 임대료를 배분한다면 토지 사용료는 대체로 자의적인 조정이 가능하게 된다.

따라서 앞에서와 같이 시중 호가를 기준으로 배분하는 것은 세법이 용인하지 않는다. 세법상 시가를 산정하는 방법은 매우 복잡하지만 상업용 건물이고 감정가액이 없다면 기준시가를 시가로 봐야 하므로 토지의 임대료는 세법상 시가인 기준시가를 기준으로 산정해야 한다.

세법상 기준시가는 토지의 경우 개별공시지가이며 건물은 국세청장이 고시한 건물과세시가표준액 계산 방법에 따라 산출된 가액이다. 위 부동산 중 토지의 개별공시지가는 45억 원이고 건물의 과세시가표준액은 15억 원이라면 세법이 규정한 방법대로 계산한 토지 임대료는 2,250만 원이 된다.

기준시가를 기준으로 산정한 토지 임대료

전체 임대료 = 3,000만 원

토지 임대료 : 3,000만 원 × $\frac{45억\ 원}{60억\ 원}$ = 2,250만 원

건물 임대료 : 3,000만 원 × $\frac{15억\ 원}{30억\ 원}$ = 750만 원

그런데 세무공무원이 앞에서 언급한 기준시가를 기준으로 토지 사용료를 배분해 과세한 사례에서 고등법원이 국세청의 과세 방법이 잘못됐다고 판결한 사건이 발생했다.

고등법원이 판결한 내용은 다음과 같다.

> **서울고법2010누15119, 2011.5.4.**
> 이 사건 건물과 토지의 임대료를 이 사건 건물의 기준시가와 이 사건 토지의 개별공시지가에 비례하여 안분계산하는 방법이 적절한지 여부에 관하여 보건대, … 소득세법 시행령 제98조 4항은 법인세법 시행령 제89조 3항 내지 5항의 규정을 준용한다고 명시하고 있으므로, 피고들은 그 규정이 정하고 있는 바에 따라 임대소득금액을 산정하면 족하다.

위 판례 중 소득세법 시행령 제98조는 특수관계인 간에 임대료를 적게 받은 경우 임대료의 시가를 기준으로 소득세를 과세한다는 규정이며 이러한 규정은 법인세법에도 동일하게 규정하고 있다.

그리고 소득세법에서 적정한 임대료의 산정 방법에 대해서는 법인세법을 준용하도록 규정하고 있다.

소득세법 시행령 제98조(부당행위계산의 부인)

(2항 2호) 특수관계인에게 금전이나 그 밖의 자산 또는 용역을 무상 또는 낮은 이율 등으로 대부하거나 제공한 경우
(4항) 제2항 제2호 내지 제5호의 규정에 의한 소득금액의 계산에 관하여는「법인세법 시행령」제89조 제3항 내지 제5항의 규정을 준용한다.

법인세법 시행령 제89조 4항에서는 임대료의 시가를 다음과 같이 계산한다고 규정하고 있다.

1년간의 임대료의 시가 = 임대자산의 시가 × $\frac{50}{100}$ × 정기예금 이자율(현재는 연 2.9%)

법인세법 시행령 제89조 4항 1호

유형 또는 무형의 자산을 제공하거나 제공받는 경우에는 당해 자산 시가의 100분의 50에 상당하는 금액에서 그 자산의 제공과 관련하여 받은 전세금 또는 보증금을 차감한 금액에 정기예금 이자율을 곱하여 산출한 금액

이 고등법원 판례를 적용해 산정한 1년간의 토지 임대료는 다음과 같다.

1년간의 토지 임대료 시가 : 토지의 시가(개별공시지가) 45억 원 × 50% × 2.9% = 6,525만 원

이렇게 건물을 넘겨받은 자녀가 월 3천만 원, 연간 3.6억 원의 임대료를 받은 후에 토지 사용료를 세법이 정한 방법(임대료의 시가)에 따라 산출된 연 6,525만 원만 지급하면 된다.

총 임대료의 산정 방법에 따른 토지주와 건물주의 임대료 산정액

배분 기준	연간 총 임대료	토지주 임대료	건물주 임대료
추정 호가	월 3,000만 원 × 12개월 = 3.6억 원	2억 8,800만 원	7,200만 원
기준시가		2억 7,000만 원	9,000만 원
판례		6,525만 원	2억 9,475만 원

판례에 따라 임대료를 배분해보면 건물의 가치는 토지의 1/4에 해당하지만, 임대료 수입은 오히려 건물주가 토지주보다 4.5배나 많은 결과가 나오게 된다. 이런 결과는 증여세 없이 임대료를 자녀에게 증여할 수 있는 매우 좋은 방법임을 알 수 있다.

위에서 언급한 내용은 건물주가 토지주에게 지급하는 적정 임대료에 대한 규정이다. 이렇게 산정된 임대료를 기준으로 하여 부가가치세와 소득세가 과세된다.

추가로 이렇게 지급한 임대료가 상증법에서 규정한 적정 임대료에 미달하는지도 따져봐야 한다. 왜냐하면 부동산을 저가로 사용하는 경우 사용자에게 증여세가 과세되는 규정이 있기 때문이다.

주의할 점은 소득세(법인세) 또는 부가가치세를 과세할 때 산정하는 임대료의 시가 산정 방법과 저가 임대 시 증여세를 과세할 때 적정 임대료의 산정 기준이 다르다는 것이다. 따라서 이 규정을 적용할 때는 토지 사용료를 지급하는 자가 저가 임대료를 지급해 증여세 과세에 해당하는지를 추가로 따져봐야 한다.

3. 건물 소유권을 가져오는 방법

부친 소유의 건물을 자녀가 이전해오는 방법은 크게 증여와 매매 그리고 두 가지가 혼합된 부담부증여를 하는 방법이 있다.

건물의 가액 결정 방법

부친이 자녀에게 소유권을 이전시키는 거래이므로 일반적으로는 세법상 시가를 기준으로 거래가액을 결정하게 된다.

세법상 시가는 건물에 대한 감정가액 등 다른 가액이 없다면 기준시가, 즉 국세청장이 고시한 방법대로 산출한 건물과세시가표준액이 시가이다. 앞의 글에서 건물의 기준시가를 15억 원이라고 했으므로 건물의 시가는 15억 원이다.

부담부증여를 한다면 증여세는 없다

건물의 시가는 15억 원이며 임대보증금이 15억 원이므로 건물주가 임대보증금을 인수하는 부담부증여를 할 경우 양도가액은 15억 원이며 증여가액은 0원이 된다. 따라서 이런 경우 자녀가 부담할 증여세는 없다, 부친은 양도가액을 15억 원으로 하여 건물의 취득가액을 감안해서 양도소득세를 부담하면 된다.

만약 임대보증금이 10억 원이며 이 건물을 부담부증여할 경우라면 건물가액 15억 원 중 10억 원은 부친이 양도소득세를 부담해야 하며 자녀는 5억 원에 대한 증여세만 부담하면 된다.

따라서 건물 시가가 15억 원이고 임대보증금이 15억 원인 경우 자녀는 건물가액에 대한 매수 대금 및 증여세 부담 없이 취득세만 부담하면 건물을 이전받을 수 있다. 건물을 이전받는 경우 보증금의 가액이 건물가액과 비슷하기 때문에 이와 유사한 경우가 대부분이다.

자녀가 아닌 자녀법인이 이전받는 방법

건물만 이전하는 경우 자녀 개인이 아니라 자녀법인을 설립해 자녀법인이 건물을 인수하는 방법을 사용한다면 다양한 절세 효과를 볼 수 있다.

4. 사업자등록 시 유의사항

토지와 건물의 소유자가 다른 경우 사업자등록은 각자 사업자등록을 하는 방법과 공동사업자로 등록하는 방법이 있으며 이 중 한 가지를 선택하면 된다. 첫 번째 방법은 건물주와 토지주가 각각 사업자등록을 하는 방법이다. 건물주는 건물임대업, 토지주는 토지임대업으로 등록하게 된다. 두 번째 방법은 토지와 건물의 소유자가 공동사업자로 사업자등록을 하는 방법인데 이런 경우 공동사업자 약정서를 작성해 세무서에 제출해야 한다. 공동사업자가 된다는 것은 토지주와 건물주가 각각 공동사업에 토지와 건물을 현물출자하는 형태다.

양도소득세의 과세와 관련해 공동사업에 부동산을 현물출자하는 것은 '양도'에 해당한다고 해석을 하고 있다.

소득세법 기본통칙 88-0…2(토지 등을 공동사업체에 현물출자한 경우 양도 여부)

공동사업(주택신축판매업 등)을 경영할 것을 약정하는 계약에 따라 「소득세법」 제94조 제1항의 자산을 해당 공동사업체에 현물출자하는 경우에는 등기에 관계 없이 현물출자한 날 또는 등기접수일 중 빠른 날에 해당 토지 등이 그 공동사업체에 유상으로 양도된 것으로 본다.

위 소득세법 기본통칙에 따르면 공동사업자로 사업자등록을 한 경우 공동사업자에게 등기를 이전했는지와 상관없이 당해 부동산을 현물출자한 것으로 본다고 했고 현물출자로 본다는 것은 양도소득세의 과세 대상에 해당된다는 것을 의미한다.

이런 경우 건물은 취득과 동시에 공동사업자에게 현물출자, 즉 양도한 것이므로 양도 차액이 발생하지 않아서 부담할 양도소득세가 없지만, 토지의 경우 오래전에 취득한 토지라면 상당히 큰 금액의 양도 차액이 발생할 수 있어 거액의 양도소득세를 부담해야 한다. 따라서 공동사업자로 등록할 경우에는 토지를 현물출자하지 않고 토지 이용권만 현물출자한다는 규정을 동업계약서에 명확히 표기해야 한다.

또한 동업계약서에 토지 사용권만 현물출자한다는 내용을 표기했더라도 공동사업자의 재무상태표 유형자산란에 토지를 공동사업자의 자산으로 표기한 경우 토지를 현물출자한 것으로 볼 수 있기 때문에 각별히 유의해야 한다.

그리고 공동사업자의 경우 동업계약서에 수익배분 비율을 규정해야 하는데 일반적으로는 투자금액의 비율에 따라 배분하는 것이 합리적이다. 물론 공동사업자가 투자하는 것은 부동산뿐 아니라 노무출자도 있기 때문에 반드시 출자금액의 비율에 따라야 하는 것은 아니지만 출자금액과 달리 수익분배 비율을 정하려면 합리적인 이유가 있어야 한다.

서면1팀-879(2005.07.20.)

공동으로 사업을 경영하는 거주자의 소득금액 계산 시 분배의 기준이 되는 출자지분 또는 손익분배의 비율은 당사자 간의 약정 등에 따라 실제로 출자된 상황에 의하여 결정하는 것이며, 다만 손익분배의 비율을 출자지분과 달리 정할만한 특별한 사정이 있는 경우에는 당사자 간의 약정 등에 따라 별도로 정할 수 있는 것이다.

결국 공동사업자로 등록할 경우 임대수익은 출자한 자산의 크기에 따라 배분하는 것이 합리적이다. 그리고 특별히 임대에 대한 모든 업무를 건물주가 담당할 시 노무출자 부분에 대해서는 양자가 합리적인 금액을 합의해 결정할 수 있다. 하지만 부동산임대의 특성상 노무출자의 지분을 무한정 크게 정할 수는 없기 때문에 국세청의 입장에서는 출자한 부동산의 가액을 기준으로 배분하지 않는다면 누군가에게 이익을 증여했다고 볼 여지가 충분해 이에 대한 객관적인 소명을 해야 될 수도 있다.

그런데 이렇게 공동사업자로 사업자등록을 한다면 수익분배 비율을 어떻게 정하느냐에 따라 달라질 수 있겠지만 결국 건물주에게 돌아갈 임대료 수입은 상대적으로 적어질 수밖에 없다.

따라서 위 방법 중 판례에 의한 방법으로 임대료를 배분받기를 원한다면 공동사업자가 아닌 토지주와 건물주가 각각 임대사업자 등록을 하고 토지 사용에 대한 임대차 계약을 체결하는 것이 건물만 이전하는 이유에 부합한다.

31. 세금 적게 내고 싶다면 배우자에게 증여하세요

영철이는 결혼 전에 할아버지로부터 지방의 토지를 물려받았다. 그런데 최근 뉴스를 보니 해당 토지 인근에 신도시가 들어선다며 토지 인근 가격이 들썩거린다고 한다. 영철이는 10년 후에 토지를 처분하고 이 자금으로 새로운 집을 살 계획이다.

영철이가 할아버지로부터 10년 전에 물려받을 때 토지의 가격이 2억 원이었어서 2억 원에 대한 증여세를 냈었다. 그런데 인근 부동산에서 지금 시세가 12억 원 정도라고 한다. 영철이는 앞으로 인근 지역이 개발된 뒤 10년쯤 후에 토지를 20억 원 정도에 처분할 수 있겠다 생각하니 마음이 설렌다. 한편 만약 20억 원에 팔면 양도세는 얼마를 내야 하나 궁금해서 유세무사를 찾았다. 그러자 유세무사는 지금 당장 배우자에게 절반을 증여하라고 했다. 증여하면 나중에 팔 때 양도세를 절세할 수 있기 때문이라는 것이다.

양도세는 양도가액에서 취득가액을 차감한 양도차액을 기준으로 과세하는데 이때 증여받은 재산의 취득가액은 증여받은 가액이 된다. 따라서 취득가액이 낮고 가격이 많이 상승한 재산은 증여세 면세범위를 이용하여 증여한 후에 양도하게 되면 양도세 절세 효과가 커지게 된다.

1. 배우자에게 증여하지 않고 단독으로 소유하다가 20억 원에 처분할 경우 양도소득세

영철이가 현재 증여받은 토지를 계속 단독으로 소유하다가 10년쯤 후에 20억 원에 양도한다면 양도소득세는 다음과 같이 계산된다.

양도가액 20억 원
- 취득가액 2억 원
- 장기보유특별공제 5.4억 원(18억 원의 30%)

= 양도소득세 과세표준 12.6억 원
× 양도세율 45% - 누진공제 6,540만 원

= 양도소득세 5억 160만 원
+ 지방소득세 5,016만 원

= 총 부담세금 5억 5,176만 원

2. 지금 배우자에게 1/2을 증여하고 10년 후에 20억 원에 양도할 경우 세부담액

지금 배우자에게 1/2을 증여한 후 공동으로 소유하다가 10년 후에 양도하면 배우자에게 증여할 때 증여세를 부담하고, 나중에 양도할 때 영철이와 배우자가 각각 1/2씩에 대한 양도소득세를 부담하게 된다.

그런데 배우자에게 증여한 후 양도하게 되면 절세에 도움이 되는 중요한 두 가지 사건이 발생한다. 첫 번째, 배우자에게 증여할 경우 증여가액이 6억 원 이하면 증여세를 부담하지 않는다. 배우자에게 증여할 경우 증여공제액이 6억 원이기 때문이다. 지금 시가가 12억 원이기 때문에 1/2을 배우자에게 증여하면 6억 원을 증여하는 게 된다. 그러면 증여받은 가액 6억 원에서 배우자증여공제액 6억 원을 차감하면 증여세는 한 푼도 부담하지 않아도 된다. 두 번째, 배우자 지분에 대한 취득가액이 상승하게 된다. 왜냐하면 증여받은 재산의 취득가액은 증여받을 당시의 증여가액이기 때문이다. 그러니까 영철이는 2억 원짜리를 증여받았기 때문에 나중에 양도하면 앞의 1에서 본 것처럼 취득가액은 2억 원이 된다. 하지만 1/2을 증여할 경우 1/2을 소유한 영철이의 지분에 대한 취득가액은 할아버지로부터 받은 증여가액의 절반인 1억 원이 되지만 배우자가 증여받은 부분의 취득가액은 배우자가 증여받을 당시의 가액, 즉 12억 원의 1/2인 6억 원이 된다.

① 단독 소유 시

영철이의 증여 당시의 취득가액 = 2억 원

② 배우자에게 1/2 증여 시 취득가액

영철이의 잔여지분의 취득가액 : 2억 원 × $\frac{1}{2}$ = 1억 원

배우자의 1/2 지분의 취득가액 = 6억 원

배우자에게 증여 후 취득가액 = 합계 7억 원

위 계산식을 살펴보면 영철이가 단독으로 소유하다가 처분할 경우 취득가액은 할아버지로부터 증여받을 때의 가액인 2억 원이다. 그런데 배우자에게 1/2을 증여한 후의 취득가액은 7억 원으로 상승하여 단독 소유 시보다 5억 원의 취득가액이 상승한다.

따라서 증여하고 10년 이후에 토지를 20억 원에 매각할 때 부담해야 할 세금은 다음과 같다.

배우자에게 증여할 시 증여세

증여세 과세표준은 0원(증여가액 6억 원 - 배우자공제 6억 원)이므로 부담할 증여세는 없다.

3. 증여 후 10년 후에 20억 원에 양도한 경우 양도소득세 부담액

남편의 양도소득세

(양도가 10억 원 – 취득가 1억 원 – 장특공제 2.7억 원) × 42% – 누진공제 3,540만 원 + 지방세 10% = 2억 5,212만 원

배우자의 양도소득세

(양도가 10억 원 – 취득가 6억 원 – 장특공제 8천만 원) × 40% – 누진공제 2,540만 원 + 지방세 10% = 1억 1,286만 원

남편과 배우자의 양도소득세 합계

남편 양도소득세 2억 5,212만 원 + 부인의 양도소득세 1억 1,286만 원 = 3억 6,498만 원

4. 단독소유하다가 양도한 경우와 1/2 증여 후 양도한 경우의 세부담 비교

단독으로 소유하다 처분한 경우 양도소득세 부담액은 5억 5,176만 원인

데 배우자에게 증여할 경우 증여세는 없으며 10년 이후에 양도할 경우 양도소득세의 합계는 3억 6,498만 원이 된다. 따라서 단독 소유하다가 처분할 때보다 배우자에게 증여한 후 처분할 때 1억 8,678만 원이 절세된다.

배우자에게 증여한 후 양도할 때 양도소득세가 절세되는 이유는 배우자에게 증여한 부분에 대한 취득가액이 1억 원에서 6억 원으로 5억 원이 상승하기 때문이다. 따라서 취득한 지 오래된 부동산으로 취득가액이 적은 경우에는 절세를 위해 배우자증여를 적극 활용할 필요가 있다.

사례

강남 아파트 경우

강남의 아파트는 85㎡ 정도면 웬만하면 20억 원이 넘는데 이런 아파트를 배우자에게 증여한 후 처분하는 경우에도 실익이 있다.

배우자 명의의 강남 주택은 10년 전 10억 원에 산 아파트로 현재 20억 원인데 10년 후에 30억 원으로 올라갈 것으로 예상된다면 이런 경우 배우자에게 절반을 증여하는 것과 단독 소유하다가 처분하는 것의 차이를 보면 다음과 같다(1세대 1주택 비과세에 해당되지 않는 경우).

단독 소유하다 처분할 시 양도소득세

(양도가액 30억 원 - 취득가액 10억 원 - 장특공제 6억 원) × 45% - 누진공제 6,540만 원 + 지방소득세 10% = 6억 2,106만 원

배우자에게 1/2을 증여한 후 10년 이후에 양도할 시 세부담

① 증여세 : (증여가액 10억 원 - 배우자공제 6억 원) × 20% - 누진공제 1천만 원 = 7천만 원

② 양도소득세

❶ 남편의 양도소득세

(양도가액 15억 원 – 취득가액 5억 원 – 장특공제 3억 원) × 42% – 누진공제 3,540만 원 + 지방소득세 10% = 2억 8,446만 원

❷ 배우자의 양도소득세

(양도가액 15억 원 – 취득가액 10억 원 – 장특공제 1억 원) × 40% – 누진공제 2,540만 원 + 지방소득세 10% = 1억 4,806만 원

③ 세부담 총액

배우자의 증여세 7천만 원 + 남편의 양도세 2억 8,446만 원 + 배우자의 양도세 1억 4,806만 원 = 5억 252만 원

단독 소유와 증여 후 양도 시 세부담 비교

위 사례에서 단독 소유하다 양도할 경우 총 세금 부담액은 양도세 6억 2,106만 원인데 증여 후 양도하는 경우에는 증여세를 포함해 총 5억 252만 원으로, 1억 1,854만 원이 절세된다.

물론 취득세를 감안하면 절세효과는 줄어들겠지만 단독 소유하다 양도하는 것보다는 배우자에게 일부 증여한 후 양도하는 것이 절세에 도움이 되는 것은 분명하다. 특히나 다주택자가 보유한 강남, 서초, 송파, 용산 등 조정지역 내 주택의 양도에 대해서는 장기보유특별공제를 배제하고 20~30%의 할증과세를 하므로 이런 주택은 절세효과가 훨씬 커진다(2024년 5월 9일 이전까지 양도하는 경우에는 중과세를 하지 않는 임시 유예조치가 시행되고 있다).

그뿐만 아니라 종부세의 경우 다주택자는 기본공제가 9억 원인데 종부세의 과세기준은 개인별 과세이기 때문에 공동 소유하면 부부가 각각 9억 원씩 18억 원을 공제받게 돼 종부세도 절세된다. 다만 1세대 1주택자의 경우에는 양도소득세가 12억 원까지는 비과세되고 장기보유특별공제도 80%까지 가능해 취득세 부담을 고려한다면 효과가 없다. 종부세 역시 1세대 1주택자에게만 혜택을 주는 장기보유특별공제와 고령자공제를 부부가 공동 소유하는 경우 받을 수 없게 되어 손해를 볼 수 있다.

정리해 보면 취득가액이 낮으면서 취득 당시보다 가치가 많이 상승한 물건일수록 절세효과가 크다는 것을 알 수 있다.

5. 증여받고 10년 내 양도하면 큰 손해를 본다는데 증여해도 되나?

앞에서 배우자에게 증여한 후 양도하면 양도소득세가 절세된다고 설명했다. 세법은 양도소득세를 절세할 목적으로 증여 후 양도를 선택하는 행위를 방지하기 위해 증여받은 후 10년 이내에 양도한다면 절세효과가 없도록 하는 규정을 두고 있다. 이러한 규정을 '양도소득세 이월과세제도'라고 한다.

> **소득세법 제97조의 2(양도소득의 필요경비 계산 특례)**
>
> ① 거주자가 양도일부터 소급하여 10년 이내에 그 배우자(양도 당시 혼인관계가 소멸된 경우를 포함하되, 사망으로 혼인관계가 소멸된 경우는 제외한다. 이하 이항에서 같다) 또는 직계존비속으로부터 증여받은 ㉠제94조 제1항 제1호에 따른 자산이나 그 밖에 ㉡대통령령으로 정하는 자산의 양도차익을 계산

할 때 양도가액에서 공제할 (필요경비는 제97조 제2항에 따르되) 취득가액은 그 배우자 또는 직계존비속의 취득 당시 제97조 제1항 제1호에 따른 금액으로 한다. 이 경우 거주자가 증여받은 자산에 대하여 납부하였거나 납부할 증여 세 상당액이 있는 경우에는 제97조 제2항에도 불구하고 필요경비에 산입한다.

*㉠ 토지 또는 건물 ㉡ 부동산을 취득할 수 있는 권리, 시설물의 이용권이나 회원권

일반적으로 증여받은 부동산을 양도할 경우 세금 계산은 다음과 같다.

증여자 – 증여세 → 수증자 – 양도세 → 타인

이때 증여세는 수증자가 증여받은 재산가액을 기준으로 세금을 계산한다. 그러고 나서 양도세는 타인에게 양도한 가액에서 수증자가 증여받은 가액을 취득가액으로 차감해 계산한다.

예를 들어 남편이 10년 전 10억 원에 취득한 집이 현재 시가 20억 원이고 이 집을 배우자에게 증여한다면 배우자는 20억 원에 대한 증여세를 납부하게 된다. 배우자가 20억 원에 증여받은 주택을 10년 이내에 제3자에게 30억 원에 처분한다면 양도소득세는 양도가액 30억 원에서 증여받은 가액 20억 원을 취득가액으로 차감해 계산하는 것이 원칙이다. 하지만 증여받은 시점으로부터 10년 이내에 양도하는 경우에 양도세는 타인에게 양도한 가액에서 수증자가 증여받은 가액을 취득가액으로 공제하는 것이 아니고 증여자가 당초 취득한 가액을 취득가액으로 하여 양도소득세를 계산한다. 이

럴 경우 증여세를 양도소득세에서 차감해주면 손해가 없는데 그렇게 하지 않고 증여세를 비용으로 공제한다. 따라서 결과적으로는 손해를 보는 것처럼 보인다.

예를 들어 증여세로 1억 원을 납부했는데 이미 납부한 증여세를 세금으로 공제해주면 납부할 세금에서 1억 원이 공제되지만 비용으로 공제할 경우 양도소득세 최고세율 45%가 적용된다고 가정해도 4,500만 원만 세금으로 공제된다. 따라서 이월과세가 적용되면 절세효과가 사라질 뿐 아니라 오히려 손해 보는 결과가 된다. 이런 이유로 증여받은 후 10년 이내에 양도하면 큰일이 난다고들 하는 것이다.

하지만 이런 주장에는 간과한 사실이 있다.

① 증여 없이 본인이 계속 보유하다가 양도할 때 부담하는 양도소득세

② 배우자에게 증여할 때 납부했던 증여세와 이월과세 양도세를 합친 세금

위 두 가지를 비교했을 때 당연히 배우자에게 증여한 후 10년 내 양도하는 것이 불리하다.

그러나 ②는 최종 양도한 대가의 귀속이 배우자인데 반해 ①은 아직 남편 쪽이라는 사실이다. 따라서 ①의 경우에 양도 후 양도소득세를 차감한 금액을 배우자에게 증여할 때 부담해야 하는 증여세를 고려하면 ①과 ②의 차이가 크지 않거나 오히려 ②가 유리한 경우도 있다.

사례

남편이 10년 전 10억 원에 산 상가가 현재 20억 원이고 8년 후에는 30억 원에 처분할 계획인 경우

① 남편이 단독 보유하다가 처분한 경우 양도소득세 부담액

(양도가액 30억 원 – 취득가액 10억 원 – 장특공제 6억 원) × 45% – 누진공제 6,540만 원 + 지방세 10% = 6억 2,106만 원

① 배우자에게 20억 원 상가를 증여하고 8년 후에 양도한 경우 세부담 합계액

❶ 배우자 증여세

(증여가액 20억 원 – 배우자공제 6억 원) × 40% – 누진공제 1.6억 원 = 4억 원

❷ 배우자의 양도세

(양도가액 30억 원 – 남편의 취득가액 10억 원 – 장특공제 6억 원 – 증여세 4억 원) × 45% – 누진공제 6,540만 원 + 지방세 10% = 4억 2,306만 원

❸ 총 부담세액

증여세 4억 원 + 양도소득세 4억 2,306만 원 = 8억 2,306만 원

따라서 증여하지 않고 직접 양도하는 것보다 배우자에게 증여 후 양도하면 세부담이 2억 200만 원 증가해 오히려 손해다.

③ 양도 후 증여할 경우 세부담 합계액

하지만 위에서 언급했듯이 2의 경우에는 배우자에게 증여하는 것이 완성된 것이므로 1의 경우에도 양도가액에서 양도소득세를 차감한 가처분소득을 배우자에게 증여할 경우를 고려해보면 결과는 달라진다.

1의 경우 30억 원에 양도하고 양도소득세로 6억 2,106만 원을 납부하면 가처분소득은 23억 7,894만 원이 된다. 이 금액을 배우자에게 증여하면 증여세는 5억 5,157만 원이 된다.

(양도가액 30억 원 – 양도세 6억 2,106만 원 – 배우자공제 6억 원) × 40% – 1.6억 원 = 5억 5,157만 원

따라서 남편이 단독으로 보유하다가 처분한 후에 가처분소득을 배우자에게 증여할 경우 총 부담세액은 다음과 같다.

직접 양도 시 양도소득세 : 6억 2,106만 원 + 가처분소득 증여 시 증여세 5억 5,157만 원 = 11억 7,263만 원

④ 증여 후 11년 경과 뒤에 양도하는 경우의 세부담

❶ 배우자의 증여세

(증여가액 20억 원 – 배우자공제 6억 원) × 40% – 누진공제 1.6억 원 = 4억 원

❷ 배우자의 양도세

(양도가액 30억 원 – 취득가액 20억 원 – 장특공제 2.2억 원) × 42% – 누진공제 3,540만 원 + 지방세 10% = 3억 2,142만 원

❸ 총 부담세액

증여세 4억 원 + 양도소득세 3억 2,142만 원 = 7억 2,142만 원

각 방법에 따른 세부담을 정리해보면 다음과 같다.

방법	세부담 적용 세율
① 증여를 안 하고 양도하는 경우	양도세 6억 2,106만 원
② 양도 후에 증여하는 경우	양도세 6억 2,106만 원 + 증여세 5억 5,157만 원 =11억 7,263만 원
③ 증여 후 10년 내 양도하는 경우	증여세 4억 원 + 양도세 4억 2,306만 원 = 8억 2,306만 원
④ 증여 후 10년 뒤 양도하는 경우	증여세 4억 원 + 양도세 3억 2,142만 원 = 7억 2,142만 원

일반적으로 증여받은 후 10년 내 양도하는 경우 세부담액이 증가한다는 것은 위 방법 중 ①번과 ③번을 비교한 결과이다. 하지만 증여라는 행위를 감안할 경우에는 ②번과 ③번을 비교하는 것이 합리적이다. 그뿐만 아니라 증여하고 나서 10년이 경과한 이후에 양도한다면 이월과세가 적용되지 않기 때문에 총 부담세금은 7억 2,142만 원이 된다.

양도소득세 이월과세 규정은 배우자와 직계존비속으로부터 증여받을 시에 적용하는데 배우자의 경우에는 다음과 같은 예외 규정을 두고 있다.

① 증여를 받은 후 이혼하고 양도하는 경우에도 당초 증여일로부터 10년 이내에 양도한다면 이월과세 규정을 적용한다.

② 증여받고 난 이후에 증여한 배우자가 사망한 경우에는 증여일로부터 10년 이내에 양도를 하더라고 이월과세 규정을 적용하지 않는다.

③ 증여자가 사망한 경우 배우자에게는 이월과세 규정을 적용하지 않는다고 규정하고 있으므로 배우자가 아닌 직계존비속으로부터 증여받은 때에는 증여자가 사망한 경우라도 이월과세가 적용된다.

조심2017서0043(2017.4.5.)

"직계존비속"의 사망 시에는 이월과세 적용을 "제외"한다는 규정이 없는 점, 청구인이 직계존속으로부터 쟁점 토지를 증여받고 5년(2023.1.1이후→10년) 이내 이를 양도한 이상 직계존속의 사망 여부와 "무관"하게 조세회피 가능성은 여전히 동일한 점 등에 비추어 이 건 처분은 잘못이 없다.

예를 들어 아버지로부터 부동산을 증여받은 후 5년 뒤 아버지가 사망하면 사전증여재산으로서 5년 전에 증여받은 재산가액은 상속재산가액에 포함해 상속세를 내야 한다. 이렇게 상속세를 내고 나서 당초 증여받은 재산을 처분할 경우 상속과 상관없이 당초 증여일로부터 10년 이내에 양도한다면 이월과세 규정을 적용함을 유의해야 한다.

이밖에 다음의 경우에는 이월과세를 적용하지 않는다.

① 사업인정고시일로부터 2년 이전에 증여받은 재산으로서 협의 매수 또는 수용된 경우

② 이월과세를 적용할 경우 1세대 1주택 비과세 규정이 적용되는 경우 (고가주택도 포함)

③ 이월과세를 적용한 결과 적용하지 않은 경우보다 세금이 적은 경우

배우자에게 증여하고 양도하는 경우 증여 후 10년 이후에 양도하면 매우 큰 절세효과가 있기 때문에 증여를 하는 게 이득이다. 설령 10년 이내에 양도해서 이월과세가 적용된다고 해도 증여세를 감안해 효과를 분석하면 마찬가지로 증여를 안 할 이유가 없어 보인다.

PART. 4

증여 상속 최고의 수업

자녀법인을 이용한 절세전략

32. 부동산을 법인으로 소유해야 하는 이유

영철이의 아버지는 소유 중인 시가 100억 원짜리 꼬마빌딩을 법인으로 전환해야 할지 고민 중이다. 주변에서는 법인으로 전환해 관리하다가 물려주는 것이 좋다는 사람도 있지만 아무 이익도 없고 오히려 불편하다는 사람도 있었다. 영철이는 아버지를 모시고 유세무사를 찾아 법인으로 전환하면 어떤 것이 좋은지에 대해 상담을 받았다.

부동산을 개인 명의로 소유하는 것과 법인 명의로 소유하는 것의 유불리는 각자의 개인적인 상황과 당해 부동산의 장기간 소유 여부 및 상속의 계획 등에 따라 따져봐야 할 내용이다. 다만 이번 글에서는 부동산을 법인 명의로 소유할 때의 장점을 중심으로 설명해보고자 한다.

1. 임대소득에 대한 세금 차이

누진세율 구조에서 소득은 분산할수록 유리한데 개인은 소유자 한 사람에게 소득이 전부 귀속되며, 소득의 종류도 임대사업소득 하나로 결정된다. 그리고 임대소득이 발생한 연도에 소득 전체에 대해 한꺼번에 소득세를 계산해 납부해야 한다. 따라서 소득의 분산이 불가능하다.

하지만 법인의 경우 임원의 선정과 보수의 지급을 통해 소득을 분산할 수 있다. 또한 소득의 귀속자를 달리하여 분산할 수 있고, 소득의 종류도 근로소득, 배당소득, 퇴직소득 등으로 분리할 수 있으며 배당 결의를 통해 소득의 발생 연도를 조정할 수 있어 임대소득에 대한 소득세 절세가 가능하다.

2. 재산 이전 절차의 간편성과 세금 차이

부동산을 증여하려면 증여계약서를 작성하고 취득세를 부담한 후에 증여등기를 해야 한다. 마찬가지로 개인 부동산을 양도한다면 매매계약서를 작성하고 취득세를 납부한 후 인감을 첨부해 매매등기를 하고 부동산의 양도에 대해 6~45%의 세율을 적용해 산출된 양도소득세를 신고·납부하는 과정을 거친다.

하지만 법인의 경우 부동산의 소유자는 법인이고 법인의 소유자는 주주이므로 법인부동산의 실질적인 소유권을 증여 또는 매매하려고 한다면 부동산이 아닌 주식을 증여 또는 매매해야 한다.

주식을 매매할 경우에는 매매계약서를 작성해 거래한 후 법인에 주주 변동 여부를 통지만 하면 되고 주식에 대해서는 등기할 필요가 없으며, 따라서 취득세의 부담도 없다. 주식을 매매할 때 발생하는 세금은 주식양도자에게 부과되는 증권거래세와 주식의 양도소득세뿐이다. 증권거래세는 거래금액의 0.35%로 비교적 소액이며 비상장 주식의 양도소득세는 양도 차액이 3억 원 이하인 경우에는 20%이며, 3억 원 초과 부분에 대해서는 30%의 세율을 적용한다.

그런데 부동산 법인의 주식을 양도하는 것은 실질적으로는 부동산을 양도한 것과 실질이 같기 때문에 부동산 법인 주식의 양도소득에 대해서는 일반 부동산의 양도와 같은 소득세율을 적용하고 있다.

하지만 부동산 임대법인의 주식을 가족 간에 매매하는 경우에는 일반세율이 아닌 주식양도세율을 적용해 양도 차액 3억 원 이하인 경우 20%, 3억 원 초과분에 대해서는 25%의 세율을 적용한다.

주식을 증여할 경우에는 증여계약서를 작성한 후 법인에 주주 변동 여부를 통지해야 된다. 매매와 마찬가지로 취득세를 부담하지 않는다.

3. 가치평가 방법의 차이

가족 간 거래, 즉 매매, 증여, 상속 등의 경우 세법에서 정한 방법대로 부동산의 적정가치를 산정하고 그 적정가치로 관련 세금을 산출하거나 추징한다. 그러한 적정가치를 시가라고 하며 시가 산정 방법은 상증법에서 자세히 규정하고 있다. 이러한 시가는 개인 부동산의 경우에는 부동산의 시가 산정 방법에 따르며 법인의 주식은 비상장주식의 평가 방법에 따라 산정한다.

부동산의 시가 산정은 대체적으로 꼬마빌딩의 경우 감정가액으로 산정될 가능성이 크며 기준시가로 평가될 가능성은 상대적으로 적다. 하지만 주식은 법인의 가치를 평가하는 것이기 때문에 당해 법인의 자산가치와 손익가치 두 가지의 가중치를 적용해 평가하고 있다. 자산가치는 법인이 소유하고 있는 부동산의 경우에는 개인이 소유하는 부동산을 평가하는 방법과 동일하게 평가한다. 그리고 법인의 총 자산가액 중 부동산의 비중이 80%를 초과한 경우에는 손익가치를 반영하지 않고 자산가치만으로 평가한다.

부동산 임대법인의 경우 일반적으로는 자산총액 중 부동산이 차지하는 비중이 80%가 넘을 확률이 높으며 이런 경우 자산가치만으로 주식가치를 평가하게 된다. 그러면 결국 부동산 임대법인의 주식가치와 개인 부동산의 가치가 비슷해진다.

하지만 부동산 임대법인이라고 해서 모두가 총 자산 중 부동산 비중이 80%를 초과하는 것이 아니다. 만약 80%에 미달할 경우에는 손익가치를 반영해 주식의 가치를 산정할 수 있다. 이때는 순자산가치의 가중치를 3으로 하고 순손익가치의 가중치를 2로 하여 평가하게 되는데 만약 손익가치가 제로일 경우 주식가치는 대략 부동산 가액의 60%로 평가된다. 따라서 이러한 결과를 막기 위해 주식가치의 최저한도를 순자산가치의 80%로 제한하고 있다.

주식가치 = $\frac{(순자산가치 \times 3) + (순손익가치 \times 2)}{5}$	단, 자산가치의 80%를 한도로 한다

예를 들어 꼬마빌딩의 시가가 100억 원일 때 법인으로 전환해 임대보증금이나 대출을 통해 현금이 30억 원 생겨 법인의 계좌에 입금해놓았고, 직전 3년간 건물 수리비 등으로 인해 당기순이익이 '0'이라고 가정하고 개인 부동산과 법인 주식의 가치를 비교해보면 다음과 같다.

1. 개인 부동산의 시가

부동산 시가 100억 원 + 현금 30억 원 - 보증금 및 대출금 등 채무 30억 원 = 100억 원

2. 법인 주식의 시가

① 순자산가치 : 부동산 시가 100억 원 + 현금 30억 원 - 채무 30억 원 = 100억 원

② 총자산 중 부동산의 비중 : $\frac{100억\ 원}{130억\ 원} = 77\%$

③ 주식가치 : $\frac{(순자산가치\ 100억\ 원 \times 3) + (순손익가치\ 0원 \times 2)}{5} = 60억\ 원$

위 산식에서 총자산 중 부동산의 가액이 77%이므로 손익가치를 반영

해 주식가치를 평가하게 되는데 이렇게 계산해보면 개인 부동산의 가치는 100억 원이지만 주식의 가치는 60억 원이 된다. 다만 주식가치는 순자산가액인 100억 원의 80%를 하한선으로 하기 때문에 최종적인 주식의 가치는 80억 원이 된다.

이런 규정을 악용할 수 있어 총자산 중 부동산 비중이 80%를 초과하는 것을 판단할 때 평가 기준일로부터 소급해 1년 이내에 발생한 차입금이나 증자 등으로 증가한 현금은 제외하도록 하고 있다.

위에서 살펴본 대로 세법이 부동산 법인의 주식가치를 평가할 때 소급해 1년 내에 증가한 현금을 제외하거나 순자산가치의 80%를 하한선으로 규정하는 등의 규정을 둔 이유는 손익가치를 활용해 주식가치를 낮게 하려는 시도를 막기 위함인데 그렇다면 이러한 제도를 법 규정의 틀 안에서 활용하는 사람들이 많다는 것을 의미한다고 볼 수 있다.

4. 증여·상속가액에서 공제하는 이월과세액

개인 부동산을 법인으로 전환할 때 발생하는 양도소득세는 조세특례를 적용받아서 이월과세되며 이월과세액은 법인 설립 후 5년이 경과한 시점부터 법인이 부담하게 된다. 따라서 법인의 주식을 평가할 때 채무로 계상한다.

법인으로 전환하는 과정에서 이월과세된 양도소득세가 30억 원이고 증여 또는 상속하는 시점의 부동산 가액이 150억 원이라고 가정할 때, 개인 소유의 부동산을 상속 또는 증여하는 경우에는 150억 원이 증여·상속가액이 되지만 법인의 주식을 상속 또는 증여한다면 이월과세액인 30억 원을 차감해 120억 원이 증여·상속가액이 된다.

동일한 부동산이지만 개인 소유 형태에서 상속 또는 증여를 하는 것과 법인으로 전환한 이후에 상속 또는 증여하는 것에는 이월과세액만큼의 평가 차액이 발생하므로 세금도 그만큼 줄어들게 된다.

5. 부동산 양도 후 재투자 때 자금 운용의 차이

부동산을 처분하고 다른 부동산에 재투자할 경우 개인은 거액의 양도소득세를 납부한 이후에 남은 잔액만을 사용할 수가 있다. 법인 역시 부동산을 처분하면 법인세를 납부한 이후에 남은 잔액만을 재투자에 사용할 수 있다. 그런데 법인세율은 양도소득세율에 비해 상당히 낮아 가처분소득의 재활용 측면에서는 법인이 유리하다.

예를 들어 꼬마빌딩을 10억 원에 사서 100억 원에 처분하고 다른 부동산을 취득하려고 할 때 개인의 경우에는 30억 4,656만 원의 양도소득세를 납부하고 나면 69억 5,344만 원이 남게 되어 결국 재투자에는 69억 5,344만 원만을 사용할 수 있다.

양도소득세 : (양도가액 100억 원 – 취득가액 10억 원 – 장특공제 27억 원) × 45% – 누진공제 6,594만 원 + 지방소득세(10%) = 30억 4,597만 원

그러나 법인의 경우에는 법인세로 2억 원까지는 9%, 2억 원 초과분에 대해서는 19%를 납부하게 되므로 법인세로 납부할 금액은 지방소득세를 포함해 18억 5,900만 원이 되므로 재투자할 수 있는 금액은 81억 4,100만 원이 된다.

법인세 : (양도가액 100억 원 − 취득가액 10억 원) × 19% − 2천만 원 + 지방소득세(10%) = 18억 5,900만 원

따라서 재투자할 경우 개인보다 법인이 11억 원 정도의 자금 여유가 생긴다.

6. 증여 고민의 해결

앞에서도 종종 언급했듯이 증여는 최대한 빨리하는 게 좋다. 그런데도 증여를 하기 힘든 이유는 증여세 같은 세부담이 무겁기 때문이기도 하지만 부동산을 넘겨주면 소유권이 이전되면서 모든 권리가 자녀에게 넘어간다는 사실 때문이다. 실제로 '증여받은 자녀가 물려준 재산을 잘 관리할 수 있을지', '재산이 생겼다고 열심히 살지 않으면 어떡하나' 같은 심리적인 이유도 무시할 수는 없다.

이러한 염려는 주식을 넘겨줄 경우 상당 부분 해소될 수 있다. 왜냐하면 부동산과 달리 주식은 넘겨줄 때 절차가 매우 단순하며 주식을 1주 단위

로 소액 이전하는 것도 가능하다. 따라서 여러 번에 걸쳐 전략적으로 주식을 이전할 수 있다. 또한 부동산은 소유권을 이전하고 나면 증여자의 권한이 미치지 않지만, 주식은 증여를 받더라도 주주총회를 통해서만 권리를 행사할 수 있는데 소액주주의 경우 의사결정을 단독으로는 할 수 없는 한계가 있다.

그리고 주식회사의 경우 정관에 주식 이전에 대해 이사회의 사전 승인을 받도록 규정을 두어서 주식 처분을 제한할 수 있으며 유한회사의 경우 사원이 바뀌거나 지분이 변경될 경우 정관을 수정해야 하는데 정관의 수정은 총사원의 2/3 이상의 동의를 얻어야 하므로 지분의 처분을 제한할 수 있다.

개인 부동산은 부동산의 지분을 준 경우에는 당해 부동산에서 얻은 임대수익은 지분대로 분배해 가져야 한다. 하지만 법인 부동산의 경우 임대수익은 법인의 소유이며 법인의 이익을 주주들이 분배받기 위해서는 주주총회에서 임원으로 선출되어 보수를 받거나 배당 결의를 통해 배당을 받아야 한다. 그런데 이렇게 임원의 선출이나 배당 결의는 모두 주주총회의 의결사항이며 주주총회의 의결은 주식의 숫자로 결정되기 때문에 부친이 자녀들에게 주식을 넘겨주되 50% 플러스 1주만 보유하고 있다면 당해 법인의 운영과 자녀들에 대한 수익 배분은 대주주인 부친이 마음먹은 대로 할 수 있게 된다.

법인의 주식을 활용해 증여전략을 수립한다면 사전증여의 시기를 앞으로 당길 수 있으며 작은 단위로 나누어서 증여하는 전략이 쉬워지고, 또한 증여 후에도 재산의 유지나 노력의 태만 같은 우려도 어느 정도는 해소될 수 있다.

7. 수익률 제고에 도움

꼬마빌딩을 보유한 부모 세대는 대부분 연령이 많은 편이다. 영철이의 부친이 평생 힘들게 이룬 꼬마빌딩은 수익형 자산이다. 수익형 자산은 지속적으로 수익을 창출해야 하며 수익이 극대화되는 전략을 수립하고 실행해야 한다.

주변에서 흔히 볼 수 있는 사례로 대로변에 노후 빌딩을 소유한 노부부가 있다고 가정해보자. 이들에게 한 달 월세 2천만 원이면 충분하기 때문에 노부부는 개발을 생각지도 않는다. 주변 모든 땅이 개발되고 소유 부동산도 개발하면 월 수익이 5천만 원으로 상승할 수 있지만, 노부부는 개발하는 과정을 두려워해 개발할 생각을 하지 않는다. 이 부동산은 노부부가 사망하고 나서야 개발이 가능해진다. 그런데 노부부는 아직 건강하기에 개발은 앞으로 10~20년 뒤에나 가능할 것 같다.

하지만 부동산을 법인으로 전환한 이후에 주식을 자녀들에게 분배해 가족법인으로 만든다면 당해 부동산은 가족 모두의 공동재산이 되는 것이며 가족 공동체의 합리적인 의사결정에 의해 종전보다 더 나은 수익을 창출할 가능성이 높아질 수 있다.

법인은 임원들에 의해 운영되고 임원의 운영 성과에 대해서는 주주들에게 보고하며 운영을 잘못한 임원들은 교체할 수 있는 상법상 강력한 시스템을 가지게 된다. 또한 법인과 관련하여 발생하는 법적 분쟁도 상법이라는 기준을 통해 법률적으로 해결할 수 있다.

수익형 부동산은 수익을 최대화하는 일이 가장 중요하다. 부모가 점점 나이가 들어 의사결정이 어려워지게 되면 수익을 증진시키는 일은 더욱더 불가능해진다. 부동산을 법인으로 전환하고 미리미리 주식을 자녀들에게 증여해 가족법인으로 만든다면 가족 구성원 전체가 총의를 모아 좀 더 합리적인 의사결정을 할 수 있게 되지 않을까 생각한다.

8. 꼬마빌딩 공동상속의 문제 해결

부동산을 공동소유하는 경우 발생할 수 있는 폐단은 익히 알려져 있다. 형제들 간에 사이가 좋아 상속 분쟁이 발생하지 않았다고 하더라고 자녀들이 나이가 들고 배우자와 자녀가 생기고 그들의 생활 수준이 차이가 나면 없던 갈등도 생기게 된다. 따라서 상속이나 증여의 경우 공동소유를 최대한 피하는 것이 좋지만 꼬마빌딩같이 가치가 큰 상속재산은 공동소유를 피하기가 쉽지 않다.

이럴 경우 법인 부동산이라면 상법상 규칙에 따라 주주총회나 이사회를 통한 의사결정을 할 수 있어 공동소유 또는 공동운영과 관련한 문제를 좀 더 쉽게 해결할 수 있다.

또한 공동소유자의 지분 처분도 제도적 장치를 통해 제한할 수 있고 상속인들 간의 지분 이동도 부동산보다는 주식으로 하는 게 쉽다.

우리 선조들은 종중재산이라고 하여 자녀들에게 상속하는 것이 아니고 자손들에게 재산을 상속하는 제도를 가지고 있고, 지금도 종중재산은 종중에 의해 가문 전체가 공동으로 소유·관리하고 있으며 이익을 공유하고 있다.

하지만 종중재산은 상대적으로 허술한 종중 규칙에 따라 운영되며 종중원의 자격을 제한할 수 없어 후손이면 제한 없이 종중원이 된다. 그뿐만 아니라 종중은 비영리단체 또는 비영리법인이어서 종중에서 발생한 이익을 종중원에게 분배하면 증여세를 매기고 개인이 종중에 재산을 기부하면 종중은 증여세를 납부해야 한다.

부동산을 법인으로 전환한 이후에 주식을 자녀들에게 분산해 이전하면 가족 부동산이 되며 그 후손까지 이어진다면 결국에는 종중 부동산과 유사한 형태가 된다. 다만 종중 부동산과 달리 법인의 주주나 사원을 제한할 수 있으며, 가족 부동산에서 발생한 이익은 주주에게 배분이 될 수 있다. 그리고 발생할 수 있는 모든 문제는 500년간 이어진 주식회사의 역사를 통해 만들어지고 해석된 상법의 틀 안에서 법률적인 해결책을 모색할 수 있다.

따라서 개인 부동산을 법인으로 전환한다는 것은 한편으로는 개인 부동산을 가족 부동산, 나아가 가문의 부동산으로 자손들에게 이전한다는 의미도 담고 있다.

33. 법인전환에 대한 우려

영철이의 아버지는 꼬마빌딩 한 채를 갖고 있다. 꼬마빌딩은 20년 전 20억 원에 취득했지만 주변이 개발되면서 현재 가치가 100억 원 정도로 추정된다. 처음 취득할 때 대출받은 10억 원이 현재까지 남아 있고 임대보증금으로 받은 돈이 5억 원이며 월세는 매월 3천만 원으로 연간 3.6억 원이다.

영철이의 아버지는 연간 임대수입 3.6억 원에서 빌딩관리 비용으로 6천만 원을 차감한 임대소득 3억 원에 대해 38%인 1억 406만 원의 소득세와 지방소득세를 납부하고 있다.

소득세 : (소득금액 3억 원 × 38% - 누진공제 1,994만 원) + 지방소득세 (10%) = 1억 347만 원

영철이 부친은 빌딩 임대수입으로 생활하는 데 지장이 없었지만 상속세 문제로 나이가 들수록 걱정이 깊어졌다. 상속세율이 최고 50%라는데 지금은 100억 원 정도지만 상속할 때쯤에는 150억 원이 될 수도 있어 상속세로 75억 원을 납부해야 한다는 소문을 들은 탓이었다. 상속세를 줄이기 위해서는 지금이라도 빨리 자녀들에게 증여해야 한다고들 하는데 증여세도 만만치 않고 자녀들이 거액의 세금을 스스로 부담할 능력도 없는 것 같아 걱정이다. 더군다나 상속재산은 꼬마빌딩뿐인데 자녀들이 상속세는 어떻게 마련할 것인지 생각하면 머리만 아프다. 또한 지분 상속 후에 형제들 간에 빌딩의 임대 방법이나 임대수입의 배분, 빌딩의 처분 문제로 큰 싸움이 벌어질 수도 있다는 염려까지 들었다.

법인을 운영해본 사람들은 부동산을 법인으로 간접 소유하는 것과 개인명의로 직접 소유하는 것이 크게 다르지 않다고 생각한다. 반면 그렇지 않은 사람들은 중요한 재산을 법인명의로 간접 소유하는 것에 대해 상당히 염려를 하고 있다. 하지만 법인으로 간접 소유하는 것의 장점을 안다면 굳이 개인명의로 소유할 이유가 없다는 것을 깨닫게 될 것이다.

1. 빌딩을 법인으로 전환한다는 것의 의미

개인이 소유하는 부동산을 법인으로 전환한다는 것은 부동산의 소유자가 개인에서 법인으로 바뀐다는 것이다. 이 경우 개인의 재산이 없어진다고 생각할 수 있지만 그렇지 않다. 법인으로 전환함으로써 개인 부동산의 소유권이 법인으로 이전됐지만 개인 부동산 소유권자였던 사람은 부동산이 아닌 부동산을 소유하고 있는 법인의 주주가 되어 법인의 소유권을 가지게 되는 것이다. 즉, 부동산이라는 재산이 주식이라는 재산으로 바뀌는 것이다.

개인 부동산을 법인으로 전환하기 위해서는 개인 부동산의 소유권을 법인에 이전해야 한다. 개인이 소유하던 부동산이라는 재산을 법인에 소유권 이전하는 방법은 대부분 현물출자의 방식으로 이뤄진다. 즉, 법인에 무상으로 부동산을 넘기는 것이 아니라 대가를 받고 넘기는 것이며 이때 부동산의 양도에 대한 대가는 현금이 아니라 전환된 법인의 주식으로 받게 된다.

2. '법인으로 전환하면 내 소유가 아니다'라는 생각에 대하여

부동산을 소유하고 임대하기 위해서는 권리와 의무의 주체가 될 수 있는 법인격을 가져야 한다. 법인격은 개인과 법인으로 나뉘는데 개인은 태어날 때부터 권리와 의무의 주체가 되는 법인격을 가진다. 그리고 법인은 설립등기를 함으로써 성립하며, 성립된 법인은 법인의 정관으로 정한 목적의 범위 내에서 권리와 의무의 주체가 된다.

민법 제3조(권리능력의 존속기간)

사람은 생존한 동안 권리와 의무의 주체가 된다.

민법 제34조(법인의 권리능력)

법인은 법률의 규정에 좇아 정관으로 정한 목적의 범위 내에서 권리와 의무의 주체가 된다.

따라서 법인도 부동산 임대사업을 하면서 부동산의 소유권을 가질 수 있으며 임대계약의 체결과 임대용역을 제공할 수 있는 임대사업에 관한 권리와 의무의 주체가 될 수 있다.

그런데 개인은 자연인으로서의 실체가 있다. 하지만 법인은 법원에 설립등기를 함으로써 성립은 할 수 있지만, 실체가 보이지는 않아 권리 의무의 주체로서 관련된 행위를 직접 할 수 없다. 따라서 법인은 법인의 주인인 주주들이 모여 주주총회를 통해 법인의 권리와 의무를 행사할 수 있는 자연인을 대표이사로 선임해 그 대표이사로 하여금 법인의 권리 의무에 관한 행사를 할 수 있게 하고 있다.

부동산 임대업의 경우 단독으로 소유하던 부동산을 법인으로 전환하게 되면 개인 부동산의 소유자였던 사람은 법인의 단독 주주가 된다. 따라서 당초 부동산 소유자였던 자는 단독 주주가 되어 법인의 업무를 담당할 대표이사를 선임할 수 있다. 대표이사는 법인의 권리 의무에 관한 행사를 실행하는 사람으로 중요한 위치에 있기 때문에 다른 사람이 아닌 본인이 대표이사를 할 수도 있다. 이런 경우 대표이사가 된 본인은 법인의 대표이사로서 법인의 부동산 임대 업무에 관한 권리와 의무를 실행한다면 개인 소유자로서 권리와 의무를 실행하는 것과 별반 다를 게 없다. 다른 것이 있다면 개인 부동산의 경우 개인의 인장을 날인하거나 개인 이름으로 서명하겠지만 법인은 법인 대표이사의 인장을 사용한다는 점이다.

3. '법인의 돈을 마음대로 사용할 수 없다'고 하는 우려에 대하여

개인이 받은 임대료는 받는 즉시 개인의 소유다. 그리고 임대사업과 관련해 발생하는 비용과 세금 등에 대한 책임도 개인이 지게 된다. 하지만 법인이 받은 임대료는 법인의 소유다. 법인 소유 임대사업에서 발생하는 비용과 세금 등도 1차적으로는 법인이 부담해야 한다. 그렇기 때문에 법인이 임대료를 받은 경우 그 즉시 그 임대료가 법인의 주인인 주주의 소득이 되는 것은 아니다.

그래서 법인이 받은 임대료를 아무리 법인의 주인인 주주라도 마음대로 사용하지는 못한다. 그러다 보니 법인으로 전환하면 법인 돈을 마음대로 가져다 쓰지 못하는 불편이 있다고들 하는 것이다. 법인의 주인인 주주가 많고 관계가 다양한 경우에는 법인의 돈은 주주들의 공동재산이므로 특정한 주주나 임원이 법인 돈을 마음대로 가져다 쓰는 행위는 문제가 될 소지가 있다. 그렇기 때문에 주주나 임원이 법인의 자금을 사용하기 위해서는 일정한 절차를 거쳐야 한다.

주주 구성이 다양한 경우에는 절차가 복잡하거나 문제가 발생할 수도 있지만, 부동산 임대법인은 가족법인의 특성이 있어 상대적으로 간단하며 법률적 문제가 발생할 가능성도 없다.

주주나 임원이 법인의 자금을 가져가는 방법에는 대표적으로 두 가지가 있다. 한 가지는 법인의 임원이 되어 법인으로부터 보수를 받는 것이고, 두 번째는 주주로서 배당을 받는 것이다. 임원으로서 보수를 받기 위해서는 주주총회에서 임원의 보수를 결정하면 그 결정대로 보수를 받을 수 있다. 그리고 주주들이 모여 배당을 결정하면 주주는 배당을 받게 된다.

부동산 임대법인의 특성상 월 또는 연간 수입되는 임대료의 규모와 지출하는 비용의 규모는 충분히 예상할 수 있다. 따라서 예상되는 임대소득 중 임원의 보수를 얼마로 정할 것인지 그리고 배당은 언제, 얼마나 할 것인지를 계획하는 것은 어렵지 않으며 그 계획대로 실행하는 것도 어렵지 않다. 그 이유는 대부분의 부동산 법인의 주주는 법인으로 전환하기 전 부동산의 소유자였으므로 주주들의 의사결정이 개인 부동산의 의사결정 과정과 비교하여 크게 다르지 않기 때문이다. 그리고 주식의 일부 이전을 통해 가족법인이 된 경우에도 의사결정 과정에서 당초 부동산의 소유주인 부모의 권한이 매우 크기 때문에 결국 부모의 생각대로 결정될 수 있다.

특별한 사정 때문에 급하게 개인 자금이 필요한 경우가 발생한다면 법인으로부터 자금을 빌려 쓸 수도 있다. 즉, 법인으로부터 대여를 받거나 일시가지급금의 형식으로 빌려 쓰고 나중에 변제하면 된다. 물론 이런 경우 법인으로부터 빌린 자금에 대해서는 연 4.6%의 이자를 법인에 지급해야 한다.

따라서 개인 부동산의 경우 임대수입을 개인이 사용하는 데에는 아무런 절차가 필요 없지만 법인의 부동산 임대소득을 주주 또는 임원이 가져다 쓰기 위해서는 보수나 배당 또는 가지급금이라는 형식적인 중간 절차를 하나 거쳐야 하는 차이가 있을 뿐이다.

34. 개인과 법인의 세금 차이

영철이의 아버지는 꼬마빌딩을 단독으로 소유하고 있다. 빌딩의 연간 임대수입은 3.6억 원이고 건물 관리에 소요된 비용은 6천만 원이며 비용을 차감한 연 임대소득은 3억 원이다.

아들 영철이는 꼬마빌딩을 법인으로 전환하면 세금이 얼마나 절세되는지 알고 싶어 유세무사를 찾았다.

동일한 소득이라고 하더라도 개인과 법인은 과세 방법이 다르기 때문에 부담하는 세금에도 차이가 난다. 또한 개인의 경우 과세 방법이 일정하게 정해져 있지만 법인의 경우에는 다양한 경우의 수가 발생할 수 있어 세법의 틀 안에서 전략을 세운다면 개인보다 유리한 절세전략이 가능해진다.

1. 개인의 세금

영철이 부친은 부동산 임대 단일소득으로 1년간 3억 원의 소득을 얻었기 때문에 연간 소득세로 1억 406만 원의 종합소득세를 부담하게 된다.

소득세 : (소득금액 3억 원 × 38% - 누진공제 1,940만 원) + 지방소득세(10%) = 1억 406만 원

만약 두 사람이 번 소득이 1년간 3억 원이라면 두 명이 부담할 총 세금은 8,272만 원이다.

1인당 소득세 : (소득금액 1.5억 원 × 35% - 누진공제 1,490만 원) + 지방소득세(10%) = 4,136만 원
2인의 소득세 총합계 : 4,136만 원 × 2인 = 8,272만 원

따라서 동일한 금액의 소득이라도 혼자 부담하면 1억 406만 원이지만 둘이 나누어서 부담하면 8,272만 원이 되어 2,134만 원이 줄어든다.

누진세율 구조하에서는 소득을 나누면 세금이 줄어들게 된다. 소득을 나누는 방법은 소득을 받는 사람을 추가하거나 소득의 종류를 다양하게 하거나 소득의 귀속 연도를 나누면 된다. 하지만 한 사람이 단독으로 부동산을 소유하면서 임대업을 하는 경우 임대소득을 나눌 방법이 전혀 없어 소득

분산을 통한 소득세의 절세는 어렵다.

2. 법인의 세금

임원의 근로소득세

법인은 주주총회에서 법인의 임원을 선출하고 그 임원의 보수를 결정해야 한다. 그리고 주주총회에서 선출된 임원은 주주총회에서 결정된 보수를 받게 되며 그 보수에 대해서는 근로소득세가 과세된다.

법인의 임원은 대표이사와 이사 그리고 감사로 구성되는데 부동산 임대업이 단독 주주 또는 가족 주주로 구성되는 것이 일반적이므로 대주주 본인 또는 가족 중 특정인을 임원으로 선출할 수 있다.

부친이 단독 소유하던 부동산을 법인으로 전환할 경우 전환한 직후의 주주는 부친이 단독 주주가 된다. 따라서 부친의 의사대로 본인을 대표이사로 선임할 수도 있고 가족 중 특정인을 대표이사로 선임할 수도 있다.

소득을 분산해 절세의 효과를 얻기 위함이라면 굳이 대주주인 부친이 대표이사가 될 필요는 없다. 가족 중 특정인을 대표이사로 선임하면 된다. 대표이사로 선임된 사람은 법인으로부터 보수를 받게 되는데 이 경우 소득이 나누어지게 되어 소득세 부담 총액이 줄어들고 선임된 대표이사는 증여세 없이 근로소득의 명목으로 소득을 얻는다.

물론 대표이사로 선임이 된 사람은 법인에 근로를 제공해야 하는 자이기 때문에 명의만 대표이사로 하고 실제 근무를 수행하지 않는다면 세법은 업무와 무관한 경비로 보아 세금을 추징할 수 있다. 그러나 부동산 임대업의 특성상 대표이사가 되더라도 다른 일을 못 하거나 하루 종일 사업장에 붙어 있어야 하는 것은 아니어서 특별한 자격이나 능력이 없어도 임대업에 관한 업무를 수행하는 데 큰 지장은 없다.

연봉 1억 원일 경우 근로소득세 간이계산표에 따르면 1년간 납부할 근로소득세는 1,184만 원, 지방세는 118만 원으로 모두 합쳐 1,302만 원이다.

대표이사의 퇴직금

개인사업자는 본인의 퇴직금을 경비로 인정받을 수 없으나 법인의 대표이사는 법인의 종업원이기 때문에 퇴직금을 지급할 수 있으며 지급한 퇴직금은 법인의 비용으로 처리돼 법인세 절세효과가 발생한다.

임원의 퇴직금은 주주총회에서 결정한 대로 지급할 수 있다. 임원에게 지급한 퇴직금 총액 중 퇴직일로부터 소급해 3년간 총 급여액의 20%에 해당하는 금액에 근속 연수를 곱한 금액에 대해서는 퇴직소득의 과세 방법으로 세금을 계산하고, 그 이상의 금액에 대해서는 근로소득으로 보아 세금을 계산한다. 따라서 대부분의 법인은 3년간 연봉 평균액의 20%에 근속 연수를 곱한 금액을 퇴직금으로 지급하는 규정을 두고 있다.

예를 들어 철수 아버지의 사업장에서 대표이사가 연봉 1억 원을 받았다고 치자. 그러면 퇴직금으로 절세효과가 최대인 연봉의 20%인 1년마다 2천만 원의 퇴직금을 계산할 수 있다. 물론 최종 3년간의 보수 평균액을 기준으로 하므로 장기간 근로로 연봉이 계속 높아진다면 퇴직금도 많아진다.

철수 부친이 대표이사가 돼 연봉 1억 원을 받고 연봉 상승 없이 10년간 근무하고 퇴직한다면 법인은 매년 2천만 원을 비용으로 처리해 법인세로 매년 198만 원을 절세할 수 있으며 10년이면 1,980만 원이 절세된다. 그런데 임원은 퇴직할 때 2억 원의 퇴직금을 받게 되며 이때 내야 하는 퇴직소득세는 약 1천만 원에 불과하다. 만약 이 금액을 개인 부동산의 임대소득세로 과세했다면 매년 2천만 원에 대해 38%(연소득 3억 원 기준)의 세율이 적용돼 매년 836만 원씩 10년간 8,360만 원을 부담해야 하는데, 퇴직소득으로 처리할 경우 약 1천만 원만 부담하면 되므로 연간 세부담액은 100만 원에 불과해 상당한 절세효과가 있다. 그뿐 아니라 법인세 계산에서도 퇴직금은 비용 처리를 할 수 있어 법인세도 절세된다는 점을 감안하면 그 효과는 상당하다고 볼 수 있다(보수와 퇴직금에 대한 세금은 간편계산을 한 것으로 실제와 차이가 날 수 있다).

법인세

법인이 임대료를 받으면 임대와 관련된 경비를 차감한 후 추가로 대표이사 등 임원의 보수를 비용으로 공제하고 남은 소득에 대해 법인세를 납부한다. 법인세율은 소득세율과는 비교할 수 없을 정도로 낮게 적용된다.

소득세율과 법인세율

<table>
<tr><th colspan="3">소득세율</th><th colspan="3">법인세율</th></tr>
<tr><th>과세표준</th><th>세율</th><th>누진공제</th><th>과세표준</th><th>세율</th><th>누진공제</th></tr>
<tr><td>1,400만 원 이하</td><td>6%</td><td>0</td><td rowspan="5">2억 원 이하</td><td rowspan="5">9%</td><td rowspan="5">0</td></tr>
<tr><td>5,000만 원 이하</td><td>15%</td><td>126만 원</td></tr>
<tr><td>8,800만 원 이하</td><td>24%</td><td>576만 원</td></tr>
<tr><td>1.5억 원 이하</td><td>35%</td><td>1,544만 원</td></tr>
<tr><td>3억 원 이하</td><td>38%</td><td>1,994만 원</td></tr>
<tr><td>5억 원 이하</td><td>40%</td><td>2,594만 원</td><td rowspan="3">200억 원 이하</td><td rowspan="3">19%</td><td rowspan="3">2천만 원</td></tr>
<tr><td>10억 원 이하</td><td>42%</td><td>3,594만 원</td></tr>
<tr><td>10억 원 초과</td><td>45%</td><td>6,594만 원</td></tr>
</table>

철수 부친의 경우 연간소득 3억 원 중 1억 원을 대표이사 보수로 지급했고 퇴직금으로 2천만 원을 부담했기 때문에 법인의 소득은 1.8억 원이 된다. 법인의 소득이 1.8억 원인 경우 법인세는 1,782만 원이며, 지방소득세 178만 원을 포함해 1,960만 원을 부담한다.

배당소득세

법인이 1년간 얻은 소득 중 법인세를 차감한 금액에는 배당이 가능하며, 배당은 주주총회에서 배당 금액을 결의해야만 주주에게 지급할 수 있다. 따라서 배당 결의를 안 하면 배당금은 지급되지 않으며 배당소득세도 부담하지 않는다.

만약 연간 3억의 임대 소득을 얻고 그중 대표이사의 보수로 1억, 퇴직금으로 2천만 원을 지급하면 법인의 당기순이익은 1.8억이 된다. 그리고 법인세로 1,960만 원과 이익준비금 1,604만 원을 제외하면 배당할 수 있는 금액의 한도는 1억 4,436만 원이 된다.

이 금액을 전액 배당한다면 배당소득세는 2,561만 원이다. 물론 철수 부친이 대표이사로서 근로소득을 받았기 때문에 근로소득과 합산해 계산하면 이보다는 더 부담해야 한다. 그래서 굳이 대표이사를 대주주인 부친이 맡을 이유가 없다. 만약 대표이사를 가족 중 다른 사람이 맡는다면 배당소득과 합산되지 않기 때문에 가족 전체의 세부담이 줄어들 수 있다.

법인으로 전환한 후 부담할 세금은 근로소득세 1,302만 원, 퇴직소득세 100만 원, 법인세 1,960만 원, 배당소득세 2,561만 원으로 총 부담세액은 5,923만 원이 된다. 따라서 개인이 단독으로 소유하면 내야 하는 임대소득세 1억 406만 원과 비교할 때 많은 금액이 절세됨을 알 수 있다.

개인 부동산을 법인으로 전환하는 이유 중 하나가 절세인데 그 효과를 보려면 법인으로 전환하는 과정보다는 법인으로 전환한 이후에 누구를 임원으로 선임해 보수를 얼마나 줄 것인지, 퇴직금의 규모는 얼마로 할 것인지 배당은 언제, 얼마나 할 것인가에 대한 전략이 수립돼야 한다. 이런 전략이 없다면 사실상 법인으로 전환한다고 해도 절세효과가 거의 없을 수 있다.

누진세율 구조하에서는 소득을 분산해야 한다고 앞에서 설명했다. 소득을 분산하는 방법은 소득을 얻는 자, 소득의 종류, 소득의 귀속 연도를 분산해 나누어야 하는데 개인은 이런 분산이 불가능하다. 하지만 법인의 경우 소득의 분산이 가능하므로 누진세율 구조하에서 절세가 가능해질 수 있다.

35. 법인으로 전환하기

영철이의 부친은 단독 소유의 꼬마빌딩을 법인으로 전환하면 임대소득 절세에 도움이 되고 상속·증여 때도 도움된다는 이야기를 들었다. 그래서 법인전환을 하고자 유세무사를 찾아갔다.

법인전환에 관해서는 별도의 책 한 권으로 다뤄야 할 만큼 내용이 방대하지만 이번 글에서는 일반인들이 반드시 알아야 할 중요한 부분만을 추려서 설명하고자 한다.

1. 법인전환의 법적 성격

부동산을 개인 명의로 소유하는 것과 법인 명의로 소유하는 것은 실질적으로는 동일하지만 법적으로는 완전히 별개다. 즉, 개인이 소유하면 말 그대로 당해 부동산의 소유자가 개인이지만 법인이 소유하면 당해 부동산의 소유자는 법인이 된다. 다만 법인의 실질적인 주인은 주주이기 때문에 주주는 법인을 통해 간접적으로 당해 부동산을 소유하게 된다. 그렇기 때문에 법인으로 전환하기 위해서는 개인 부동산의 소유권을 법인의 소유권으로 변경하는 절차를 거쳐야 한다.

법인으로 전환할 때 가장 큰 걸림돌인 양도소득세의 납부를 이월과세받기 위한 법인전환은 개인의 부동산을 법인으로 이전하는 것이 아니라 개인의 부동산 임대사업을 법인사업으로 전환하는 것이므로 이번 글에서는 이 부분에 대해 다루겠다.

개인사업을 법인으로 전환한다는 것은 개인사업의 자산과 부채를 전부 법인에 포괄적으로 양도한다는 것을 의미한다. 개인사업과 관련된 모든 자산과 채무를 법인으로 양도하는 경우 개인사업에서 보유하던 각종 자산들을 평가해 법인으로 이전시켜야 하지만 부동산 임대사업자의 경우 부동산 이외의 자산이 미미하기 때문에 부동산을 양도하는 것이 가장 큰 쟁점이 된다.

개인사업자의 자산 중 부가가치세가 과세되는 자산의 경우 법인으로 양도하면 부가가치세가 과세되므로 세금계산서를 발행해야 한다. 그뿐만 아니라 재산 중에 양도소득세가 과세되는 자산이 있다면 그 재산에 대해서는 양도소득세도 물어야 한다.

다만 부가가치세는 사업의 포괄적인 양도·양수의 경우 과세에서 제외되는데 법인전환은 그 본질이 사업의 포괄적인 양도·양수이므로 부가가치세를 산출하고 세금계산서를 발행해 교부하는 일은 신경 쓸 필요가 없다. 하지만 부동산의 경우에는 양도소득세를 물어야 하고 또한 부동산을 이전하는 과정에서 취득자인 법인은 취득세를 부담해야 한다. 따라서 법인전환을 실행한다면 부동산의 양도소득세와 취득세가 최대 쟁점이다.

2. 법인전환 방법

개인사업의 형태로 운영하던 부동산 임대사업을 법인으로 전환할 때 가장 간단한 방법은 부동산 임대사업을 법인으로 넘기는 것이 아니라 부동산만 법인에 양도하는 것이다. 하지만 이 경우 거액의 양도소득세를 부담해야 하므로 사실상 법인전환이 어려워진다.

따라서 개인기업이 법인으로 전환하고자 할 때 부담해야 할 양도소득세와 취득세를 완화시켜줄 필요성이 대두돼 이를 지원할 수 있는 제도적 장치가 입법으로 마련됐다.

법인전환을 지원하는 법률은 조세특례제한법 제32조에 규정되어 있으며 일정 요건을 충족해 법인으로 전환할 경우 개인사업자가 부담할 양도소득세에 대해 이월과세 방법으로 특례를 제공하고 취득세도 감면한다는 것이다.

조세특례제한법 제32조(법인전환에 대한 양도소득세 이월과세)

① 거주자가 사업용 고정자산을 현물출자하거나 대통령령으로 정하는 사업 양도·양수의 방법에 따라 법인(대통령령으로 정하는 소비성 서비스업을 경영하는 법인은 제외한다)으로 전환하는 경우 그 사업용 고정자산에 대해서는 이월과세를 적용받을 수 있다. 다만, 해당 사업용 고정자산이 주택 또는 주택을 취득할 수 있는 권리인 경우는 제외한다.

따라서 법인으로 전환하면서 양도소득세의 이월과세 특례를 적용받기 위해서는 조세특례제한법에 규정된 방법과 요건을 충족해야만 한다.

조세특례제한법에서 이월과세를 허용하는 방법은 다음 두 가지다.

① 사업용 고정자산을 현물출자하는 방법

② 사업의 포괄적인 양도·양수 방법

법인전환을 하면서 양도소득세의 이월과세라는 특례를 적용받기 위한 요건 중 가장 중요한 게 새로이 설립되는 법인의 자본금이 개인사업자의 순자산가액 이상이어야 한다는 것이다. 순자산가액이란 기업의 총 자산가액에서 부채의 가액을 차감한 금액이며 이때 자산과 부채의 가액은 세법에서 규정한 방법으로 평가한 가액이어야 한다.

쉽게 설명하자면 부동산 임대업의 경우 순자산가액은 부동산의 시가에서 보증금과 대출금을 차감한 가액이다. 그러므로 부동산 임대사업자의 순자산가액은 대부분 고액일 수밖에 없다.

예를 들어 시가 100억 원인 꼬마빌딩에 대출이 10억 원이고 보증금이 5

억 원이라면 순자산가액은 85억 원이다.

순자산가액 : 부동산의 시가 – 은행 대출금 10억 원 – 임대보증금 5억 원 = 85억 원

따라서 이 꼬마빌딩을 법인으로 전환할 경우 새로 설립되는 법인의 자본금은 85억 원 이상이 되어야 한다는 것이다.

그런데 앞서 본 방법인 사업의 포괄적인 양도·양수는 다음과 같은 방법으로 법인을 설립해야 한다고 규정하고 있다.

조세특례제한법 시행령 제29조(법인전환에 대한 양도소득세 이월과세)

② 법 제32조 제1항 본문에서 "대통령령으로 정하는 사업 양도·양수의 방법"이란 해당 사업을 영위하던 자가 발기인이 되어 순자산가액 이상을 출자하여 법인을 설립하고, 그 법인설립일부터 3개월 이내에 해당 법인에 사업에 관한 모든 권리와 의무를 포괄적으로 양도하는 것을 말한다.

이 방법으로 법인전환을 하려면 법인을 설립하고 3개월 이내에 개인사업을 포괄적으로 양도·양수하는 방법으로 양수해야 한다. 그런데 법인의 설립 조건이 "순자산가액 이상을 출자하여 법인을 설립하고"라고 규정되어 있다. 이렇게 법인을 설립하려면 설립 당시에 자본금으로 85억 원의 현금을 출자한 이후 3개월 내에 개인사업을 인수하면서 인수대금으로 85억 원

을 개인사업자에게 지급해야 한다.

즉, 앞에서의 방법을 사용하려면 먼저 85억 원의 거금을 자본금으로 불입해 법인을 설립해야 하는데 85억 원의 거금을 마련하기는 쉽지 않다. 따라서 이 방법은 순자산가액이 소액인 임대업 이외의 업종에서는 가능하지만 임대업에서는 자금 부담이 너무 커서 일반적으로는 사용하지 않는다.

따라서 임대사업자의 법인전환은 현물출자에 의한 법인전환 방식으로 실행하는 것이 가장 합리적이다. 현물출자 방식이란 부동산 임대사업의 양도 대가를 현금이 아닌 주식으로 지급하는 방법이다. 이 방법을 사용하면 신설되는 법인은 부동산의 양수 대가로 현금을 마련할 필요가 없고 주식을 발행해 부동산 임대사업의 인수 대가로 개인사업자에게 교부하기만 하면 된다.

앞의 사례의 경우 신설법인은 자본금을 85억 원으로 하여 법인을 설립한 후 발행한 주식 85억 원을 개인 부동산 사업주에게 교부하면 된다. 법인전환이란 개인기업이 법인기업으로 일정 시점에 변경되는 것이므로 이왕에 설립된 법인에 현물출자를 하는 경우에는 법인전환으로 볼 수 없다. 그러나 여러 군데의 임대사업을 하나의 신설법인에 동시에 현물출자하는 방법은 허용된다.

하지만 임대사업과 다른 사업을 동시에 겸영하는 사업자가 그중 임대사업 부분만 현물출자를 하거나 임대하는 사업장 중 일부만을 분리해 현물출자하는 경우에는 사업의 포괄적인 양도·양수에 해당하지 않아 이월과세를 적용받을 수 없다.

3. 이월과세 특례를 받기 위한 세법상 요건

개인 임대사업을 법인 임대사업으로 전환하면서 부동산에 대한 양도소득세를 이월과세받기 위해서는 다음과 같이 세법이 규정하는 요건들을 충족해야 한다.

사업용 고정자산이어야 한다

사업용 고정자산이 되기 위해서는 당해 부동산을 임대업에 사용하고 있어야 한다. 사업에 사용되지 않는 부동산, 즉 비사업용 부동산을 현물출자한 경우에는 이월과세를 적용받을 수 없다.

임대할 경우 당연히 사업자등록을 해야 하지만 이를 하지 않았다고 해서 무조건 비사업용으로 보는 것은 아니다. 사업자등록은 하지 않았지만 임대사업을 했다는 사실을 입증한다면 사업용 부동산으로 보아 이월과세를 적용받을 수 있다.

한편 사업자등록을 했다고 해서 사업용으로 인정하는 것은 아니고 실제 사업이 개시됐어야 하는 것이다. 따라서 개인사업자 명의로 신축 허가를 받아 건축물을 신축하는 과정 중에 법인으로 전환하면 당해 토지는 사업용 고정자산에 해당하지 않아 이월과세를 적용받을 수 없다.

기획재정부재산-1187(2010.12.10.)

「조세특례제한법」 제32조 제1항에 따른 사업용 고정자산은 당해 사업에 직접 사용하는 유형자산 및 무형자산을 말하는 것이므로, 귀 질의와 같이 사업에 사용할 목적으로 건설 중인 자산(공장용지 포함)은 사업용 고정자산에 포함되지 아니하는 것입니다.

임대업에 사용되는 부동산을 현물출자하는 경우에 이월과세가 적용된다고 설명했는데 예외적으로 주택임대사업을 현물출자하는 경우에는 이월과세의 적용을 받을 수 없다.

나대지 임대사업을 법인전환하는 경우 이월과세 적용 여부

사업용 고정자산이란 법인세법 시행규칙 제15조 3항에 규정된 업무 무관 부동산에 해당하지 않는 부동산이어야 한다. 세법상 나대지는 임대하고 있더라도 업무 무관 부동산으로 분류하고 있다. 국세청은 건축물이 없는 나대지를 임대하는 사업자가 법인으로 전환하는 경우 이월과세를 적용하지 않는다고 주장한다.

서면 부동산2019-3898(2020.9.28.)

건축물이 없는 토지를 임대한 임대사업자가 임대용으로 사용하던 해당 토지를 현물출자 하여 법인전환하는 경우 해당 토지는 「조세특례제한법」 제32조 법인전환에 대한 양도소득세 이월과세 규정을 적용받을 수 없는 것임.

거주자여야 한다

조세특례는 말 그대로 특례를 제공하는 것이기 때문에 거주자에 한해 적용하고 있다. 따라서 비거주자가 소유하면서 임대하던 부동산을 현물출자하는 경우 이월과세를 적용받을 수 없다.

예를 들어 부모로부터 자녀들이 공동으로 상속받은 꼬마빌딩을 법인전환하려고 하는데 상속인 중에 한 사람이 어릴 때 해외에 나가 현지에서 결혼하고 거주해 국내 세법상 비거주자가 되어 당해 부동산 임대사업을 현물출자해 법인으로 전환할 경우, 비거주자의 지분에 해당하는 양도소득세에 대해서는 이월과세를 적용하지 않고 나머지 거주자의 양도소득세는 이월과세를 적용받을 수 있다.

설립 자본금

법인전환으로 신설되는 법인의 자본금은 전환하기 전 개인사업자의 순자산가액 이상이어야 한다. 순자산가액이란 개인사업의 자산 총액에서 부채 총액을 차감한 금액인데 이때 자산과 부채의 금액은 장부가액이 아니라 세법에 규정된 시가 산정 방법으로 평가한 가액이어야 한다.

신설법인의 자본금이 개인기업의 순자산가액보다 적은 경우에는 양도소득세의 이월과세가 불가능한데 만약 법인전환을 실행하고 양도소득세의 이월과세를 신청한 이후에 국세청 직원이 평가한 결과 순자산가액에 미달하는 것으로 판정되면 이월과세는 취소돼 가산세를 포함한 거액의 양도소득세 전액을 추징당하게 된다.

이 때문에 부동산 임대사업자가 법인으로 전환할 경우에는 순자산가액의 계산을 가장 중요한 쟁점으로 보고 정확하게 계산해야 한다.

이 부분과 관련해 예민하게 살펴보아야 할 판례를 한 건 소개하겠다.

취득세 감면과 관련해 1주당 가액을 1만 원으로 정한 후 순자산가액 중 1만 원 이하의 단주를 삭제하고 자본금을 설정한 사건이 있었다. 이에 과세관청은 신설법인의 자본금이 순자산가액에 미달한다고 하여 취득세 감면을 취소했다. 신설법인의 자본금이 순자산가액에 미달하기는 하지만 모자라는 금액이 1주의 가액인 1만 원보다 적은 금액이었음에도 요건을 충족하지 못했다고 본 것이다. 다만 이 사건은 아래와 같이 조세심판원에서 납세자의 편을 들어주었지만 납세자는 한동안 잠을 이루지 못했을 것이다.

조심2016지161(2016.5.25.)

종전의 3인의 개인사업자가 운영하던 사업장과 청구법인은 사업의 동질성이 유지되고 있다고 보이므로, 이러한 경우까지 단주 처리로 인하여 3개 사업장의 순자산가액의 합계액보다 자본금이 미달한다고 하여 취득세 면제 대상에서 제외하는 것은 타당하다고 보기 어려움.

4. 증여·상속세 절세에 결정적 도움이 되는 이월과세

이월과세란

개인이 소유하던 임대용 부동산을 법인에 현물출자하는 행위는 세법상 양도에 해당돼 양도소득세를 부담해야 한다. 그런데 일반적으로 양도소득세는 거액이 산출되는데 이러한 거액을 납부하고 법인으로 전환하라고 하면 엄청난 자금 부담으로 인해 많은 지장이 발생한다. 따라서 이러한 자금 부담을 덜어주기 위해 양도소득세를 확정해 신고는 하지만 납부는 장래에 현물출자를 받은 법인이 당해 부동산을 제3자에게 처분하거나 기타 세법이 정한 요건을 충족하지 못했을 때 납부하도록 납부 기한을 장래로 미뤄주는 특례다.

> **조세특례제한법 제2조(정의)**
>
> 6. "이월과세(移越課稅)"란 개인이 해당 사업에 사용되는 사업용 고정자산 등을 현물출자(現物出資) 등을 통하여 법인에 양도하는 경우 이를 양도하는 개인에 대해서는 양도소득세를 과세하지 아니하고, 그 대신 이를 양수한 법인이 그 사업용 고정자산 등을 양도하는 경우 개인이 종전 사업용 고정자산 등을 그 법인에 양도한 날이 속하는 과세기간에 다른 양도자산이 없다고 보아 계산한 같은 법 제104조에 따른 양도소득산출세액 상당액을 법인세로 납부하는 것을 말한다.

이월과세액의 결정

이월과세액이란 개인이 취득한 부동산을 법인에 현물출자할 때까지의 양도 차액에 대한 양도소득세이다. 즉, 현물출자 시 평가한 가액에서 개인이 당초 취득할 때 소요된 비용과 그 이후에 지출된 자본적 지출액 등을 차감하고 장기보유특별공제도 차감하는 등 일반적인 양도소득세의 산출 방법과 동일하게 산출한 세액이다.

다만 일반 양도의 경우 동일한 연도에 양도한 재산이 다수인 경우에는 동일한 연도에 양도한 가액을 모두 합산해 양도소득세를 계산하지만, 이월과세의 경우에는 동일한 연도에 다른 재산을 양도했더라도 합산하지 않고 현물출자한 재산가액만 단독으로 양도소득세를 계산한다.

이렇게 양도소득세를 계산한 이후에는 양도소득세를 신고해야 하는데 이때 양도소득세의 이월과세 신청서도 함께 제출해야 한다.

언제 납부하는가

이월과세된 양도소득세는 다음 두 가지 경우에 납부하게 된다.

1. 제3자에게 처분할 시

현물출자를 받은 법인이 당해 부동산을 제3자에게 양도하는 경우에는 이월과세된 양도소득세를 납부해야 한다. 이 경우 가산세나 이자 등의 추가 부담은 없고 개인에서 법인으로 현물출자하는 시점에 확정하여 신고했던 가액만 납부하게 된다.

2. 5년 내 사후관리 요건을 어긴 경우

현물출자해 법인이 설립된 이후 설립등기일로부터 5년 이내에 다음 두 가지 사항에 해당하면 이월과세된 양도소득세를 납부해야 한다.

① 임대사업을 폐지하는 경우

임대사업을 법인으로 전환함으로써 임대사업의 투명성을 위해 조세특례를 제공하는 것인데 임대사업을 폐지한다면 당연히 이월과세된 양도소득세는 납부해야 한다. 이때 사업의 폐지에 대한 기준은 다음과 같다.

❶ 현물출자로 취득한 부동산의 1/2 이상을 처분한 경우

❷ 현물출자로 취득한 부동산의 1/2 이상에 대해 부동산 임대업을 폐업하거나 다른 업종으로 변경하는 경우

② 현물출자를 통해 취득한 주식 또는 출자지분의 50% 이상을 처분하는 경우

이때 주식 또는 출자지분의 처분에는 주식을 매매하거나 증여, 불균등한 유상, 무상감자의 경우를 말한다. 예외적으로 5년 이내에 상속이 발생해 주식을 상속하는 경우에는 이월과세된 양도소득세를 납부하지 않아도 된다.

조세특례제한법 제32조(법인전환에 대한 양도소득세의 이월과세)

⑤ 제1항에 따라 설립된 법인의 설립등기일부터 5년 이내에 다음 각호의 어느 하나에 해당하는 사유가 발생하는 경우에는 제1항을 적용받은 거주자가 사유 발생일이 속하는 달의 말일부터 2개월 이내에 제1항에 따른 이월과세액(해당 법인이 이미 납부한 세액을 제외한 금액을 말한다)을 양도소득세로 납부하여야 한다.

조세특례제한법 제32조 5항 1호

1. 제1항에 따라 설립된 법인이 제1항을 적용받은 거주자로부터 승계받은 사업을 폐지하는 경우

누가 납부하는가

개인이 소유하던 부동산을 법인에 현물출자할 경우 발생하는 양도소득세는 현물출자의 당사자인 개인 임대사업자가 납부의무를 가지는 것이 원칙이다. 하지만 이월과세된 양도소득세는 현물출자를 받은 법인이 납부하도록 규정하고 있는 것이 현물출자에 의한 법인전환 시 적용되는 이월과세의 가장 큰 특징이다. 다만 앞에서 언급한 대로 5년 이내에 사후관리 요건을 어긴 경우에는 현물출자의 당사자인 개인이 납부해야 한다.

조세특례제한법 제32조(법인전환에 대한 양도소득세의 이월과세)

⑤ 제1항에 따라 설립된 법인의 설립등기일부터 5년 이내에 다음 각호의 어느 하나에 해당하는 사유가 발생하는 경우에는 제1항을 적용받은 거주자가 사유발생일이 속하는 달의 말일부터 2개월 이내에 제1항에 따른 이월과세액(해당 법인이 이미 납부한 세액을 제외한 금액을 말한다)을 양도소득세로 납부하여야 한다.

즉, 현물출자를 하고 양도소득세 이월과세를 적용받은 후에 설립등기일로부터 5년 이내에 폐업하거나 주식 또는 출자지분의 50% 이상을 처분하면 현물출자 전의 소유자였던 당초 양도소득세의 납부의무자인 개인이 이

월과세된 양도소득세를 납부하는 것이다.

그러나 5년 이후에 부동산을 제3자에게 처분할 경우 납부해야 할 양도소득세는 개인이 아니라 현물출자를 받은 법인이 납부해야 한다.

이월과세액의 채무 인정

법인의 주식을 특수관계인 간에 매매하거나 상속 또는 증여하는 경우 주식의 가치는 상증법에서 규정한 대로 평가해야 한다. 이렇게 상증법에 따라 주식을 평가하더라도 부동산 임대업의 경우 부동산 이외의 다른 재산이 미미하기 때문에 부동산의 평가가액이 주식의 평가액과 거의 일치한다고 봐도 틀리지 않는다.

개인 부동산을 상속·증여하는 경우에도 당해 부동산과 관련한 채무는 공제해 평가하고 있다.

부동산의 상속·증여가액 = 부동산의 시가평가액 – 당해 부동산과 관련된 채무

주식의 경우에는 자산가치와 수익가치를 가중평균해 산출하지만, 부동산 임대업같이 전체 자산 중 부동산의 비중이 80% 이상이면 자산가치만으로 주식가치를 평가한다. 이렇게 자산가치로 주식을 평가한 결과는 개인 부동산의 가치를 평가하는 것과 거의 유사한 가치로 평가된다.

주식의 증여·상속가액 = 법인 자산의 시가평가액 – 당해 법인의 채무

따라서 부동산 임대업은 개인이 소유한 부동산 시가와 법인의 주식가치가 매우 유사하게 산출된다.

한편 현물출자를 한 경우 설립등기일로부터 5년이 경과한 이후에 법인이 당해 부동산을 제3자에게 처분하면 이월과세된 양도소득세는 법인이 납부해야 한다고 앞에서 설명했다. 법인이 납부해야 한다는 것은 장래 어느 시점엔가 부동산을 처분할 경우 이월과세된 양도소득세를 법인이 책임져야 한다는 의미다. 따라서 5년이 경과되는 시점부터는 이월과세된 양도소득세는 법인이 장래에 부담할 채무로 확정된다.

만약 법인의 채무로 인정된다면 앞에서 언급한 주식의 상속·증여가액을 계산할 때 법인의 채무에 추가되어 주식가치가 낮게 평가되므로 개인 부동산의 평가액보다 이월과세된 금액만큼 낮게 평가된다. 따라서 이월과세된 양도소득세에 해당하는 만큼의 상속세 또는 증여세 과세표준이 줄어 절세된다.

그동안 국세청은 채무로 인정할 수 없다는 의견을 지속적으로 주장했고, 조세심판원이나 법원은 엇갈리는 결정을 해왔다. 그러던 중 2021년 2월 4일 기획재정부에서 법규 해석을 통해 "법인의 채무로 계상하는 것이 맞는다"라고 해석했다.

> **기획재정부 재산-125(2021.02.04.)**
> 비상장주식을 평가하기 위해 상속·증여세법 시행령 제55조에 따른 순자산가액 계산 시 조세특례제한법 제31조에 따른 사후관리 기간(5년)이 경과한 이월과세액을 법인의 부채에 가산함.

예를 들어 10억 원에 취득한 부동산을 시가가 100억 원일 때 현물출자 방식으로 법인전환을 한다고 가정해보겠다. 현물출자로 인해 산출된 양도소득세는 30억 원이었고 이월과세 신청을 한 상태다. 법인으로 전환한 이후 6년이 경과된 시점에 상속이 발생했는데 이때 부동산의 시가는 150억 원이었다. 당해 부동산에는 채무가 전혀 없고, 상속인은 자녀 2명뿐이다.

만약 법인으로 전환하지 않고 부동산으로 상속했다면 상속재산은 150억 원이고 기본공제 5억 원을 차감한 145억 원에 대한 상속세는 67.9억 원이 된다.

그런데 부동산을 현물출자했다면 부동산이 아닌 주식으로 상속하게 된다. 이 경우 상속가액은 주식가액으로 결정되기 때문에 주식의 가치를 평가해야 하는데 이때 이월과세된 양도소득세를 차감하도록 했으므로 상속재산가액은 법인의 순자산가액 150억 원에서 이월과세된 양도소득세 30억 원을 차감한 120억 원이 된다. 이럴 경우 상속세는 52.9억 원이 된다. 법인으로 전환함으로써 상속세를 15억 원이나 줄일 수 있게 된다.

주식의 가치를 평가할 때 이월과세된 양도소득세를 채무로 인정해 부동산의 가치에서 차감한다면 개인 소유 부동산을 가족에게 매매하거나 상속 또는 증여하는 경우에 평가된 부동산의 가액보다 이월과세된 양도소득세의 금액만큼 낮게 평가된 가액으로 이전이 가능해지기 때문에 이 부분만으로도 법인전환의 실익이 매우 크다고 볼 수 있다.

5. 기존 법인에 현물출자하는 방법

앞에서 언급한 법인전환은 부동산 임대사업을 영위하는 중에 개인기업의 형태를 일정 시점에 순간적으로 법인기업의 형태로 변경시키는 것을 말한다. 따라서 이미 설립된 법인에 현물출자하는 경우를 법인전환이라고 하지 않는다.

그렇다고 기존에 설립된 법인에 현물출자할 경우 이월과세를 적용받지 못하는 것은 아니다. 조세특례제한법에서는 제32조에 법인전환에 대한 규정을 두었고 제31조에는 중소기업 간의 통합에 관한 규정을 두고 있다. 중소기업 간의 통합은 기존에 설립된 법인이 개인 임대사업자를 흡수하는 방식을 말한다. 이 경우에도 개인사업자는 사업용 부동산을 기존 법인에 현물출자하는 방식으로 출자한 후 통합법인의 주식을 교부받게 된다. 이러한 중소기업 간의 통합이 되는 경우에도 법인전환과 마찬가지로 양도소득세에 대해 이월과세가 가능하며 요건이나 방법 사후관리 요건 등이 동일하다.

다만 통합하는 법인, 즉 기존에 이미 설립된 법인은 설립 후 1년이 경과한 법인이어야 한다고 규정하고 있는 점이 다르다. 따라서 기존 법인에 현물출자를 하면서 양도소득세를 이월과세받고자 한다면 통합법인이 설립된

지 1년이 경과했는지를 먼저 확인해야 한다.

6. 취득세 감면?

현물출자의 방식으로 법인전환을 할 때 가장 큰 걸림돌은 취득세 납부다. 하지만 법인으로 전환된 이후에 물려주는 재산은 부동산이 아닌 주식이고 주식 이전에는 취득세가 과세되지 않기 때문에 결국 법인전환 시 부담하는 취득세는 장래에 재산을 물려줄 때 부담해야 하는 취득세를 미리 부담하는 성격이 있다.

취득세의 세율은 지방교육세와 농특세를 합쳐 4.6%이며 신설되는 법인이 납부하는데, 대도시 내에 본점을 두고 있고 설립된 지 5년 이내인 법인이 부동산을 취득하는 경우에는 취득세가 중과세되어 지방교육세와 농특세를 포함해 9.4%를 부담해야 한다.

취득세 중과를 피하기 위해서는 대도시 밖에 본점을 두거나 설립된 지 5년이 지나서 부동산을 취득해야 한다. 그런데 법인전환의 경우 전환의 대상이 되는 부동산이 대도시 내에 소재한다면 취득세의 중과세를 피하기가 쉽지 않다.

법인전환의 경우 부담해야 할 취득세에 대한 감면제도가 존재했었지만 2020년 8월 12일 지방세 특례제한법이 개정되면서 부동산 임대업에 대해서 취득세의 감면을 배제했기 때문에 부동산 임대사업자가 부동산을 현물출자 방식으로 법인전환한 경우 감면이 없는 취득세를 일시에 납부해야 한다.

지방세 특례제한법 제57조의 2

④ 「조세특례제한법」 제32조에 따른 현물출자 또는 사업 양도·양수에 따라 2024년 12월 31일까지 취득하는 사업용 고정자산(부동산 임대 및 공급업에 대해서는 제외한다)에 대해서는 취득세의 100분의 75를 경감한다.

그런데 중소기업 간 통합의 경우에는 취득세를 감면받을 방법이 아직 남아 있다. 중소기업 간 통합의 방법으로 현물출자를 할 경우 법인전환과 마찬가지로 취득세의 75%를 감면해주고 있지만, 법인전환과 마찬가지로 개인 임대사업을 기존에 설립돼 있던 부동산 임대법인에 현물출자할 시 취득세의 75%를 감면받을 수 없다.

하지만 아래의 지방세 특례제한법 제57조의 2 3항 5호 규정 중 사업용 재산에 대한 괄호 안의 내용은 부동산 임대업을 영위하는 법인에 현물출자하는 경우에 감면을 배제한다는 의미이므로 통합법인인 기존 법인의 업종이 부동산 임대업이 아니라면 취득세의 75%를 감면받을 수 있다는 말이다.

지방세 특례제한법 제57조의 2

5. 「조세특례제한법」 제31조에 따른 중소기업 간의 통합에 따라 설립되거나 존속하는 법인이 양수하는 해당 사업용 재산(부동산 임대 및 공급업에 해당하는 중소기업이 양수하는 재산은 제외한다)

36. 똑 부러지게 자녀법인 설립하기

영철이는 유세무사와 상담하면서 부친 소유의 꼬마빌딩을 법인으로 전환하는 것도 중요하지만 전환 이후의 보수전략과 배당전략 그리고 주식 승계에 대한 전략이 더 중요하다는 것을 알게 됐다.

개인 부동산을 법인으로 전환하는 근본적인 목적이 임대소득세를 절세하는 것도 있지만 거액의 부동산이라는 재산을 효율적으로 관리하고 상속하기 위해서는 주식을 어떤 방식으로 평가해서 언제, 누구에게 얼마만큼 승계할지 전략을 세우는 게 훨씬 중요하기 때문이다.

유세무사는 자녀들에게 직접 승계하는 방법도 있지만 자녀법인 설립을 통한 간접 승계 방법을 사용하면 더 많은 절세전략을 세울 수 있다고 설명해줬다.

부동산 법인으로 가족법인을 만드는 방법은 크게 두 가지다. 하나는 기존에 소유하고 있는 개인 부동산을 법인으로 전환하거나 통합하는 방법이고 다른 하나는 자녀법인을 신설해 자녀법인이 부동산을 취득하는 방법이다.

개인이 소유하던 부동산을 법인으로 전환하는 방법은 35장 '법인으로 전환하기'에서 자세히 다루었기 때문에 이번 글에서는 자녀법인을 설립하는 방법에 대해 설명하고자 한다.

1. 자녀법인이란?

자녀법인이란 자녀들이 주주가 되는 법인을 말하는 것으로 법률적 용어는 아니며 필자가 명칭을 한 것이다.

자녀법인을 만드는 이유는 다음과 같다. 첫째, 자녀법인이 제3자로부터 부동산을 취득해 소유하고 운영하면서 발생하는 이익을 자녀들에게 귀속시킴으로써 증여세 없는 부의 창출이 가능하기 때문이다. 두 번째, 부모가 소유한 부동산이나 다른 재산을 자녀법인과 다양한 형태의 거래 방식을 통해 합법적인 절세가 가능하기 때문이다. 세 번째, 부모가 만든 법인과의 거래를 통해 합법적으로 증여세를 줄이거나 세부담 없이 부를 창출할 수 있기 때문이다.

2. 자녀법인의 설립 원칙

자녀법인은 당해 법인이 수익 창출 활동을 통해 얻은 이익을 주주인 자녀들에게 귀속시키려는 목적으로 설립하는 것이다. 따라서 이러한 설립 목적에 맞게 법인을 설립해야 하는데 다음과 같은 원칙을 지키는 것이 중요하다.

자녀들의 지분이 높거나 자녀들만으로 주주를 구성한다

자녀법인이 수익을 얻으면 그 수익은 주주들에게 배당할 수 있다. 배당은 주주 균등배당이 원칙이므로 배당을 많이 받으려면 주식의 소유 지분이 높아야 한다. 따라서 자녀들에게 배당 수익을 더 많이 창출시켜주려면 당연히 자녀들의 주식 소유 지분이 높아야 한다.

물론 부모 입장에서 자녀들만으로 주주를 구성하는 것이 염려스럽거나 불안할 수 있기 때문에 부모와 자녀가 적절하게 지분을 나누어 가질 수도 있지만, 자녀법인의 목적을 달성하려면 자녀들의 지분이 상대적으로 높은 것이 유리하다.

자본금의 크기

법인을 설립하려면 자본금을 불입해야 한다. 현재 상법상 자본금은 100원 이상이면 된다. 자본금을 정하는 원칙은 먼저 자녀법인이 구입할 부동산 등의 취득에 소요되는 금액을 정하고 그 자금을 어떻게 충당할 것인지

결정해야 하는데 이러한 과정에서 자본금의 크기를 결정하게 된다.

법인이 부동산을 취득할 경우 소요되는 자금은 자기자본인 자본금과 타인자본인 채무로 마련하게 된다. 취득할 부동산의 가액은 정해져 있는 상태에서 자본금이 작으면 채무가 커질 것이고 반대로 자본금이 크면 채무는 줄어든다.

채무의 경우 보증금, 대출금으로 충당할 수도 있지만 부모로부터 차입해 마련할 수도 있다. 채무를 부모로부터 차입하게 될 경우 자본금과 채무의 크기는 임의로 조정할 수 있다.

법정자본금은 법인 설립 시 법인계좌에 금원을 납입해야 하므로 자본금의 크기는 자녀들의 자금 출처를 고려해 결정할 수 있다. 자녀들이 자본금을 불입할 자금이 준비되어 있다면 그 자금 중 일부를 사용하면 되지만 자본금을 불입할 자금이 없으면 어쩔 수 없이 부모로부터 증여를 받아야 하는데, 그러면 증여세를 부담해야 하기 때문에 그 부담을 고려해 자본금을 결정한다.

미성년자의 경우 2천만 원까지, 성년자의 경우 5천만 원까지 증여세가 없으므로 증여세 면제범위 내에서 자금을 증여하고 그 자금을 자본금으로 불입한다면 증여세 부담 없이 법인을 설립할 수 있다.

예를 들어 두 자녀만을 주주로 하는 자녀법인을 만들 계획인데 모두 성년자라면 각각 5천만 원씩 총 1억 원의 자금을 불입할 수 있으므로 1억 원의 한도 내에서 자본금을 결정할 수 있다.

물론 차입금의 규모를 줄이기 위해서 자본금의 크기를 늘리려고 한다면 면세점을 초과하는 금액을 증여하고 그 금액을 자본금으로 불입하는 것도 가능하다.

한 가지 유의할 점은 자녀들이 부모로부터 자금을 빌리거나 증여받은 자금으로 주식을 취득하는 경우 또는 부모가 설립한 법인의 주식을 증여받은 경우에 자녀가 주식을 취득한 날로부터 5년 이내에 당해 법인(자녀법인)이 건축물을 신축하거나 신축 후 분양하는 등의 개발사업을 한다면 개발이익에 대해서도 증여세가 과세될 수 있으므로 잘 따져봐야 한다.

미성년 자녀를 주주로 법인 설립하기보다는…

자녀들을 주주로 참여시키는 방법은 자녀들에게 자본금으로 불입할 자금을 증여한 이후에 자녀들을 발기인으로 참여시키는 것이다. 하지만 이 경우 미성년자들은 권리 의무의 주체가 될 수 없어 법인 설립 과정에서 법률대리인을 세워야 하는 등 복잡하다. 따라서 필자는 우선 부모들이 발기인이 되어 법인을 설립한 이후에 부모의 주식을 자녀들에게 증여하는 방식으로 처리하곤 한다. 물론 미성년 자녀들이 주주가 될 경우 주주권 행사가 불가능하기 때문에 부모가 대리인이 되어 주총 등에서 권리 행사를 해야 한다. 하지만 법인 설립 단계에서도 자녀와 자녀의 대리인으로서 부모가 함께 서류를 작성하고 날인해야 하므로 굳이 그렇게 할 이유는 없다고 본다.

법인의 형태는 유한회사로

주식회사는 주식이나 회사채를 공개 모집할 수 있다. 하지만 유한회사는 폐쇄적인 회사라 주식이나 회사채를 공개 모집하기가 불가능하다. 그러나 회사를 운영하는 데 있어 유한회사는 자율성이 높아 상법의 강제 규정 등은 주식회사보다 자유롭다. 예를 들어 주식회사의 임원은 임기가 있어 임기가 만료되면 주주총회를 통해 재선임하고 등기를 해야 하며 이를 해태할 경우에는 과태료를 물어야 한다. 그러나 유한회사는 임기의 제한이 없다. 특히 현물출자를 할 경우 주식회사는 법원의 승인을 받아야 하지만 유한회사는 승인 절차가 없어 신속하고 유연하게 현물출자가 가능하다.

임대업을 주업으로 하는 가족법인의 경우 오히려 유한회사가 더 적절해 보인다. 세법상으로는 동일하게 법인으로 취급되며 차이점은 전혀 없다.

임원과 임원의 보수 결정

가족법인의 소득은 임원의 보수와 주주의 배당으로 분배할 수 있다. 따라서 가족 중 누구를 임원으로 선임할 것인지 그리고 임원에게 얼마의 보수를 지급할 것인지를 합리적으로 결정해야 한다.

참고로 임원의 보수와 퇴직금은 주식회사는 주주총회에서, 유한회사는 사원총회에서 결정하든가 아니면 정관에 규정해야만 한다.

상호 결정

가족법인이며 자녀법인이므로 가족의 이념이나 성격이 잘 반영되는 명칭을 사용하면 좋겠다. 다만 이미 등록된 명칭은 사용이 불가능한데 두세 글자의 단어로 구성된 한글 상호는 대부분 사용이 불가능하다. 그래서 주로 영문 이니셜을 이용해 작명하기도 한다. 따라서 다수의 작명을 하고 순위를 정한 다음에 법원에서 열람해 우선순위대로 결정하면 된다.

정관 작성

정관은 법인의 운영 규칙이다. 그런데 법인은 상법의 규정을 따라야 하기 때문에 상법에서 정한 강제 규정은 상법과 달리 정할 수 없다. 따라서 상법상 강제 규정은 그대로 따르면 되고 강제 규정 이외의 사항에 대해서는 우리 가족법인만의 규칙을 임의로, 창의적으로 만들어서 규정하면 좋다. 법인 설립 시 법무사에게 정관 작성을 부탁하면 매뉴얼화된 정관을 사용하게 되는데 그 정관이 큰 문제는 없지만 가족법인만의 특성을 분명하게 나타낼 수는 없다.

사실 정관은 법인의 운영 규칙이므로 매우 중요하다. 필자는 가족법인의 특성상 종종 규칙에 들어 있는 내용들을 적절히 선별해 정관에 반영하여 사용하고 있다.

37. 부모와 자녀법인 간의 거래 시 증여세 절세효과

영철이는 배우자와 두 자녀를 주주로 하는 자녀법인을 유한회사로 설립했다. 자녀법인의 지분은 부부가 각각 20%, 두 자녀가 각각 30%이고 총 자본금은 5천만 원이다.

영철이는 이렇게 설립된 자녀법인을 어떻게 활용하면 좋을지 고민하다 유 세무사의 도움을 얻기로 했다.

법인은 증여세 납세의무가 없기 때문에 자녀법인(특정법인)에게 우회증여를 하는 경우 증여세법에 규정하는 여러 가지 규정들이 적용되지 않는다. 그러나 이런 틈새를 이용하여 법인을 통한 우회증여를 하는 행위를 막기 위해 자녀법인의 주주들에게 증여세를 과세하는 규정들을 두고 있다. 하지만 이렇게 자녀법인의 주주들에게 증여세를 과세하는 규정들을 적용한 결과가 개인에게 직접 증여하는 결과보다 절세에 유리하게 규정되어 있어 이를 이용하다면 매우 유용한 절세전략을 세울 수 있다.

1. 가족법인은 증여세 납부의무가 없다

자녀법인을 설립한 이유는 여러 가지가 있겠지만 크게 보면 세 가지 정도로 정리할 수 있다. 첫 번째로는 자녀법인이 부동산을 취득해 부동산 법인으로 만들기 위함이고, 두 번째로는 부모 또는 부모법인의 수익을 배분받으면서 절세하려는 목적이며, 세 번째로는 부모의 재산이나 부모법인의 부동산 등 재산을 승계받기 위함이다. 물론 이러한 방법들은 모두 절세를 전제로 하고 있다.

부모 또는 부모법인의 재산을 자녀가 직접 물려받는 것과 자녀법인을 통해 간접적으로 물려받는 것의 가장 큰 차이는 다음과 같다. 부모가 자녀에게 재산을 대여하거나 증여 또는 매매하는 경우 증여세가 과세될 수 있으며, 상속할 경우에는 상속세가 과세된다. 하지만 자녀법인과 거래하거나 상속 또는 증여하더라도 자녀법인에는 상속세나 증여세의 납세의무가 없다.

상속세의 납부의무자에서 영리법인은 제외된다고 상증법에서 규정하고 있기 때문이다.

> **상증법 제3조의 2(상속세 납부의무)**
> ① 상속인(특별연고자 중 영리법인은 제외한다) 또는 수유자(영리법인은 제외한다)는 상속재산 중 각자가 받았거나 받을 재산을 기준으로 대통령령으로 정하는 비율에 따라 계산한 금액을 상속세로 납부할 의무가 있다.

마찬가지로 증여세의 납부의무에서도 제외된다.

> **상증법 제4조의 2(증여세 납부의무)**
> ③ 제1항의 증여재산에 대하여 수증자에게 법인세가 부과되는 경우에는 증여세를 부과하지 아니한다.

법인은 상속세, 증여세의 납부의무가 없기 때문에 이 책에 제시된 수많은 규정들이 적용되지 않는다. 그렇다고 자녀법인이 부모로부터 무상으로 상속이나 증여받을 경우 전혀 세금을 내지 않는 것은 아니다. 법인은 무상으로 얻은 자산 또는 이익에 대해서는 법인세를 납부해야 한다. 무상으로 얻은 이익은 법인의 이익으로 보는 것이므로 법인의 다른 소득과 합산해 산출된 당기순이익을 기준으로 법인세를 내야 한다.

그리고 법인세를 과세할 뿐만 아니라 다음 세 가지의 경우에 한해서는 자녀법인의 주주들에게 증여세를 과세하고 있다.

① 자녀법인에 일감 몰아주기

② 자녀법인에 사업 기회 몰아주기

③ 자녀법인에 특정 이익 제공하기

위 세 가지에 해당하면 자녀법인의 주주에게 증여세를 부과한다. 하지만 위 ①, ②의 경우 중소기업을 제외하고 있는데 거의 대부분의 자녀법인은 중소기업에 해당하므로 자녀법인에는 영향을 미치지 않는다. 다만 위 ③의 규정은 자녀법인과 밀접한 관련이 있어 자세히 설명해보겠다.

2. 자녀법인(특정법인)과의 거래 시 과세 방법

특정법인이란

지배주주와 그 친족이 직접 또는 간접적으로 보유하는 주식 비율이 100분의 30 이상인 법인을 특정법인이라고 한다.

> **상증법 제45조의 5(특정법인과의 거래를 통한 이익의 증여)**
>
> ① 지배주주와 그 친족(이하 이 조에서 "지배주주 등"이라 한다)이 직접 또는 간접으로 보유하는 주식 보유비율이 100분의 30 이상인 법인(이하 "특정법인"이라 한다)

어느 법인의 주주 중 주식이 가장 많은 지배주주와 그 친족의 주식 지분을 합쳐 30% 이상이면 그 법인을 특정법인이라고 한다. 따라서 자녀 또는 가족으로 이루어진 가족법인 또는 자녀법인은 특정법인에 해당한다. 다만 이 책에서는 이해를 돕기 위해 특정법인이라는 법률 용어가 아닌 필자가 명칭한 가족법인 또는 자녀법인이라고 기술하고 있다.

주주에게 증여세가 과세되는 행위들

이런 자녀법인의 주주와 특수관계에 있는 자, 예를 들어 부모와 자녀법인 사이에 다음과 같은 거래를 한 경우 자녀법인의 주주들에게 증여세를 매긴다.

① 재산 또는 용역을 무상으로 제공하는 경우

② 재산 또는 용역을 시가보다 저가로 양도하거나 제공하는 경우

③ 재산 또는 용역을 시가보다 고가로 양도하거나 제공하는 경우

④ 시가보다 저가로 현물출자를 하는 경우

⑤ 채무를 면제해주거나 대신 인수 또는 변제해주는 경우

위에서 열거한 항목들을 보면 개인과 개인 간의 거래에 대해 증여세를 부과하는 항목들을 대부분 포함하고 있다. 따라서 법인과의 거래를 통한 절세의 효과가 없다고 의심할 수 있는데 매우 큰 차이가 있다.

3. 증여세는 얼마나 과세되나

증여이익

부모가 자녀법인에 앞에서 언급한 행위를 한 경우 그 증여이익이 전부 주주인 자녀들에게 귀속되는 것이 아니다. 왜냐하면 해당 증여이익에 대해서 법인이 법인세를 부담하기 때문이다.

따라서 주주에게 귀속시키는 증여이익은 전체 증여이익에서 자녀법인이 납부한 법인세를 차감한 가액으로 한다.

예를 들어 영철이의 부친이 영철이 가족이 설립한 가족법인에 3억 원을 증여한 경우 법인은 무상으로 이익을 얻은 것이기 때문에 법인세를 부담해야 한다. 자녀법인의 다른 소득이 없고 증여이익만 있다면 증여이익 2억 원에 대해 9%, 2억 원을 초과한 1억 원에 대해서는 19%의 법인세율이 적용되므로 3,700만 원의 법인세를 부담한다. 따라서 증여이익은 2억 6,300만 원이 된다.

> 법인세 : 증여가액 3억 원 × 19% – 누진공제 2천만 원 = 3,700만 원
> 주주의 증여이익 : 증여가액 3억 원 – 법인세 3,700만 원 = 2억 6,300만 원

주주별 증여이익

위에서 산출된 주주의 증여이익은 총 증여이익이므로 이를 주주별로 배분해야 한다. 배분 방법은 지분율이다. 따라서 총 증여이익을 각 주주의 지

분율대로 나누어 산출된 금액이 각 주주의 증여이익이 된다.

영철이의 가족이 설립한 법인의 주식 지분은 부부가 각각 20%, 두 자녀가 각각 30%이므로 각 주주의 증여이익은 다음과 같이 계산된다.

영철이의 증여이익 : 2억 6,300만 원 × 20% = 5,260만 원
영철이 배우자의 증여이익 : 2억 6,300만 원 × 20% = 5,260만 원
자녀1의 증여이익 : 2억 6,300만 원 × 30% = 7,890만 원
자녀2의 증여이익 : 2억 6,300만 원 × 30% = 7,890만 원

개인증여에는 없는 1억 원 공제

개인이 개인에게 증여하는 경우 증여 금액 전체가 증여가액이 되며 그 증여가액을 기준으로 증여세를 과세하고 있다. 그러나 이렇게 법인을 통해 증여한 경우에는 주주별로 증여이익이 1억 원에 미달할 경우 증여로 보지 않는다.

앞에서 주주별로 증여이익을 산정한 결과, 1억 원을 초과하는 주주는 없다. 결론적으로 영철이의 가족은 법인을 통해 부친으로부터 3억 원을 증여받았지만 법인세 3,700만 원만 납부했고 그 외 어떤 주주도 증여세를 부담하지 않는다.

그런데 만약 주주별로 산정한 증여이익이 1억 원 이상인 경우에는 1억 원을 초과하는 금액이 아닌 해당 금액 전체를 증여이익으로 본다. 이 경우 당해 증여이익에 대한 증여세 과세는 물론 소급해 10년 내 행한 다른 증여와 합산해 과세되고 10년 내 증여재산의 상속재산가액 합산에도 해당이 된

다. 따라서 이 방법을 실행한다면 주주별 증여이익이 1억 원에 미달하도록 설계해야 한다.

법인세를 낸다면 손해 아닌가?

만약 법인을 통하지 않고 직접 증여받는다면 증여세는 다음과 같이 계산된다.

증여가액 3억 원 : 영철이 6천만 원, 배우자 6천만 원, 자녀1 9천만 원, 자녀2 9천만 원
영철이의 증여세 : (증여가액 6천만 원 – 증여공제 5천만 원) × 10% = 100만 원
배우자 증여세 : (증여가액 6천만 원 – 증여공제 1천만 원) × 10% = 500만 원
자녀1 증여세 : (증여가액 9천만 원 – 증여공제 5천만 원) × 13% = 520만 원
자녀2 증여세 : (증여가액 9천만 원 – 증여공제 5천만 원) × 13% = 520만 원

증여세 총 부담액 = 1,640만 원

따라서 개인으로 증여받는 것보다 법인을 통해 증여받는 경우에 세부담이 더 큰 것을 알 수 있다. 하지만 그래도 이 규정이 의미가 있는 것은 주주별 증여이익이 1억 원에 미달하는 경우에는 증여로 보지 않기 때문이다. 증여로 보지 않는다는 의미는 다른 증여가액과 합산하지 않는다는 것이며 상속재산가액에도 포함하지 않는다는 것을 말한다.

따라서 자녀법인과의 거래일로부터 전후 10년 이내에 주주인 자녀에게 증여한 사실이 있거나 있을 예정이라면 일반증여의 경우 합산해 높은 증여

세율이 적용되겠지만, 법인을 통해 증여한 경우로 증여이익이 1억 원에 미달하면 다른 증여와 합산하지 않으므로 절세효과가 발생한다.

또한 이렇게 법인을 통한 우회증여의 경우 과세의 기준이 되는 1억 원은 앞서 언급한 다섯 가지의 유형별로 각각 1억 원을 따진다. 따라서 법인을 통해 무상증여와 저가 매매를 실행한 경우 각각 1억 원 이상이 되지 않으면 두 가지 모두 증여로 보지 않는다.

서면상속증여 2018-2262(2018.8.14.)

「상속세 및 증여세법」 제45조의5 제1항을 적용할 때 특정법인의 주주 등이 증여받은 것으로 보는 경우는 같은 법 시행령 제34조의 4 제4항에 따른 특정법인의 이익에 같은 조 제5항 각호의 구분에 따른 비율을 곱하여 계산한 금액이 1억 원 이상인 경우로 한정하여 증여세가 과세되는 것임. 다만, 이 경우 같은 법 시행령 제32조의 4 제10호에 따라 같은 법 제45조의 5 제2항 각호의 거래에 따른 이익별로 구분하여 그 거래일부터 소급하여 1년 이내에 동일한 거래 등이 있는 경우에는 각각의 거래 등에 따른 이익별로 합산하여 1억 원 이상인지 여부를 판단하는 것임.

또 한 가지 중요한 이익은 수회에 걸쳐 법인을 통한 우회증여를 할 경우 기준금액인 1억 원의 산정은 소급해 1년 이내의 기간에 이뤄진 거래의 증여이익을 합해 산정하는 것이다. 따라서 법인을 통해 앞의 다섯 가지 우회증여를 하고 나서 1년이 경과한 이후에 동일한 방법으로 재차 우회증여를 하면 그에 대해서도 주주별로 1억 원 미만에 대해서는 증여세가 과세되지 않는다. 단 1년 단위로 분할해 우회증여를 하는 경우 실질과세 원칙이 적용될 수 있으니 사전에 충분히 검토하고 실행해야 한다.

부모와 자녀법인은 자금의 무상 또는 저리 대여, 부동산의 증여, 저가 매매, 부동산을 저가로 이용하게 하는 경우 또는 무상으로 이용하게 하는 경우 등 개인과 개인 간의 증여거래와 동일한 거래를 할 수 있으며 이러한 거래를 할 때 모두 이 글에서 언급한 내용이 적용된다.

38. 자녀법인에 증여세 없이 무이자로 72억 원 빌려주기

영철이는 시가 100억 원짜리 꼬마빌딩을 사서 가족부동산으로 만들려고 가족법인을 설립했다. 그런데 이 가족법인은 자본금이 5천만 원이어서 은행 대출을 받아도 꼬마빌딩을 살 자금 여력이 안 된다. 마침 부친이 주식투자에 성공해 상당한 현금을 보유하고 있었지만 영철이는 증여세 때문에 당장 현금을 증여해달라고 할 수가 없는 상황이다. 그러다가 유세무사로부터 반가운 이야기를 듣게 됐다. 부친으로부터 법인이 무이자로 자금을 대여 받아 부동산을 구입하고 임대료를 받으면 그 돈으로 부친께 원금을 갚아나가면 된다는 것이다.

부모가 자녀에게 자금을 대여하면서 세법에서 정한 적정 이자율인 연 4.6%보다 적은 이자를 지급할 경우 이자차액이 연

1천만 원 이상이면 증여세를 과세한다. 마찬가지로 부모가 자녀법인에게 자금을 세법상 적정 이자율인 연 4.6%보다 낮게 빌려주면 그 이자차액에 대해서는 자녀법인의 주주에게 증여세를 과세한다. 다만 이자차액이 주주별로 연 1억 원 이상인 경우에만 증여세를 과세하기 때문에 개인보다 유리한 결과를 가져온다.

1. 무이자로 빌리는데 대여로 인정받을 수 있나?

부친으로부터 자녀가 돈을 빌리면 국세청은 원칙적으로 대여를 인정하지 않는다. 자녀 개인이 부모로부터 자금을 대여받을 때 제일 먼저 부딪히는 일은 국세청이 원칙적으로 가족 간의 자금 대여를 인정하지 않는다는 것이다. 따라서 자금을 대여한 사실이 맞는다는 것을 명백하게 입증하지 못하면 증여로 보아 증여세가 부과될 수 있다.

부모로부터 자금을 차입해 부동산을 구입한 사람들이 가장 크게 걱정하는 부분이 국세청으로부터 빌린 돈에 대해 자금 대여라고 인정을 받을 수 있는지에 대한 것이다. 그래서 차용증을 어떻게 써야 하는지 등에 관한 정보가 시중에 흘러넘치고 있다.

그러나 법인은 증여세 납부의무가 없기 때문에 부친으로부터 자금을 대여받은 경우에는 국세청은 "자금 대여를 원칙적으로 인정하지 않는다"는 국세청 직원의 업무지침을 적용하지 못한다. 법인이 자금을 차입한 경우에는 법인의 장부에 차입금으로 기재하고 원금과 이자를 변제해나가면 된다.

2. 이자는 얼마나 줘야 하나?

특수관계인에게 자금을 대여한 경우 세법은 연 4.6%를 적정이자라고 규정하고 이 금액보다 낮거나 높으면 이익을 본 자에게 증여세를 물린다. 그런데 법인은 증여세 납부의무가 없어 낮은 이자를 줘도 또는 무이자로 차입해도 이자 차액에 대해 증여세가 부과되지 않는다. 법인은 증여세가 아닌 법인세를 납부하는데, 이자 차액에 대해 직접적으로 법인세를 계산하는 것이 아니라 이자를 적게 주면 법인의 이익이 증가하게 되므로 법인결산 후에 법인세 신고와 함께 납부하는 법인세에 저리 또는 무상으로 빌린 차입 이자에 대한 이익이 반영되어 법인세를 납부하게 된다.

법인세와 별도로 주주에게 증여세가 과세된다고 앞에서도 언급했듯이 주주별로 그 이익이 1억 원 이상이어야만 주주에게 증여세가 과세된다.

증여이익이란 적정이자 기준율인 연 4.6%보다 적게 준 이자 금액이며 이 금액이 주주별 지분율로 안분한 가액이 1억 원 이상인 경우에만 증여세가 과세되는데 주주별로 저리 이자에 대한 증여이익이 1억 원이 되려면 원금으로는 21.7억 원 이상이 되어야 한다.

무이자 대여액 21.7억 원 × 연 4.6% = 9,982만 원

따라서 영철이가 설립한 가족법인은 72억 원을 무이자로 대여받아도 주주별 증여이익이 1억 원에 미달하므로 모든 주주에게 증여세가 과세되지

않는다.

영철이의 증여이익 : 3억 3,120만 원 × 20% = 6,624만 원
배우자의 증여이익 : 3억 3,120만 원 × 20% = 6,624만 원
자녀1의 증여이익 : 3억 3,120만 원 × 30% = 9,936만 원
자녀2의 증여이익 : 3억 3,120만 원 × 30% = 9,936만 원

총 증여이익 72억 원 × 4.6% = 3억 3,120만 원

그런데 만약 86억 원을 무이자로 차입한다면 주주별 증여이익은 다음과 같다.

영철이의 증여이익 : 3억 9,560만 원 × 20% = 7,912만 원
배우자의 증여이익 : 3억 9,560만 원 × 20% = 7,912만 원
자녀1의 증여이익 : 3억 9,560만 원 × 30% = 1억 1,868만 원
자녀2의 증여이익 : 3억 9,560만 원 × 30% = 1억 1,868만 원

총 증여이익 86억 원 × 4.6% = 3억 9,560만 원

86억 원을 무이자로 대여받았다면 영철이와 배우자의 증여이익은 1억 원에 미달하므로 증여세가 과세되지 않지만, 자녀들의 경우 1억 원 이상이므로 증여이익 1억 1,868만 원은 증여에 해당한다.

이 사례에서 주주별로 1억 원 이상이 되려면 원금으로 주주당 21.7억 원

이상이어야 하니까 주주가 4명이면 원금으로 86억 원을 무이자로 빌려도 된다고 착각할 수 있는데 그렇지 않음을 위 사례를 통해 알 수 있다. 주주별 1억 원이란 전체 증여이익에 각 주주의 지분율을 곱한 금액을 말한다.

따라서 86억 원을 무이자로 차입한다면 자녀들의 증여이익은 1억 원 이상이 되어 증여세가 과세되므로 전액을 무이자가 아닌 저리의 이자를 지급하는 조건으로 차입한다면 자녀들에게도 증여세가 과세되지 않는다.

예를 들어 86억 원을 1%의 이자를 지급하고 차입했다면 주주별 증여이익은 다음과 같이 계산된다.

영철이의 증여이익 : 3억 960만 원 × 20% = 6,192만 원
배우자의 증여이익 : 3억 960만 원 × 20% = 6,192만 원
자녀1의 증여이익 : 3억 960만 원 × 30% = 9,288만 원
자녀2의 증여이익 : 3억 960만 원 × 30% = 9,288만 원

총 증여이익 86억 원 × (4.6% - 1%) = 3억 960만 원

위 경우 주주별 증여이익이 모두 1억 원에 미달하므로 자녀를 포함한 주주 모두에게 증여세가 과세되지 않는다.

3. 절세효과 등

자녀가 부동산 등을 취득하려고 해도 자금이 없는 경우 부모는 자녀의

자금 출처를 마련해주기 위해 증여를 고려하지만, 증여세 부담이 너무 크기도 하고 다른 자녀와의 관계 등도 고려해 자금의 증여가 아닌 대여의 방법을 선택하기도 한다.

이 경우 국세청은 원칙적으로 대여를 인정하지 않으므로 국세청으로부터 대여라는 사실을 인정받는 과정을 거칠 수도 있으며, 세법이 정한 적정 이자인 연 4.6%보다 이자를 적게 주면 적게 준 금액만큼에 대해서는 증여로 보아 증여세를 물리고 있다.

다만 적게 준 금액이 연 1천만 원에 미달하면 증여로 보지 않으므로 증여세를 부과하지 않는다. 따라서 원금으로 2.17억 원을 무이자로 빌려준 경우 이자에 대한 증여세는 과세되지 않는다.

그런데 자녀법인을 통해 우회 대여를 한다면 원칙적으로 대여로 인정하지 않는다고 하는 국세청 직원의 업무지침이 적용되지 않으며 주주별 이자 차액이 1억 원 이상인 경우에만 증여세를 과세한다고 되어 있기 때문에 개인보다 10배의 금액을 증여세 없이 대여할 수 있게 된다.

영철이의 가족법인은 부친으로부터 무이자로 72억 원을 빌려서 수익형 부동산에 투자를 할 수 있으며 가족법인의 소유인 수익형 부동산에서 발생하는 임대수익은 부친으로부터 빌린 돈의 원금을 변제하는데 사용하거나 가족들에게 배당을 통해 분배하는 등 다양한 용도로 사용할 수 있다. 이러한 결과로 영철이의 가족법인은 5천만 원의 자본금으로 72억 원에 대한 투자 수익을 얻으면서 증여세는 한 푼도 부담하지 않았다.

39. 자녀법인에 차등배당으로 증여세 절세하기

영철이의 아버지는 소유 중인 꼬마빌딩을 법인으로 전환했고 영철이는 가족을 주주로 하는 가족법인을 설립했다. 부친 소유의 부동산을 법인으로 전환한 후에 부친의 주식을 자녀들에게 직접 승계해주려고 했지만 유세무사의 권유로 자녀법인을 통한 우회 증여하는 방법을 활용하기로 했다.

차등배당(세법 용어는 초과배당)을 개인 주주가 받는 경우에는 차등배당을 받은 금액 전액이 증여세 과세 대상이다. 하지만 자녀법인이 차등배당을 받는다면 차등배당을 받은 금액에 대한 법인세를 차감한 금액을 주주들의 증여이익으로 보아 증여세를 과세한다. 이때 주주의 증여이익이 개인별로 1억 원 이상인 경우에 한하여 증여세를 과세하기 때문에 개인주주가 차등배당을 받는 것보다 매우 유리하다.

1. 지분 증여받기

영철이가 설립한 가족법인이 가장 먼저 실행한 방법은 부모법인의 주식을 증여받는 일이었다.

부친이 법인으로 전환한 법인부동산의 주식(일부 증여) → 자녀법인

영철이 부친이 법인으로 전환한 부동산 임대법인의 자본금은 85억 원이고 연간 임대소득은 3억 원이었다. 부친은 자본금 85억 원 중 3억 원을 자녀법인에 증여했다. 영철이가 설립한 자녀법인은 자본금 5천만 원에 지분율은 본인과 배우자는 20%씩, 두 자녀가 각각 30%씩 보유하고 있다.

이럴 경우 법인은 무상으로 증여받은 주식가액 3억 원에 대해 법인세 3,700만 원을 부담하고 주주들은 증여이익이 1억 원에 미달해 증여세가 부과되지 않는다고 앞에서 설명했다.

이런 방식으로 자녀법인은 부친이 법인으로 전환한 부동산 임대법인의 주주가 됐으며 지분율 3.53%를 가지게 됐다. 부모법인으로부터 배당을 받으려면 부모법인의 주주가 돼야 하므로 부모법인의 주식을 취득하는 일을 가장 먼저 한 것이다.

	소유자			주주			주주
개인 부동산	부친 100%	법인전환 →	법인 부동산	부친 100%	차등배당하기 주식증여 3억 →	법인 부동산	부친 96.47% / 자녀법인 3.53%

다음 연도 결산기에 부모법인의 배당가능이익을 계산해 보니 3억 원은 배당이 가능한 것으로 파악돼 3억 원을 배당하기로 했다.

배당은 주주 평등의 원칙에 의해 지분율대로 배당해야 한다. 따라서 자녀법인은 3억 원 중 3.53%인 1,059만 원을 배당받을 권리가 생겼다. 부친은 지분율이 96.47%이므로 2억 8,941만 원을 배당받을 권리가 있다.

그런데 유세무사의 권유로 차등배당을 실시하기로 했다. 부친은 배당을 전액 포기하고 자녀법인에만 배당하기로 한 것이다. 원래 자기가 받을 배당 금액을 초과해 받는 것을 초과배당이라 하고 이런 초과배당에 대해서는 증여세를 물리고 있다.

> **상증법 제41조의 2(초과배당에 따른 증여의 이익)**
>
> ① 법인이 배당 또는 분배하는 경우로서 그 법인의 "최대주주 등"이 본인이 지급받을 배당 등의 금액의 전부 또는 일부를 포기하거나 본인이 보유한 주식 등에 비례하여 균등하지 아니한 조건으로 배당 등을 받음에 따라 그 최대주주 등의 특수관계인이 본인이 보유한 주식 등에 비하여 높은 금액의 배당 등을 받은 경우에는 "초과배당금액"에서 해당 초과배당금액에 대한 소득세 상당액을 공제한 금액을 그 최대주주 등의 특수관계인의 증여재산가액으로 한다.

따라서 초과배당을 받은 법인은 증여세를 부담해야 하지만 법인은 증여세 납부의무가 없기 때문에 배당받은 금액에 대한 법인세만 부담하면 된다.

배당액 3억				
주주	지분율	균등배당		차등배당
부친	96.47%	2억8,941만 원	→	0
자녀법인	3.53%	1,059만 원		3억 원

2. 자녀법인은 증여세는 없지만, 법인세는 내야 한다

자녀법인은 부모법인으로부터 3억 원을 배당받았기 때문에 법인세를 납부해야 한다. 법인세는 2억 원까지는 9%이고 2억 원을 초과하는 금액에 대해서는 19%이므로 3,700만 원이 된다.

하지만 법인이 배당받으면 출자비율이 20% 미만인 경우에는 배당받은 금액 중 70%만 법인세를 과세하고, 지분율이 20~50%인 경우에는 20%만 과세하며, 지분율이 50% 이상인 경우에는 배당받은 금액에 전체에 대해 법인세를 한 푼도 과세하지 않는다.

지분율별 배당소득에 대한 법인세 과세 기준

출자비율	과세금액
50% 이상	0
20% ~ 50%	20%만 과세
20% 미만	70%만 과세

자녀법인의 지분율은 3.53%로 20%에 미달하므로 배당금액 3억 원 중 70%인 2.1억 원에 대해 법인세로 1,990만 원이 과세된다.

배당법인세 : (배당금액 3억 원 × 70%) × 법인세율 19% - 누진공제 2천만 원 = 1,990만 원

3. 자녀법인의 주주 증여세

대주주인 부친이 배당을 포기하고 차등배당을 함으로써 자녀법인은 부친이 받아야 할 배당금 2억 8,941만 원을 초과배당받았다. 법인의 소득은 결국 주주의 몫이므로 주주의 이익이 증가하게 된다. 당연히 법인을 통한 우회증여이므로 주주에게 증여세를 물려야 한다.

주주에게 증여세를 부과하려면 주주의 증여이익을 산출해야 하며 주주의 증여이익은 초과배당을 받은 금액에서 초과배당금액에 대한 법인세를 차감한 금액으로 2억 7,021만 원이 된다.

총 주주의 증여이익 : 초과배당액 2억 8,941만 원 - 법인세 1,920만 원 = 2억 7,021만 원
* 초과배당분의 법인세 : 총 법인세 1,920만 원 × 부친의 지분율 96.47% = 1,919만 7,530원

그다음 단계로 각 주주의 지분 비율대로 증여이익을 배분하면 다음과 같다.

총 주주의 증여이익 2억 7,021만 원
영철이의 증여이익 : 2억 7,021만 원 × 20% = 5,404만 원
배우자의 증여이익 : 2억 7,021만 원 × 20% = 5,404만 원
자녀1의 증여이익 : 2억 7,021만 원 × 30% = 8,106만 원
자녀2의 증여이익 : 2억 7,021만 원 × 30% = 8,106만 원

증여이익을 주주별 지분율에 따라 배분한 결과 자녀법인의 주주 4명 모두 증여이익이 1억 원에 미달한다. 법인을 통한 증여이익이 1억 원 이상일 경우에만 주주들에게 증여세가 부과되기 때문에 자녀법인의 주주들은 증여세를 한 푼도 안 내도 된다.

이렇게 자녀법인에 차등배당을 통한 증여를 할 경우 증여이익이 1억 원에 미달하면 증여로 보지 않으므로 다른 증여와 합산하지 않으며 10년 내 증여재산의 상속재산가액 합산 규정도 적용되지 않는다. 그뿐만 아니라 차등배등을 하고 1년이 경과하면 종전에 실행했던 차등배당액을 합산하지 않고 증여 기준인 1억 원을 계산하기 때문에 1년의 시차를 두고 매년 차등배당을 한다면 증여세 없는 증여가 가능하다.

40. 자녀법인을 통해 상속세 절세하기

자녀법인은 법정 상속인이 아니므로 상속을 받기 어렵다. 그렇다고 상속을 아예 받지 못하는 것은 아니다. 자녀법인에 재산을 상속하겠다는 유언이 있으면 자녀법인도 상속받을 수 있다.

앞에서도 언급했듯이 영리법인은 재산을 상속받더라도 상속세 납세의무가 없어 상속세를 내지 않는다.

그러나 자녀법인이 재산을 상속받는다는 것은 재산을 무상으로 취득하는 것이므로 상속받은 재산가액에 대해서는 당연히 법인세를 부담해야 한다. 그리고 법인이 상속받은 재산가액에 대한 상속세 상당액에서 법인이 부담한 법인세를 차감한 금액을 각 주주가 지분 비율에 해당하는 금액만큼 상속세를 부담해야 한다.

우회상속은 언뜻 보면 우회증여와 과세하는 방법이 동일한 것처럼 보이지만 중요한 네 가지 차이점이 있다.

① 증여의 경우에는 실제 부담하는 법인세 상당액을 차감해 주주들의 증여가액을 산출하는데 상속의 경우에는 법인이 상속받은 재산의 10%를 일률적으로 차감하고 있다. 따라서 상속금액이 2억 원을 초과하면 실제로는 19%의 법인세를 부담하지만 주주의 상속세 납부세액을 계산할 때는 10%만 공제하므로 불리할 수 있다.

② 증여의 경우 주주별로 1억 원 이상의 이익이 있는 경우에만 증여세를 물리지만 상속의 경우에는 금액에 관계없이 상속세를 부과한다.

③ 증여는 주주와 증여자 간에 특수관계가 성립되는 경우에 한하여 증여세를 과세하고 있다. 하지만 상속은 주주 중 상속인과 상속인의 직계비속에게만 상속세가 과세된다.

④ 주주가 직계비속이 아닌 경우에는 상속세가 과세되지 않는다. 피상속인이 직계비속이 주주가 아닌 법인에 재산을 유언으로 상속할 가능성은 아주 특별한 경우를 제외하고는 있을 수 없다. 그런데 가족이기는 하지만 직계비속이 아닌 자 중에는 며느리나 사위가 있다. 따라서 며느리나 사위가 주주로 있는 법인에 재산을 유언으로 상속한다면 법인세만 내고 상속세 부담 없이 재산을 상속받을 수 있다.

사례

재산이 100억 원이고 상속세가 30억 원이다. 여기서 상속재산 중 50억 원은 자녀법인에 상속하고 나머지 50억 원 중 30억 원은 배우자에게 그리고 20억 원은 두 자녀에게 10억 원씩 상속을 한 경우

법인주주가 부담할 상속세 총액은 전체 상속세 30억 원에서 전 재산의 1/2을 상속받았기 때문에 15억 원이 된다. 여기에서 법인이 재산을 무상으로 취득한 것이기 때문에 법인세가 과세되는데 현행 법인세율은 19%다. 따라서 법인이 부담할 법인세는 9.3억 원이다.

법인이 부담할 세금 : (상속재산 50억 원 × 19% −누진공제 2천만 원) = 9.3억 원

따라서 주주들이 얻은 이익은 법인이 상속받은 50억 원에서 법인세 9.3억 원을 차감한 40.7억 원이지만, 상증법에서 주주의 상속이익에 대한 상속세 부담액을 계산할 때 실제 부담한 법인세 9.3억 원 아닌 상속받은 재산가액의 10%인 5억 원만을 공제한다.

주주들이 부담할 총 상속세 : 총 상속세 부담액 30억 원 × 법인이 상속받은 가액 비율($\frac{50억\ 원}{100억\ 원}$) − (법인이 상속받은 재산가액 50억 원 × 10%) = 10억 원

법인에 우회상속함으로써 법인의 주주가 부담해야 할 상속세 부담액은

10억 원이 된다. 이 금액을 직계비속에 해당하는 주주들이 각자의 주식보유 지분율에 따라 안분해 상속세를 부담해야 한다.

이럴 경우 총 상속세 부담액 30억 원 중 1/2을 상속한 법인의 주주들이 부담할 상속세는 15억 원이어야 하지만 실제로 법인의 주주들이 부담할 상속세와 법인세를 합친 금액은 19.3억 원이 되어 개인 상속보다 4.3억 원의 세금을 더 많이 내게 된다. 만약 가족법인의 주주가 피상속인의 직계비속으로만 구성되어 있다면 법인상속은 개인 상속보다 불리해진다.

그러나 만약에 주주가 피상속인의 사위와 며느리만으로 구성되어 있다면 사위와 며느리는 직계비속이 아니기 때문에 상속세를 부담하지 않는다. 따라서 이런 경우에는 법인세 9.3억 원만 부담하게 되어 5.7억 원의 세금이 줄어든다.

증여 상속 최고의 수업

초판 1쇄 2024년 1월 5일
초판 3쇄 2024년 3월 22일

지은이 유찬영
펴낸이 허연
편집장 유승현 **편집1팀장** 서정욱

책임편집 서정욱
마케팅 김성현 한동우 구민지
경영지원 김민화 오나리
디자인 김보현 한사랑
본문디자인 ㈜명문기획

펴낸곳 매경출판㈜
등록 2003년 4월 24일(No. 2-3759)
주소 (04557) 서울시 중구 충무로 2(필동1가) 매일경제 별관 2층 매경출판㈜
홈페이지 www.mkpublish.com
전화 02)2000-2630(기획편집) 02)2000-2634(마케팅) 02)2000-2606(구입 문의)
팩스 02)2000-2609 **이메일** publish@mk.co.kr
인쇄 · 제본 ㈜M-print 031)8071-0961
ISBN 979-11-6484-642-9 (03320)